9급 계리직 **시험대비**

박문각
공무원

기 본 서

합격까지 함께
계리직 만점 기본서

표와 그림으로 효과적인 이론 학습

25개의 토픽으로 이론 완벽 정리

토픽별 확인문제로 실전대비

서호성 편저

KB192960

동영상 강의 www.pmg.co.kr

서호성 계리직
예금일반

서호성 계리직
예금일반

이 책의 **머리말**

안녕하세요. 경제 & 금융 전문 서호성입니다.
박문각에서 계리직 예금, 보험 과목을 담당하게 되었습니다.
계리직 예금과목을 가르치는 저의 생각은 두 가지로 말씀드릴 수 있습니다.

첫째. "예금과목은 이론이기 이전에 우리가 삶에서 가져야 할 소양이다."
    계리직 예금과목을 깊이 있는 이론으로 접근하면 매우 어렵습니다. 그러나 생각을 조금만 바꾸면 계리직 공무원이 되기 이전에 해당 과목은 우리의 삶을 경제적으로 윤택하게 하는 데 매우 필요한 기본소양입니다. 따라서 해당 학습의 필요성을 스스로 느끼게 된다면 즐겁게 공부할 수 있는 과목입니다. 저도 여러분이 충분히 이해할 수 있도록 다양한 사례를 통해 이해시켜 드리겠습니다.

둘째. "모두 아는 것이 중요한 것이 아니라 시험에 나오는 것을 아는 것이 중요하다."
    수험생들이 객관식 시험을 준비하면서 다양한 내용을 읽어본 것을 중시하는 분들을 많이 보았습니다. 단언컨대 시험에 나오는 내용은 정해져 있습니다. 수업과 교재를 통해 시험에 나오는 것들을 중심으로 기본개념에서 고난이도까지 단계별 학습을 통해 고득점을 확보해 드리겠습니다.

이 두 가지 목표에 도달하기 위해 계리직 예금 경제학 교재를 집필하게 되었습니다. 이 교재의 특징은 다음과 같습니다.

1. 모든 이론을 표로 정리

    모든 기본이론을 표로 수록하였습니다. 시험에 나오는 주제별로 정리하였으므로 주제별 구분을 통해 집중된 학습이 가능하게 되도록 하였습니다.

2. 기출문제와 예상문제를 토픽별로 수록하였습니다.

    주제별 설명 이후에 해당 문제가 어떻게 나오는가를 보여드리기 위해서 기출문제와 엄선된 예상문제를 수록하였습니다.

가르치는 사람으로서 가장 행복한 순간은 수험생 여러분들이 스스로 어렵다고 생각했던 예금과목이 함께 학습하면서 해볼 만한 재미있는 과목이라는 표정이 얼굴에서 드러날 때입니다. 저와 여러분들이 함께 노력한다면 계리직 예금은 여러분의 통과점에 지나지 않을 것이라고 단언하여 말씀드리겠습니다.

이 책을 출간하면서 많은 도움을 주신 박문각 출판사 관계자분들과 계리직 교수님들께 진심으로 감사드립니다.

오늘도 하루하루 열심히 준비하시는 여러분들을 마음속으로 언제나 응원하겠습니다.

연구실에서 *서호성*

CONTENTS

이 책의 차례

Part 03 우체국 금융상품

서호성 계리직 예금일반

Part

01

금융개론

Chapter 01 금융경제 일반

TOPIC 01 국민경제의 순환과 금융의 역할

❶ 경제주체

가계	① "가계부문"은 생산요소의 공급주체 ② 생산요소인 노동, 자본, 토지를 제공하며, 그 결과로 얻은 소득을 소비하거나 저축을 함
기업	① 생산의 주체 ② 노동, 자본, 토지라는 생산요소를 투입하여 재화와 용역(서비스)을 생산 ③ 그 결과로 창출한 생산량이 투입량을 초과하면 이윤(profit)을 얻음
정부	① 규율(regulation)과 정책(policy)의 주체 ② 가계와 기업이 경제행위를 하는 방식을 규율하고 정책을 수립·집행하며 그에 필요한 자금을 세금 등으로 징수하거나 지출함
해외	① 국외자 ② 국내부문의 과부족을 수출입을 통하여 해결해 줌

❷ 생산(Production)

생산요소	① 인적요소: 노동 ② 물적요소: 토지와 자본 ③ 비소멸성: 어느 생산과정에 투입된 후에도 소멸되지 않고 다음 회차의 생산과정에 다시 재투입될 수 있음 → 원재료, 중간재와 다름 ④ 본원적 생산요소: 원래 존재하는 것으로 노동과 토지 ⑤ 생산된 생산요소: 자본은 생산과정에서 생산된 산출물 중에서 소비되지 않고 다시 생산과정에 투입되어 부가가치를 생산하는 생산요소로서의 기능 → 생산된 생산요소(produced means of production)로서의 특징을 가짐 ⑥ 생산요소 투입 → 생산과정에서 투입된 양을 초과하는 생산량이 산출 → 초과된 생산량은 투입량에 대한 부가가치(added value)가 되어 소득으로 분배 ⑦ 기업가의 경영행위(entrepreneurship): 생산 활동에 투입되어 부가가치를 생산한다는 점에서 생산요소의 하나이며, 기업가는 그 대가로 이윤(profit)을 획득하게 됨

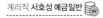

재화와 용역	① 재화 : 재화는 의복, 식료품, 주택 등 생존에 필수적인 물질
	② 용역(서비스) : 교육, 문화, 관광 등 정신적 욕망을 채워주는 행위 또는 용역(서비스)에는 도소매, 운수, 통신, 공무 등 비물질 생산에 기여하는 행위
	③ 그 결과로 창출한 생산량이 투입량을 초과하면 이윤(profit)을 얻음

01

❸ 지출과 분배

지출	① 생산요소를 투입하여 생산된 결과물이 한 경제에서 모두 소비되는 것으로 가정
	② 소비를 위한 지출은 가계는 소비지출로, 기업은 투자지출로, 정부는 재정지출로, 해외는 수출의 모습으로 각각 이행됨
분배	① 분배는 생산에 의해 얻은 소득이 누구에게 나누어지느냐의 문제
	② 국민소득 3면 등가의 법칙 : 생산국민소득＝분배국민소득＝지출국민소득
	3면＝생산, 분배, 지출(삼면등가의 원칙)
	최종재 가치의 합(국내총생산)
	생산
	분배 ——— 지출
	임금＋지대＋이자＋이윤 소비지출(민간, 정부)＋투자지출＋순지출
	(국내 총소득) (국내 총지출)

❹ 국민경제의 순환

의미	① 생산요소의 투입과 산출(생산단계), 생산물의 소비(소비단계), 소득의 분배측면(분배단계)이 시간의 흐름에 따라 경제주체들 간에 유동적으로 흘러가는 순환과정
	② 국민경제의 순환은 일정한 시간의 흐름상에서 나타나는 유동적인 경제활동을 의미하므로 플로우(flow)의 개념이지(회계상의 개념으로 보면 1년간의 손익계산서) 대차대조표와 같이 축적된 양을 나타내는 스톡(stock)의 개념이 아님
모형	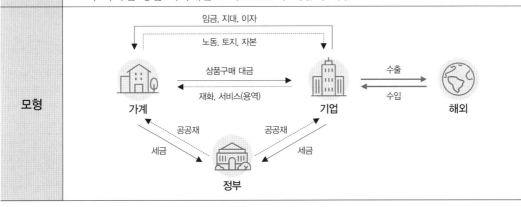

5 국민경제와 금융의 연결

금융	① 자금이 부족하거나 여유가 있는 사람과 금융회사 간에 돈을 융통하는 행위 ② 금융활동의 주체: 경제주체인 가계·기업·정부에 금융회사를 추가하여 네 부문으로 나눌 수 있음 ③ 금융기관: 그 자신이 최종적인 자금수요자 또는 자금공급자가 되는 것이 아니라 다른 세 주체 간 금융의 중개기능을 수행
상업적 유통	① 금융기관을 경유하지 않는 금융형태 ② 기업금융 중 외상매출 및 외상매입 등 기업 간의 신용이나 주식의 발행 등
금융적 유통	① 금융기관을 경유하는 금융형태 ② 단기·장기의 은행차입과 상업어음의 할인 등

6 금융의 역할

자금거래 중개	① 금융은 여윳돈이 있는 사람들의 돈을 모아서 돈이 필요한 사람들에게 이전해주는 자금의 중개기능을 수행 ② 금융기관을 경유하는 간접거래, 금융기관을 거래하지 않는 직접거래로 나뉨
거래비용 절감	① 거래비용이란 탐색비용, 정보획득비용 등 금융거래 시 수반되는 모든 비용 ② 금융거래를 금융회사에 요청하면 금융회사가 필요한 금융서비스를 제공해 주므로 비용과 시간 등 거래비용을 획기적으로 줄여줌
지급결제 수단제공	① 가계, 기업, 정부 등 경제주체들이 각종 경제활동에 따라 거래당사자들 사이에서 발생하는 채권·채무 관계를 지급수단을 이용하여 해소하는 행위를 지급결제라고 함 ② 정보통신기술의 발달로 오히려 현금,어음, 수표 대신 각종 카드(신용카드, 직불 및 체크카드, 선불카드), 전자지급 결제망을 통한 계좌이체 거래, 가상화폐 등 다양한 대체 지급·결제수단들이 더 많이 활용되고 있음
가계에 대한 자산관리 수단 제공	금융은 지출에 비해 소득이 많을 때에는 돈을 운용할 기회를 마련해주고, 지출이 많을 때에는 돈을 빌려주는 등 개인들의 자금사정에 따른 자산관리 수단을 제공해 줌

자금의 효율적인 배분	① 금융은 여유자금을 가진 사람에게는 투자의 수단을 제공하고 자금이 필요한 사람에게는 자금을 공급해 줌 ② 금융은 자금의 효율적인 배분을 주도함으로써 거시적인 차원에서 경제발전에도 기여하고 있음
금융위험 관리수단 제공	① 금융경제 분야에서 위험(risk)은 경제현상이나 투자결과 등이 기대와 달라지는 정도를 말하며 불확실성 또는 변동성이라고도 함 ② 금융은 그런 불확실성이나 위험을 적절히 분산시키거나 해소할 수 있는 수단을 제공함 ③ 분산투자, 옵션, 보험 등이 수단이 됨

01

확인문제 국민경제의 순환과 금융의 역할

01 다음은 경제주체에 대한 설명이다. 옳지 않은 것은?

① 가계는 생산요소인 노동, 자본, 토지를 제공하며, 그 결과로 얻은 소득을 소비하거나 저축을 한다.

② 기업은 노동, 자본, 토지라는 생산요소를 투입하여 재화와 용역(서비스)을 생산한다.

③ 정부는 가계와 기업이 경제행위를 하는 방식을 규율하고 정책을 수립·집행한다.

④ 해외는 국외부문의 과부족을 수출입을 통하여 해결해 주는 주체이다.

02 다음 〈보기〉에서 옳은 것을 모두 고르시오.

─────── 〈 보기 〉 ───────
ㄱ. 본원적 생산요소는 노동과 자본이 있다.
ㄴ. 재화는 생존에 필수적인 물질이다.
ㄷ. 국민경제의 순환은 축적된 양을 나타내는 스톡(stock)의 개념이다.
ㄹ. 국민소득 3면 등가의 법칙은 생산국민소득＝분배국민소득＝지출국민소득이다.

① ㄱ, ㄴ   ② ㄱ, ㄹ   ③ ㄴ, ㄹ   ④ ㄷ, ㄹ

03 〈보기〉는 민간 경제주체 간 화폐의 흐름을 나타낸 것이다. 이에 대한 설명으로 가장 옳은 것은? (단, A와 B는 경제주체이다.)

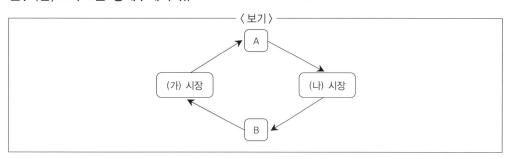

① A가 가계라면 임금은 (나) 시장에서 결정된다.
② B가 기업이라면 (가) 시장에서 재화와 서비스가 거래된다.
③ B가 효용 극대화를 추구하는 경제주체라면 (나) 시장에서 기업은 수요자 역할을 담당한다.
④ (나) 시장에서 생산물이 거래된다면 A는 이윤 극대화를 추구하는 경제주체이다.

04 금융의 역할로 옳지 않은 것은?

① 금융은 여윳돈이 있는 사람들의 돈을 모아서 돈이 필요한 사람들에게 이전해주는 자금의 중개기능을 수행한다.
② 금융거래를 금융회사에 요청하면 금융회사가 필요한 금융서비스를 제공해 주므로 비용과 시간 등 거래비용을 획기적으로 줄여준다.
③ 금융은 지출에 비해 소득이 많을 때에는 돈을 운용할 기회를 마련해주고, 지출이 많을 때에는 돈을 빌려주는 등 개인들의 자금사정에 따른 자산관리 수단을 제공해 준다.
④ 금융은 불확실성이나 위험을 적절히 집중시키거나 해소할 수 있는 수단을 제공한다.

정답찾기

01 ④ 해외는 국내부문의 과부족을 수출입을 통하여 해결해 줌
02 ㄱ. 본원적 생산요소는 노동과 토지가 있다.
ㄷ. 국민경제의 순환은 일정한 시간의 흐름상에서 나타나는 유동적인 경제활동을 의미하므로 플로우(flow)의 개념이지(회계상의 개념으로 보면 1년간의 손익계산서) 대차대조표와 같이 축적된 양을 나타내는 스톡(stock)의 개념은 아니다.
03 ③ 효용 극대화를 추구하는 경제주체는 가계이다. B가 가계라면 (가)가 생산물 시장, (나) 시장이 생산요소 시장이다. 생산요소 시장에서 시장에서 기업은 수요자 역할을 담당한다.

[오답체크]
① A가 가계라면 (나)는 생산물 시장이다. 임금은 생산요소 시장인 (가)시장에서 결정된다.
② B가 기업이라면 (가) 시장은 생산요소 시장이 된다. 재화와 서비스는 생산물 시장에서 거래된다.
④ (나) 시장에서 생산물이 거래된다면 생산물 시장이다. 생산물 시장에 화폐를 제공하는 A는 가계로 효용 극대화를 추구하는 경제주체이다.
04 ④ 금융은 그런 불확실성이나 위험을 적절히 분산시키거나 해소할 수 있는 수단을 제공한다.

정답   **01** ④   **02** ③   **03** ③   **04** ④

TOPIC 02 주요경제지표

① 금리(이자율)의 결정과 영향

금리 (이자율)	① 돈의 사용대가를 이자라고 하며, 기간 당 원금에 대한 이자의 비율을 이자율 또는 금리라고 함 ② 보통 연간 이자액의 원금에 대한 비율을 이자율이라고 함 ③ 현재소비를 포기한 대가 ④ 이자는 금융거래를 하고 일정기간이 지나야 발생하므로 돈의 시간가치라고도 함
금리의 결정	① 금융시장에서 자금의 수요와 공급에 의해 결정 ② 자금수요는 주로 가계소비, 기업투자 등에 영향을 받고 자금공급은 가계의 저축, 한국은행의 통화정책 등에 영향을 받음 ③ 통상자금에 대한 수요가 늘어나면 금리는 상승하고 반대로 자금공급이 늘어나면 금리는 하락 ④ 물가가 오를 것으로 예상되면 돈을 빌려주는 사람은 같은 금액의 이자를 받는다 하더라도 그 실질가치가 떨어지므로 더 높은 금리를 요구하게 되어 금리는 상승하게 됨 ⑤ 차입자의 신용과 돈을 빌리는 기간 등에 따라 그 수준이 달라지는데 빌려준 돈을 못 받을 위험이 클수록, 그리고 차입 기간이 길수록 금리가 높은 것이 일반적임
금리의 변동영향	① 금리와 저축: 금리가 오르면 저축으로 얻을 수 있는 이자 소득이 증가하므로 현재의 소비를 줄이는 대신 미래의 소비를 위해 저축을 증가시킴 ② 금리와 물가: 금리상승으로 기업의 자금조달비용이 올라가면 상품가격이 상승할 수도 있지만 가계소비와 기업투자 위축을 가져와 경제 전체적으로 보면 물품수요 감소로 인해 물가가 하락할 가능성이 큼 ③ 금리와 국가간 자금흐름: 국내금리보다 해외금리가 더 높아지면 더 높은 수익을 좇아 국내자금이 외국으로 유출되거나 외국으로부터의 자금유입이 줄어드는 경향성이 있음

본문 그래프 내 레이블: 금리, 자금의 수요, 자금의 공급, 균형 금리, 자금량, 균형 자금량

❷ 금리의 종류

단리	① 단리는 단순히 원금에 대해서만 이자를 계산하는 방법 ② 단리 원리금＝원금×(1＋이자율×거치기간)
복리	① 복리는 원금과 원금에서 발생한 이자를 합친 금액에 대해 이자를 계산하는 방법 ② 복리 원리금＝원금×(1＋이자율)^{거치기간}
표면금리와 실효금리	① 표면금리는 계약증서상 기재된 금리 ② 실효금리는 실제로 지급받거나 부담하게 되는 금리 ③ 표면금리가 동일한 예금, 대출이라도 단리, 복리등의 이자계산 방법 등에 따라 달라질 수 있음
수익률	① 수익률은 채권을 만기까지 보유했을 경우 실현되는 금리 ② 수익률＝이자금액/채권가격
할인율	① 할인율＝할인금액/채권가격 ② 100만원짜리 채권을 지금 10만원 할인된 90만원에 사고 1년 후 100만원을 받는 경우 할인율은 10만원/100만원＝0.1이고 수익률은 10만원/90만원이므로 약 11.1%이다. ③ 금융시장에서 일반적으로 사용하는 이자율 또는 금리는 수익률 개념이므로 할인율로 표기된 경우에는 정확한 금리 비교를 위하여 수익률로 전환하여 사용할 필요가 있음 → 할인율＜수익률
기준금리	① 기준금리는 중앙은행인 한국은행이 경기상황이나 물가수준, 금융·외환시장 상황, 세계경제의 흐름 등을 종합적으로 고려하여 시중에 풀린 돈의 양을 조절하기 위해 금융통화위원회(금통위)의 의결을 거쳐 결정하는 정책금리 ② 통상적으로 한국은행은 경기가 과열양상을 보이면 기준금리를 인상하고, 반대로 경기침체 양상이 나타나면 기준금리를 인하하게 됨
시장금리	① 단기금리와 장기금리로 나뉨 ② 단기금리 : 금융회사 또는 거래금액이크고 신용도가 높은 경제주체들이 거래하는 만기 1년 이내의 금융시장에서 결정되는 이자율 　**예** 콜금리, 환매조건부채권(RP; Repurchasing agreement) 금리, 기업어음(CP; Commercial Paper) 금리, 무기명인 양도성예금증서(CD; Certificate of Deposit)의 금리 등 ③ 장기금리 : 만기가 1년을 초과하는 금리 　**예** 국공채, 회사채, 금융채 등의 수익률 ④ 일반적으로 장기금리가 단기금리보다 높음 ⑤ 시장금리는 경제주체의 신용도가 낮을수록 높게 적용 ⑥ 신용평가회사 : Moody's, S&P, Fitch IBCA 등 세계 3대 신용평가사와 우리나라의 NICE신용평가, 한국기업평가, 한국신용평가 등이 대표적임
채권수익률	① 채권수익률은 채권의 종류나 만기에 따라 국공채, 회사채 수익률 등 매우 다양 ② 채권수익률은 채권 가격의 변동과 반비례
명목금리와 실질금리	① 명목금리는 물가상승에 따른 구매력의 변화를 감안하지 않은 금리 ② 실질금리는 명목금리에서 물가상승률을 뺀 금리 ③ 우리가 돈을 빌리고 빌려줄 때에는 보통 명목금리로 이자를 계산하지만 실제로 기업이 투자를 하거나 개인이 예금을 하려고 할 때에는 실질금리가 얼마인가에 관심 가짐 ④ **피셔방정식** : 명목금리＝실질금리＋물가상승률

01

❸ 환율

의미	① 환율 : 국제적 거래를 위해서는 각 나라 화폐 간 교환비율 ② 우리나라는 '미화 1달러에 몇 원'식으로 외국 화폐 1단위에 상응하는 원화 가치를 환율로 표시하는 자국통화표시법을 사용하고 있음 ③ 자국통화표시환율 원·달러 환율=1,000(원/달러)=$\dfrac{1,000원}{1달러}$ ④ 외화통화표시환율 달러·원 환율=0.001(달러/원)=$\dfrac{1달러}{1,000원}$
결정과 변동	① 환율의 결정 : 외환의 수요와 공급에 의해 결정 ② 외환의 공급 : 외화가 자국에 들어올 때 예 수출증가, 외국인의 자국에 투자, 송금, 여행증가 , 자국의 이자율 상승시 외화공급 증가 ③ 외환의 수요 : 자국의 외화가 유출될 때 예 수입증가, 자국민이 외국에 투자, 송금, 여행증가 , 외국의 이자율 상승시 외화수요 증가
환율제도	① 고정환율제도 : 정부나 중앙은행이 외환시장에 개입하여 환율을 일정한 수준으로 유지시키는 제도로, 우리나라도 과거에는이 제도를 사용했으나 1997년 IMF 외환위기 이후에 사용하지 않음 ② 변동환율제도 : 외환의 수요와 공급에 의해 환율이 결정하는 제도로, 변동환율제도는 국제수지에 불균형이 발생했을 때 고정환율제도보다 빠르게 조정된다는 장점 때문에 최근에는 많은 국가들이 채택하고 있음 ③ 대부분의 국가에서 환율의 급격한 변동으로 경제에 충격이 발생할 경우에는 정부가 외환시장에 참가(개입)하여 환율의 변동 속도를 조정(smoothing operation)하기도 함
영향	① 원칙 : 화폐가치가 상승하는 쪽이 유리 예 개인이 해외여행을 가거나 유학자금을 송금하기 위해 외화가 필요한 경우에는 원화가 강세일 때 환전하는 것이 유리 ② 예외 : 수출은 화폐가치가 하락하는 쪽이 가격경쟁력이 생기므로 유리 예 수출품의 원화표시 가격이 10,000원일때 1$=1,000원인 경우 10$이지만 원화가치가 하락 즉, 환율이 1$=2,000으로 상승한 경우 5$가 되어 수출에 유리해짐

❹ 주가

주식	① 주식은 기업이 필요한 자본을 조달하기 위해 발행하는 증권 ② 기업들은 주식시장을 통해서 대규모 자금을 조달할 수 있고 개인들은 여유자금을 투자할 기회를 가질 수 있음
주식시장	① 발행시장 : 기업공개(IPO; Initial Public Offering)나 유상증자를 통해 주식이 발행되는 시장 ② 유통시장 : 발행된 주식이 거래되는 시장 ③ 장내유통시장 : 유가증권시장, 코스닥시장, 코넥스시장 ④ 장외유통시장 : K-OTC시장

❺ 주가지수와 주가변동

주가지수	① 주가지수는 특정 시점의 경제상황을 대표하는 지수 ② 주가지수＝비교시점 시가총액 / 기준시점 시가총액×100
주가변동	① 기업의 영엽실적에 비례 ② 경제활동이 활발하며 사람들의 경제에 대한 신뢰도에 비례 ③ 이자율에 반비례 ④ 외국인의 투자수준에 비례 ⑤ 주가지수는 주식투자성과를 평가하는 기준이 됨 　예 주식투자로 10%수익률 vs 종합주가지수 20% 상승 → 좋은 투자결과 아님

01

❻ 우리나라의 주가지수

코스피 지수	① 코스피지수(KOSPI; Korea Composite Stock Price Index) ② 코스피지수는 유가증권시장에 상장되어 있는 모든 종목을 대상으로 산출되는 대표적인 종합주가지수 ③ 1980년 1월 4일을 기준시점으로 이 날의 주가지수를 100으로 함 ④ 시가총액식 주가지수 : 개별종목 주가에 상장주식수를 가중한 기준시점의 시가총액과 비교시점의 시가총액을 비교하여 산출
코스닥 지수	① 코스닥지수(KOSDAQ Index) ② 코스닥지수는 코스닥 시장에 상장되어 있는 종목을 대상으로 산출되는 종합지수로 코스닥시장의 대표지수로 시가총액식 주가지수임 ③ 1996년 7월 1일을 기준시점으로 이날의 주가지수를 1,000으로 함
코스피 200지수	① 코스피200지수(KOSPI 200; Korea Stock Price Index 200) ② 유가증권시장에 상장된 주식 중 시장대표성, 업종대표성, 유동성 등을 감안하여 선정되는 200개 종목을 대상 ③ 최대주주지분, 자기주식, 정부지분 등을 제외한 유동주식만의 시가총액을 합산하여 계산 ④ 1990년 1월 3일을 기준시점 ⑤ 주가지수선물, 주가지수옵션거래뿐 아니라 인덱스펀드, 상장지수펀드(ETF; Exchange Traded Fund) 등에도 활용
KRX 100지수	① KRX100지수(Korea Exchange 100) ② 유가증권시장과 코스닥시장의 우량종목을 고루 편입한 통합주가지수로서 유가증권시장 90개, 코스닥시장 10개 등 총 100개 종목으로 구성 ③ 최대주주지분, 자기주식, 정부지분 등을 제외한 유동주식만의 시가총액을 합산하여 계산 ④ 상장지수펀드(ETF), 인덱스펀드 등 다양한 상품에 이용
코스닥 150지수	① 코스닥150지수(KOSDAQ 150 Index) ② 코스닥시장을 대표하는 지수로서 '15.7월 개발 ③ 코스닥시장 특성을 잘 반영할 수 있도록 시장대표성, 유동성 및 상품성 등을 종합적으로 고려한 150개 종목으로 구성 ④ 선물 및 ETF 등 금융상품의 기초지수로 활용

❼ 글로벌 주가지수

MSCI지수	① MSCI(Morgan Stanley Capital International)지수 ② 모건스탠리의 자회사인 Barra가 제공하며, 전 세계 투자기관의 해외투자 시 기준이 되는 대표적인 지수로 특히 미국계 펀드가 많이 사용 ③ 대표적으로 MSCI EAFE(유럽아태·극동), MSCI World(선진국시장), MSCI EM(신흥시장) 등의 지수가 있음 ④ 해당 종목이 MSCI에 편입되는 것 자체가 투자가치가 높은 우량기업이라는 의미로 해석되기도 하여 주가상승의 모멘텀이 작용하기도 함
FTSE지수	① FTSE(Financial Times Stock Exchange)지수 ② 파이낸셜타임즈와 런던증권거래소가 공동으로 설립한 FTSE그룹이 발표하는 지수로 주식, 채권, 부동산 등 다양한 부문의 지수가 제공되고 있으며 주로 유럽에서 사용 ③ FTSE100은 영국의 100개 상장기업을 대상으로 하는 대표적인 영국의 주식시장지수

❽ 주요 국가의 주가지수

미국 뉴욕증권거래소	① 미국의 뉴욕증권거래소(NYSE; New York Stock Exchange) ② 세계에서 가장 큰 주식시장 ③ 다우존스 산업평균지수(DJIA; Dow Jones Industrial Average)는 경제 전반에 걸쳐 대표적인 30개 대형 제조업 기업들의 주식들로 구성, 단순가격평균방식, 월스트리트 저널에서 작성하여 발표
미국증권거래소	① 미국증권거래소(AMEX; American Stock Exchange) ② 뉴욕증권거래소에 상장되지 않은 주식을 거래하며 역시 뉴욕에 위치
나스닥	① 나스닥(NASDAQ; National Association of Securities Dealers Automated Quotation) ② 나스닥 증권시장에 등록돼 있는 5,000여개 주식을 가중평균하여 구한 지수 ③ 1990년 1월 3일을 기준시점 ④ 주가지수선물, 주가지수옵션거래뿐 아니라 인덱스펀드, 상장지수펀드(ETF; Exchange Traded Fund) 등에도 활용
S&P 500지수	① S&P500지수(Standard & Poor's 500 Index) ② S&P500지수는 주로 NYSE시장의 주식이 많지만 NASDAQ과 AMEX시장의 주식도 포함하여 작성되고 있어서 증권시장 상황을 잘 반영한다는 장점이 있음
아시아 주가지수	① 일본의 니케이(Nikkei Stock Average Index)지수 ② 홍콩의 항셍(Hang Seng Index) 지수 ③ 중국의 상하이종합지수(Sanghai Composite Index) ④ 대만의 자이취엔지수(Taiwan Weighted Average Index) 등이 있음

9 거래량과 거래금액

거래량에 영향을 주는 요인	① 기업실적과 거래량은 비례 ② 경제전망이 긍정적일수록 거래량이 늘어남
주가와 거래량의 관계	① 주식시장에서는 주가가 변동하기 전에 거래량이 먼저 변하는 것이 일반적임 ② 거래량이 증가하면 주가가 상승하는 경향이 있고 거래량이 감소하면 주가가 하락하는 경향이 있음 예 주가가 상승하는 강세장에서는 주가가 지속적으로 상승할 것으로 예상하는 매수 세력이 크게 늘어나 거래량이 증가하는 반면에 주가가 하락하는 약세장에서는 거래량이 감소하는 경향을 보임

01

TOPIC 02 **확인문제** **주요경제지표**

01 〈보기〉에서 기준금리에 대한 설명으로 옳은 것을 모두 고른 것은? ^{24. 계리직}

───〈 보기 〉───
ㄱ. 시중에 풀린 돈의 양을 조절하기 위해 금융통화위원회의 의결을 거쳐 결정하는 정책금리이다.
ㄴ. 기준금리 변경은 예금, 대출 금리 등에 영향을 주지만 부동산, 외환 등 자산가격에는 영향을 미치지 않는다.
ㄷ. 통상적으로 경기 침체 양상을 보이면 기준금리를 인하하고 경기 과열 양상을 보이면 기준금리를 인상한다.
ㄹ. 일반적으로 기준금리를 인하하면 물가가 하락하고 기준금리를 인상하면 물가가 상승한다.

① ㄱ, ㄴ   ② ㄱ, ㄷ   ③ ㄴ, ㄹ   ④ ㄷ, ㄹ

02 〈보기〉의 ( )에 들어갈 내용을 바르게 짝지은 것은? ^{24. 계리직}

───〈 보기 〉───
(가) 외화가 국내로 유입되면 환율이 ( )한다.
(나) 환율 상승은 원화( )(이)라고도 한다.
(다) 우리나라는 ( )으로 환율을 표시하고 있다.

	(가)	(나)	(다)
①	상승	평가절상	자국통화표시법
②	하락	평가절하	자국통화표시법
③	하락	평가절하	외국통화표시법
④	상승	평가절상	외국통화표시법

03 다음에 대한 설명으로 옳지 않은 것은?

> 100만원짜리 채권을 지금 10만원 할인된 90만원에 사고 1년 후 100만원을 받는 경우

① 할인율 > 수익률
② 할인율 < 수익률
③ 할인율 = 수익률
④ 양자를 비교할 수 없다.

04 다음 〈보기〉에서 옳은 것을 모두 고르시오.

> ─────── 〈보기〉 ───────
> ㄱ. 주가는 명목이자율에 비례하는 경향이 있다.
> ㄴ. 코스피지수는 단순가격평균방식 주가지수를 사용한다.
> ㄷ. 해당 종목이 MSCI에 편입되는 것 자체가 투자가치가 높은 우량기업이라는 의미로 해석되기도 하여 주가상승의 모멘텀이 작용하기도 한다.
> ㄹ. 코스피 200지수는 최대주주지분, 자기주식, 정부지분 등을 포함한 유동주식의 시가총액을 합산하여 계산한다.

① ㄱ, ㄴ   ② ㄱ, ㄷ   ③ ㄴ, ㄷ   ④ ㄷ, ㄹ

정답찾기

01 ㄴ. 기준금리 변경은 예금, 대출 금리, 부동산, 외환 등에 모두 영향을 미친다.
ㄹ. 일반적으로 기준금리를 인하하면 물가가 상승하고 기준금리를 인상하면 물가가 하락한다.

02 (가) 외화가 국내로 유입되면 외환의 공급이 증가하여 환율이 하락한다.
(나) 환율 상승은 1$=1,000원 → 1$=2,000원이 된 것이므로 원화가치 하락이라고도 한다.
(다) 우리나라는 1$=1,000원으로 자국통화 표시법으로 환율을 표시하고 있다.

03 ② 100만원짜리 채권을 지금 10만원 할인된 90만원에 사고 1년 후 100만원을 받는 경우 할인율은 10만원/100만원=0.1이고 수익률은 10만원/90만원이므로 약 11.1%이다.

04 ㄴ. 코스피지수는 시가총액식 주가지수를 사용한다.
ㄹ. 코스피 200지수는 최대주주지분, 자기주식, 정부지분 등을 제외한 유동주식만의 시가총액을 합산하여 계산한다.

정답   **01** ②   **02** ②   **03** ②   **04** ②

TOPIC 03 금융시장

1 금융시장의 의의

금융시장	① **금융시장(financial market)**: 자금공급자와 자금수요자간에 금융거래가 조직적으로 이루어지는 장소 ② 금융시장에서 자금수요자는 주로 기업이며 자금공급자는 주로 개인들 ③ **금융자산 또는 금융상품**: 금융거래가 이루어지기 위해서는 이를 매개하는 수단 ④ **금융자산**: 현재 또는 미래의 현금흐름에 대한 청구권을 나타내는 증서로서 예금증서, 어음, 채권 등
직접금융	① **직접금융(direct finance)**: 자금의 최종적 차입자가 자금의 최종적인 대출자에게 주식이나 사채 등을 직접적으로 발행함으로써 자금을 조달하는 방식 ② 직접금융은 기업들이 원하는 금액의 자금을 장기로 조달할 수 있는 장점이 있어 장기설비 투자를 위한 자금 조달에 용이 ③ 주식의 발행은 기업의 지배구조에 영향을 미치고, 회사채의 발행은 신용도에 따라서 높은 금리를 지불하거나 발행 자체가 어려울 수 있다는 문제점이 있음 ④ 정부도 직접금융시장에서 국채를 발행하여 재정자금을 조달할 수 있음 ⑤ **본원적 증권(primary security)**: 경제주체 중 금융기관 이외의 최종적인 차입자가 발행하는 금융자산 예 주식·사채·어음·채무증서 등
간접금융	① **간접금융(indirect finance)**: 금융중개기관이 대출자와 차입자간에 자금융통을 매개하는 방식 ② 금융중개기관은 최종적인 차입자에게 자금을 공급하여 본원적 증권을 구입하게 하는 한편 자신에 대한 청구권(정기예금증서 등)을 발행하여 최종적인 대출자로부터 자금을 조달함으로써 최종적인 차입자와 대출자를 중개 ③ **간접증권 또는 제2차 증권(secondary security)**: 금융중개기관이 자신에 대해서 발행하는 청구권 ④ 금융중개기관이 금융자산의 종류를 다양화함으로써 차입자의 금융자산(본원적 증권) 발행의 한계비용을 인하하고 대출자가 보유하는 금융자산의 한계효용을 높여 저축과 투자를 활발하게 하여 보다 효율적인 자금배분을 실현하게 됨
금융시장과 자금흐름	간접금융시장 (금융기관) 자금 ↗ ↘ 자금 자금공급부문 →자금→ 직접금융시장 →자금→ 자금수요부문 (가계, 기업, 정부) (기업, 정부, 가계)

❷ 금융시장의 기능

자원배분기능	금융시장은 가계부문에 여유자금을 운용할 수 있는 수단(금융자산)을 제공하고 흡수한 자금을 투자수익성이 높은 기업을 중심으로 기업부문에 이전시킴으로써 국민경제의 생산력을 향상시킴
소비자 효용증진	소비주체인 가계부문에 적절한 자산운용 및 차입기회를 제공하여 가계가 자신의 시간 선호(time preference)에 맞게 소비 시기를 선택할 수 있게 함
위험분산 (risk sharing) 기능	① 다양한 금융상품을 제공함으로써 투자자가 분산투자를 통해 투자위험을 줄일 수 있도록 함 ② 이 결과 투자자의 시장참여가 확대되면서 금융시장의 자금중개규모가 확대됨
높은 유동성 (liquidity) 제공	① 금융시장이 발달하면 금융자산의 환금성이 높아지고 유동성 프리미엄이 낮아짐으로써 자금수요자의 차입비용이 줄어들게 됨 ② 유동성 프리미엄((liquidity premium) : 투자자는 환금성이 떨어지는 금융자산을 매입할 경우에는 동 자산을 현금으로 전환하는 데 따른 손실을 예상하여 요구하는 일정한 보상
정보수집 비용절감	① 금융시장이 존재할 경우 차입자의 신용에 관한 정보가 차입자가 발행한 주식의 가격이나 회사채의 금리 등에 반영되어 유통되므로 투자자가 투자정보를 취득하는 데 따른 비용과 시간이 크게 절감됨 ② 금융시장의 정보생산 기능이 활발하면 투자자의 의사결정이 촉진될 뿐만 아니라 차입자도 정당한 평가를 통해 소요자금을 원활히 조달할 수 있게 됨
시장규율기능	① 시장규율 : 차입자의 건전성을 제고하기 위해 시장참가자가 당해 차입자가 발행한 주식 또는 채권 가격 등의 시장신호(market signal)를 활용하여 감시기능을 수행하는 것 ② 어떤 기업이 신규 사업을 영위하기 위해 인수·합병계획을 발표시 시장참가자들이 그러한 계획이 당해 기업의 재무건전성을 악화시킬 것으로 본다면 금융시장에서 거래되는 동 기업의 주식이나 회사채 가격이 즉각 하락하게 됨

❸ 금융시장의 유형

대출시장	① 대출시장 : 은행, 저축은행, 상호금융 등과 같은 예금취급 금융회사를 통해 다수의 예금자로부터 자금이 조달되어 최종 자금수요자에게 공급되는 시장 ② 대출시장은 차주에 따라 가계대출시장과 기업대출 시장으로 구분 ③ 신용카드회사와 같은 여신전문금융회사가 제공하는 현금서비스나 판매신용도 대출시장에 포함됨
외환시장	① 외환시장 : 외환의 수요와 공급에 따라 외화자산이 거래되는 시장으로 전형적인 점두시장의 하나 ② 점두시장(OTC=Over The Counter market) : 증권 거래소 밖에서 고객과 증권 회사, 또는 증권 회사 상호 간에 주식의 매매 거래가 이루어지는 시장 ③ 은행간시장과 대고객시장으로 나누어짐

파생상품시장	① 파생금융상품시장: 전통 금융상품 및 외환의 가격변동위험과 신용위험 등 위험을 관리하기 위해 고안된 파생금융상품이 거래되는 시장 ② 우리나라의 경우 외환파생상품 위주로 발전되어 왔으나 1990년대 중반 이후에는 주가지수 선물 및 옵션, 채권선물 등이 도입되면서 거래수단이 다양화되고 거래규모도 크게 확대되고 있음
전통적 의미의 금융시장	① 금융거래의 만기: 단기금융시장과 장기금융시장 ② 금융수단의 성격: 채무증서시장과 주식시장 ③ 금융거래의 단계: 발행시장과 유통시장 ④ 금융거래의 장소: 거래소시장과 장외시장

❹ 단기금융시장(자금시장)과 장기금융시장(자본시장)

단기 금융시장	① 단기금융시장(money market): 자금시장 ② 보통 만기 1년 이내의 금융자산이 거래되는 시장 ③ 콜시장: 금융회사 상호간에 자금과부족을 일시적으로 조절하기 위한 초단기 자금거래가 이루어지는 시장으로 콜거래는 최장 90일 이내로 만기가 제한되어 있으나 거래물량의 대부분을 익일물이 차지하고 있음 ④ 기업어음: 신용상태가 일정 수준 이상의 양호한 기업이나 금융회사가 단기자금을 조달하기 위해 발행한 증권으로 발행자가 자기신용을 이용하여 비교적 간단한 절차를 거쳐서 단기자금을 조달할 수 있는 수단이 되며 자금공급자에게는 단기자금의 운용수단이 됨 ⑤ 양도성예금증서: 정기예금에 양도성을 부여한 예금증서로 기업어음과 마찬가지로 할인방식으로 발행되며 발행금리는 발행금액 및 기간, 발행 금융회사의 신용도, 시장금리 등을 감안하여 결정됨
장기 금융시장	① 장기금융시장: 자본시장(capital market) ② 만기 1년 이상의 채권이나 만기가 없는 주식이 거래되는 시장 ③ 장기금융시장은 주로 기업, 금융기관, 정부 등이 장기자금을 조달하는 시장으로 자본시장이라고도 하며 주식시장과 채권시장 등이 여기에 속함 ④ 장기금융상품은 주로 미래의 자금지출에 대한 불확실성이 낮은 금융기관, 연기금 및 개인 등이 장기적인 관점에서 투자하는 경우가 많으며 투자에 따른 위험을 회피하기 위해 선물, 옵션, 스왑 등 파생금융상품에 대한 투자를 병행하는 경우가 대부분임
공통점과 차이점	① 단기금융시장과 자본시장은 중앙은행의 통화정책 효과가 파급되는 경로로서의 역할 ② 자본시장은 통화정책 이외에도 기대 인플레이션, 재정수지, 수급사정 등 다양한 요인에 의해 영향을 받기 때문에 통화정책과의 관계가 단기금융시장에 비해 간접적이고 복잡함 ③ 단기금융상품은 만기가 짧아 금리변동에 따른 자본손실위험이 작은 반면 만기가 긴 채권의 경우는 금리변동에 따른 가격변동 위험이 큼

④ 구분	단기금융시장(자금시장)	장기금융시장(자본시장)
만기구분	1년 만기 미만	1년 이상 장기
거래규모	대규모	소규모
유동성	높음	낮음
가격 변동폭	낮음	높음
금리수준	낮음	높음
주요 금융상품	콜, 기업어음, CD, RP, 표지어음, 통화안정증권	채권시장, 주식시장, 자산유동화증권시장

(위 표 좌측 병합 셀: **공통점과 차이점**)

01

5 채무증서시장과 주식시장

채무증서시장	① 채무증서시장(debt market) : 차입자가 만기까지 일정한 이자를 정기적으로 지급할 것을 약속하고 발행한 채무증서(debt instrument)가 거래되는 시장 ② 채무증서의 만기 : 통상 1년 이내의 단기, 1년과 10년 사이의 중기, 10년 이상의 장기로 구분 ③ 우리나라의 경우 기업어음시장, 양도성예금시장, 표지어음시장, 통화안정증권시장, 국채·회사채·금융채 등의 채권시장이 채무증서시장에 해당
주식시장	① 주식시장(equitymarket) : 회사의 재산에 대한 지분을 나타내는 주식(equity)이 거래되는 시장 ② 채무증서와는 달리 주식으로 조달된 자금에 대해서는 원리금 상환의무가 없음 ③ 주주는 주식소유자로서 기업 순이익에 대한 배당청구권을 가짐 ④ 우리나라의 주식시장에는 유가증권시장, 코스닥시장, 코넥스시장, K-OTC시장 등이 해당
차이	① 주식이 채권보다 기업부도 발생에 따른 위험이 더 큼 : 증권의 발행기업이 청산할 경우 채무증서 소유자는 우선변제권을 행사할 수 있는 반면 주주는 채무를 변제한 잔여재산에 대하여 지분권을 행사(residual claim)함 ② 주식은 채무증서보다 자산가치의 변동성이 큼 : 채무증서 소유자는 이자 및 원금 등 고정된 소득을 받게 되므로 미래의 현금흐름이 안정적인데, 주주의 경우는 기업의 자산가치나 손익의 변동에 따라 현금흐름이 불안정적

❻ 발행시장과 유통시장

발행시장	① 발행시장(primary market): 기업, 정부, 공공기관 등 자본을 수요로 하는 발행주체가 단기금융상품이나 채권, 주식 등 장기금융상품이 신규로 발행하여 이를 일반투자자에게 매각함으로써 장기적인 자본을 조달하는 시장 ② 발행시장에서 증권의 발행은 그 방식에 따라 직접발행과 인수기관이 중심적인 역할을 수행하는 간접발행으로 구분
인수기관	① 인수기관은 해당 증권의 발행사무를 대행함은 물론 증권의 전부 또는 일부 인수를 통해 발행위험을 부담하는 한편 발행된 증권의 유통시장을 조성(market-making)함 ② 우리나라에서는 회사채 또는 주식을 공모방식으로 발행할 때 주로 증권회사가 인수기능을 수행 ③ 정부가 국고채를 발행할 때에는 국고채 전문딜러(PD; Primary Dealer)가 경쟁 입찰에 독점적으로 참여하고 매수매도호가 공시(bid-ask quotation) 등을 통해 시장조성 활동을 담당 국고채 인수 등 우선적인 권리 ⟵ 발행시장 ⟶ 시장조성자의 의무수행 유통시장
유통시장	① 유통시장: 투자자가 보유중인 회사채나 주식을 쉽게 현금화할 수 있게 함으로써 당해 금융상품의 유동성을 높여주는 시장으로 거래소시장과 장외시장으로 구분됨 ② 투자자들은 발행시장과 유통시장의 가격을 비교하여 가격이 낮은 상품을 매입하는 것이 일반적이다. ③ 유통시장에서 거래가 원활하지 않은 증권은 발행시장에서 인기가 없고, 발행시장에서 인기가 없어서 규모가 작고 가격이 낮은 증권은 유통시장에서도 인기가 없음

❼ 거래소시장(장내시장)과 장외시장

거래소시장	① 거래소시장(exchange): 시장참가자의 특정 금융상품에 대한 매수매도 주문(bid-ask order)이 거래소에 집중되도록 한 다음 이를 표준화된 거래규칙에 따라 처리하는 조직화된 시장으로 장내시장이라고도 함 ② 거래정보 투명성: 거래소시장은 시장 참가자 간의 거래관계가 다면적이고 거래소에 집중된 매수·매도 주문의 상호작용에 의하여 가격이 결정(order-driven)된다는 점에서 거래정보가 투명함 ③ 거래의 익명성: 가격 및 거래정보가 누구에게나 잘 알려지며 거래의 익명성이 보장됨 ④ 우리나라의 경우 한국거래소가 증권과 파생상품의 원활한 거래와 가격형성을 담당하고 있으며 증권회사, 선물회사 등이 회원으로 가입해 있음 ⑤ 2005년에 주식·채권 등을 거래하는 증권거래소, 선물 및 옵션을 거래하는 선물거래소, 기술주 중심의 주식을 거래하는 코스닥증권시장 등 3곳을 한국거래소로 통합하였다. 이에 따라 한국거래소에서는 주식, 채권, 상장지수펀드(ETF), 상장지수증권(ETN) 및 파생상품 등을 모두 거래하고 있음

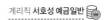

장외시장	① 장외시장 : 특정한 규칙 없이 거래소 이외의 장소에서 당사자 간에 금융상품의 거래가 이루어지는 시장 ② 한국금융투자협회가 개설·운영하는 K-OTC시장(과거 비상장주식 장외매매시장인 '프리보드 시장'을 확대·개편)과 상장증권은 물론 비상장증권에 대하여 고객과 증권회사, 증권회사 상호간 또는 고객 상호간의 개별적인 접촉에 의해 거래가 이루어지는 비조직적·추상적 시장인 점두시장(OTC; over-the-counter market)으로 구분됨 ③ 장외시장은 매매당사자간의 개별적인 접촉에 의해 거래가 이루어지므로 동일 시간에 동일 상품의 가격이 다르게 결정되는 등 비효율적인 면이 있음 ④ 우리나라의 경우 채권은 대부분 장외시장에서 거래되고 있으며 콜, 양도성예금증서, 기업어음 등 단기금융상품은 물론 외환 및 외환파생상품, 금리및 통화 스왑 등의 파생 금융상품 등도 대부분 장외시장에서 거래됨 ⑤ 장외시장은 주로 증권회사를 매개로 거래가 이루어지는데, 증권회사는 매도나 매수를 원하는 투자자와 반대거래를 원하는 상대방을 연결시켜 거래를 중개함
점두시장	① 딜러·브로커 간 시장(inter-dealer segment)와 대고객시장(dealer-to-customer segment)으로 구분 ② 거래 가격도 딜러·브로커가 고시한 매수매도 호가를 거래상대방이 승낙하여 결정 (quote-driven)되기 때문에 거래정보의 투명성이나 거래상대방의 익명성이 낮음

01

TOPIC 03 확인문제 금융시장

01 금융시장의 기능에 대한 설명으로 옳지 않은 것은? 22. 계리직

① 소비 주체인 가계 부문에 적절한 자산운용 및 차입 기회를 제공하여 자신의 시간선호에 맞게 소비 시기를 선택할 수 있게 함으로써 소비자 효용을 증진시킨다.

② 유동성이 높은 금융자산일수록 현금 전환 과정에서의 예상 손실 보상액에 해당하는 유동성 프리미엄도 높다.

③ 차입자의 재무 건전성을 제고하기 위해 시장참가자는 당해 차입자가 발행한 주식 또는 채권 가격 등의 시장선호를 활용하여 감시 기능을 수행한다.

④ 금융시장이 발달할수록 금융자산 가격에 반영되는 정보의 범위가 확대되고 정보의 전파속도로 빨라지는 것이 일반적이다.

02 금융시장에 대한 설명으로 옳지 않은 것은?

① 직접금융은 기업들이 원하는 금액의 자금을 장기로 조달할 수 있는 장점이 있어 장기설비 투자를 위한 자금 조달에 용이하다.

② 본원적 증권(primary security)은 경제주체 중 금융기관을 포함한 차입자가 발행하는 금융 자산이다.

③ 간접금융(indirect finance)은 금융중개기관이 대출자와 차입자간에 자금융통을 매개하는 방식이다.

④ 금융중개기관은 최종적인 차입자에게 자금을 공급하여 본원적 증권을 구입하게 하는 한편 자신에 대한 청구권(정기예금증서 등)을 발행하여 최종적인 대출자로부터 자금을 조달함으로써 최종적인 차입자와 대출자를 중개한다.

03 단기금융시장과 장기금융시장(＝자본시장)에 대하여 〈보기〉에서 옳은 것을 모두 고르시오.

〈 보기 〉

ㄱ. 단기금융시장으로 콜시장, 기업어음은 포함되나 양도성 예금증서는 포함되지 않는다.
ㄴ. 양도성 예금증서는 정기예금에 양도성을 부여한 예금증서로 기업어음과 마찬가지로 할증방식으로 발행된다.
ㄷ. 장기금융시장은 주로 기업, 금융기관, 정부 등이 장기자금을 조달하는 시장으로 자본시장이라고도 하며 주식시장과 채권시장 등이 여기에 속한다
ㄹ. 단기금융시장과 자본시장은 중앙은행의 통화정책 효과가 파급되는 경로로서의 역할을 한다.

① ㄱ, ㄴ　　　② ㄱ, ㄹ　　　③ ㄴ, ㄷ　　　④ ㄷ, ㄹ

04 발행시장과 유통시장에 대한 설명으로 옳지 않은 것은?

① 발행시장(primary market)은 기업, 정부, 공공기관 등 자본을 수요로 하는 발행주체가 단기금융상품이나 채권, 주식 등 장기금융상품이 신규로 발행하여 이를 일반투자자에게 매각함으로써 장기적인 자본을 조달하는 시장이다.
② 발행시장에서 증권의 발행은 그 방식에 따라 직접발행과 인수기관이 중심적인 역할을 수행하는 간접발행으로 구분한다.
③ 우리나라에서는 회사채 또는 주식을 공모방식으로 발행할 때 주로 한국은행이 인수기능을 수행한다.
④ 유통시장은 투자자가 보유중인 회사채나 주식을 쉽게 현금화할 수 있게 함으로써 당해 금융상품의 유동성을 높여주는 시장으로 거래소시장과 장외시장으로 구분된다.

정답찾기

01 유동성 프리미엄은 환금성이 떨어지는 금융자산을 매입할 경우 해당 자산을 현금으로 전환하는 데 따른 손실이 예상됨에 따라 요구되는 일정한 보상을 의미한다. 환금성이 낮을수록 유동성 프리미엄이 높다.

02 ② 본원적 증권(primary security)은 경제주체 중 금융기관 이외의 최종적인 차입자가 발행하는 금융자산이다.

03 ㄱ. 단기금융시장으로 콜시장, 기업어음, 양도성 예금증서가 있다.
ㄴ. 양도성 예금증서는 정기예금에 양도성을 부여한 예금증서로 기업어음과 마찬가지로 할인방식으로 발행된다.

04 ③ 우리나라에서는 회사채 또는 주식을 공모방식으로 발행할 때 주로 증권회사가 인수기능을 수행한다.

Chapter 02 금융회사와 금융상품

TOPIC 04 금융회사

❶ 은행의 구분

은행	① 은행: 예금 또는 채무증서 등을 통해 불특정 다수의 경제주체들로부터 자금을 조달하고 기업, 가계 등에 대출하는 금융회사 ② 일반은행: 은행법에 의거 설립되어 운영 「인터넷전문은행 설립 및 운영에 관한 특례법」(약칭: 인터넷전문은행법)에 의해 설립된 인터넷전문은행을 포함) ③ 특수은행: 개별 특수은행법에 의거 설립되어 운영
일반은행	① 일반은행은 시중은행, 지방은행, 인터넷전문은행, 외국은행 국내지점이 있음 ② 시중은행: 영업지역을 기준으로 전국 어디에서나 영업이 가능한 은행으로 '24년 12월 기준 국내 은행 5개사(국민·우리·신한·하나은행, iM뱅크)과 외국계 은행 2개사(SC제일, 한국씨티은행)가 있음 ③ 인터넷전문은행: 시중은행 중에는 은행법 특례를 통해 인터넷전문은행법을 근거로 2017년부터 오프라인 채널 없이 온라인으로만 영업하며 케이뱅크, 카카오뱅크, 토스뱅크 3개사가 있음 ④ 지방은행: 주로 특정지역을 기반으로 주요 영업권을 형성한 은행으로 부산은행, 경남은행, 광주은행, 전북은행, 제주은행 등 5개사가 있음
특수은행	① 특수은행: 개별법에 의하여 고유의 목적을 수행하도록 설립된 은행으로 특수은행에 대해서는 설립근거법에 의거해 일부 또는 모든 업무에서 「한국은행법」 및 「은행법」의 적용을 배제하고 있음 ② 특수은행으로는 한국산업은행, 한국수출입은행, IBK기업은행, NH농협은행, SH수협은행 등이 있음 ③ 한국산업은행: 한국산업은행법에 의하여 1954년 전후 복구지원을 중점적으로 지원하기 위해 설립되었으며, 주요업무로는 산업의 개발·육성, 중소·벤처기업의 육성, 사회기반시설의 확충 및 지역개발, 기업구조조정 등 시장경제를 보완하는 역할을 담당 ④ 한국수출입은행: 한국수출입은행법에 의하여 설립되었으며, 수출 촉진 및 수출경쟁력 제고, 국민경제에 중요한 수입, 해외투자·해외자원개발의 활성화 등에 필요한 자금을 공급을 주요 업무로 함 ⑤ IBK기업은행(舊중소기업은행): 중소기업은행법에 의하여 담보여력이 없거나 신용도가 낮은 중소기업을 중점 지원하기 위하여 설립된 은행 ⑥ NH농협은행: 농업협동조합법에 의거 농업인과 농업협동조합에 필요한 금융서비스를 제공하는 역할을 담당 ⑦ SH수협은행: 수산업협동조합법에 의하여 어업인과 수산업협동조합에 필요한 각종 금융서비스를 제공

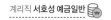

② 은행의 업무범위

구분	근거	업무 범위
고유업무	은행법 제27조	• 예금적금의 수입 또는 유가증권, 그밖의 채무증서의 발행 • 자금의 대출 또는 어음의 할인, 내국환·외국환
부수업무	은행법 제27조의2	• 채무보증 또는 어음 인수, 상호부금, 보호예수 • 팩토링(기업의 판매대금 채권의 매수·회수 및 관련업무) • 수납 및 지급대행, 지자체 금고대행, 전자상거래와 관련한 지급 대행 • 은행업과 관련된 전산시스템 및 소프트웨어의 판매·대여 • 금융 관련 연수 도서 및 간행물 출판 업무 • 금융관련 조사 및 연구 업무
	은행법 시행령 제18조	• 부동산의 임대 • 수입인지, 복권, 상품권 또는 입장권 등의 판매대행 • 광고대행(은행 홈페이지, 서적, 간행물 등 물적 설비를 활용)
	은행업 감독규정 제25조	• 지급형주화(금화, 은화, 메달)·금지금·은지금의 판매대행 • 금지금 매매·대여, 금 관련 금융상품의 개발 및 판매 • 전자세금계산서 교부 대행 및 인증 등 관련 서비스
	은행업 감독규정 제2항 제3호	※ 기타 금융위원회가 정하여 고시하는 업무 • 은행 캐릭터 저작권 라이선싱, 브랜드 사용료 부과 • 마이데이터 소프트웨어 판매, 은행 인증서를 활용한 본인 확인 서비스 • 전기통신사업법에 따른 알뜰폰 사업 • 대학교 학생증·학사관리 플랫폼 서비스 등
겸영업무	은행법 시행령 제18조의2	• 파생상품의 매매·중개업무, 파생결합증권의 매매업무 • 국채증권, 지방채증권 및 특수채증권의 인수·매출·모집·매출 주선업무(사채권 매매업무) • 집합투자업, 투자자문업, 신탁업, 진합투자증권에 대한 투자매매·중개업 • 자본시장법상 일반사무관리회사의 업무, 명의개서대행회사의 업무 • 환매조건부매도·매수·매매 업무, 보험대리점 업무 • 퇴직연금사업자업무, 신용카드업, ISA투자일임업 • 담보부사채에 관한 신탁업, 본인신용정보관리업
	은행업 감독규정 제25조의2	• 신용정보서비스, 사채관리회사의 업무 • 중소기업 지원 목적 법률에 근거한 금융상품 모집·판매 대행 업무

01

❸ 비은행 금융회사

의미	① 비은행 금융회사는 금융회사 중에서 은행법의 적용을 받지 않으면서도 은행과 유사하게 고객의 예금을 바탕으로 돈을 빌려주거나 투자를 하는 금융기관 ② 비은행예금취급기관에는 상호저축은행, 신용협동기구, 우체국예금 그리고 종합금융회사가 있음
상호저축은행	① 상호저축은행＝저축은행 ② 지역 서민들과 중소기업을 대상으로 주로 여수신 업무를 수행 ③ 신용도가 다소 낮은 개인이나 기업을 대상으로 하기 때문에 대출금리가 은행보다 높은 대신 예금금리도 은행보다 높은 편임 ④ 상호저축은행은 전문적 서민 금융회사로서 서민들에 대한 금융 서비스 확대를 도모한다는 설립 취지에 맞추어 총여신의 일정비율 이상을 영업구역 내 개인 및 중소기업에 운용해야 함
상호금융	직장·지역 단위의 신용협동조합, 지역단위의 새마을금고, 농어민을 위한 협동조합인 농·수협 단위조합, 그리고 산림조합 등은 조합원에 대한 여수신을 통해 조합원 상호 간 상호부조를 목적으로 운영되는데 이를 상호금융이라고도 함

❹ 보험회사

의미	① 다수의 계약자로부터 보험료를 받아 이 자금을 대출, 유가증권 등에 운용하여 보험계약자의 노후, 사망, 질병 또는 사고발생 시에 보험금을 지급하는 업무를 수행하는 금융회사 ② 생명보험회사, 손해보험회사, 우체국보험, 공제기관 등으로 구분
생명보험 회사	① 사람의 생존 또는 사망사건이 발생했을 때 약정보험금을 지급하는 보장 기능을 주된 업무로 하는 금융회사 ② 과거에는 사망보험의 비중이 높았으나 2001년 변액보험제도가 도입된 이후에는 보험상품도 자산운용수단으로 인식되면서 변액보험의 비중이 상승하는 추세임
손해보험 회사	① 자동차사고, 화재, 해상사고 등 각종 사고에 대비한 보험을 취급하는 금융회사로 각종 사고로 발생하는 재산상의 손해에 대처하는 상호보장적 기능을 함 ② 생명보험과 손해보험은 완전히 분리된 보험으로 서로 겸업하지 않지만 사람의 질병, 상해 또는 이로 인한 간병을 대상으로 하는 보험인 질병보험, 상해보험, 간병보험은 생명보험이나 손해보험 회사들이 자유롭게 취급할 수 있음
보증보험 전담회사	① 보험계약자로부터 보험료를 받고 보험계약자가 피보험자에게 약속을 이행하지 못하거나 피해를 끼쳤을 때 대신 보험금을 지급하는 업무를 담당 ② SGI서울보증 : 일반적인 보증보험을 담당 ③ 기술보증기금은 기술평가시스템에 근거하여 기술혁신형기업의 보증 ④ 주택도시보증공사 : 주택분양 보증, 임대보증금 보증, 조합주택시공 보증, 전세보증금반환 보증, 모기지 보증 등을 담당

재보험	① 보험회사가 피보험자로부터 계약한 보험내용의 일부나 전부를 다른 보험회사에 다시 보험을 드는 보험제도 ② 재보험은 대형 사고와 같이 큰 경제적 보상이 필요하여 한 개의 보험회사가 감당하기 어려운 경우에 위험을 분산하는 보험제도 ③ 국내 재보험사업은 전업재보험사(코리안리 및 외국사 국내지점)와 일부 원수보험사가 영위하고 있음

❺ 금융투자회사

의미	① 투자자를 상대로 금융투자상품을 매매하거나 매매를 중개하는 등의 금융투자업을 영위하는 금융회사 ② 2009년부터 시행된 「자본시장과 금융투자업에 관한 법률」(약칭 : 자본시장법)에서는 자본시장과 관련한 금융투자업을 투자매매업, 투자중개업, 집합투자업, 투자일임업, 투자자문업, 신탁업의 6가지 업종으로 구분하고 이 업종중 전부 또는 일부를 담당하는 회사를 금융투자회사라고 부름

종류	내용	예
투자매매업	금융회사가 자기자금으로 금융투자상품을 매도·매수하거나 증권을 발행·인수 또는 권유·청약·승낙하는 것	증권회사 선물회사
투자중개업	금융회사가 고객으로 하여금 금융투자상품을 매도·매수하거나 증권을 발행·인수 또는 권유·청약·승낙하는 것	증권회사 선물회사
집합투자업	2인 이상에게 투자를 권유하여 모은 금전 등을 투자자 등으로부터 일상적인 운영지시를 받지 않으면서 운용하고 그 결과를 투자자에게 배분하여 귀속시키는 것을 영업으로 하는 것	자산운용회사
투자자문업	금융투자상품의 가치 또는 투자판단에 관하여 자문을 하는 것을 영업으로 하는 것	투자자문회사 증권회사 자산운용회사
투자일임업	투자자로부터 금융상품에 대한 투자판단의 전부 또는 일부를 일임받아 투자자별로 구분하여 자산을 취득·처분 그 밖의 방법으로 운용하는 것을 영업으로 하는 것	투자일임회사 증권회사 자산운용회사
신탁업	자본시장법에 따라 신탁을 영업으로 수행하는 것	은행, 증권회사, 보험회사 등 신탁 겸업사 부동산 신탁회사

❻ 기타금융회사

리스회사	① 리스회사는 건물, 자동차, 기계, 사무기기 등을 구입하여 사용자에게 대여하여 사용료를 받는 일 ② 리스 서비스는 소비자들이 자산관리의 부담이나 한꺼번에 많은 자금을 마련할 필요가 없다는 장점이 있음
할부금융	① 할부금융은 판매사나 제조사에서 상품을 구입할 때 할부금융회사가 미리 돈을 지불하고 소비자는 일정 기간 나누어서 갚는 것 ② 금융회사 이름에 주로 '○○캐피탈'이라는 이름이 붙은 회사들이 전형적인 할부금융회사임 ③ 할부금융회사는 상품 구매액을 초과하는 자금을 대출할 수 없음 ④ 할부금융 자금은 상품 구입 목적 이외에 다른 목적으로 대출받는 것을 방지하기 위해 소비자에게 대출하지 않고 판매자에게 직접 지급하도록 되어 있음
신용카드 회사	① 전형적인 여신전문 금융회사 ② 소비자가 구입하는 상품의 가격을 미리 지불하고 결제일에 한꺼번에 금액을 받거나 나누어서 갚게 하고 해당 기간 동안에 발생하는 이자소득이나 사용수수료로 수입을 올림
금융 지주회사	① 금융지주회사는 주식(지분)의 소유를 통해 금융기관 또는 금융업의 영위와 밀접한 관련이 있는 회사를 지배하는 것을 주된 사업으로 함 ② 1개 이상의 금융기관을 지배하는, 자산총액이 5천억 이상인 회사로서 금융위원회의 인가를 받은 회사
대부업자	대부업자는 금전의 대부(어음할인・양도담보 등)을 업으로 하거나 대부계약에 따른 채권을 양도받아 이를 추심하는 것을 업으로 하는 자(대부중개업자를 포함)

❼ 금융유관기관

의미	① 금융유관기관은 금융거래에 직접 참여하기보다 금융제도의 원활한 작동에 필요한 여건을 제공하는 업무를 주로 하는 기관들 ② **금융하부구조와 관련된 업무를 영위하는 기관**: 금융감독원, 예금보험공사, 금융결제원 ③ **신용보증기관**: 신용보증기금・기술신용보증기금 등 ④ 신용평가회사, 한국자산관리공사, 한국주택금융공사, 한국거래소, 자금중개회사 등
한국은행	① 우리나라 중앙은행인 한국은행은 화폐를 독점적으로 발행하는 발권은행 ② 화폐발행외에 한국은행의 가장 중요한 역할은 물가안정을 위해 통화신용정책을 수립하고 집행 ③ **한국은행이 채택하고 있는 통화정책 운영체제**: 물가안정목표제 　　→ 물가안정목표제는 통화량 등의 중간목표를 두지 않고 정책의 최종 목표인 '물가상승률' 자체를 목표로 설정하고 중기적 시계에서 이를 달성하려는 통화정책 운영방식

한국은행	④ 한국은행의 금융통화위원회(금통위): 기준금리(정책금리)를 정하고 한국은행의 통화신용정책에 관한 주요 사항을 심의·의결하는 정책결정기구로서 한국은행 총재 및 부총재를 포함한 총 7인의 위원으로 구성됨 ⑤ 은행의 은행: 금융회사로부터 예금을 받아 금융회사 고객의 예금인출에 대비한 지급준비금 등으로 이용하고 금융회사에 대출을 해주며 자금부족에 직면한 금융회사가 순조롭게 영업할 수 있도록 도와주는 등 은행의 은행 역할을 수행 ⑥ 정부의 은행: 국민이 정부에 내는 세금 등 정부의 수입을 국고금으로 받아 두었다가 정부가 필요로 할때 자금을 내어주는 정부의 은행 역할도 수행 ⑦ 결제시스템 운영: 2004년 1월 개정 한국은행법에 의거하여 지급결제시스템을 안정적이고 효율적으로 운영해야 하는 책무도 부여 받음
금융감독원	① 목적: 금융감독원은 금융산업을 선진화하고 금융시장의 안정성을 도모하며, 건전한 신용질서, 공정한 금융거래관행 확립과 예금자 및 투자자 등 금융수요자를 보호함으로써 국민경제에 기여 ② 금융감독원은 정부조직과는 독립된 특수법인: 금융감독업무와 관련하여 금융감독기구가 정치적 압력 또는 행정부의 영향력에 의해 자율성을 잃지 않고 중립적이고 전문적인 금융감독 기능을 구현하기 위함 ③ 금융감독: 경제 전반에 걸친 금융혼란에 대비하여 금융시스템의 안정성을 확보하는 데 주력하는 것으로 건전성 및 영업행위 감독보다 넓은 개념 ④ 건전성 감독: 개별 금융회사의 재무제표의 건전성, 자본적정성 및 각종 건전성 지표를 통해 금융회사의 건전성을 감독하는 것 ⑤ 영업행위 감독: 금융회사가 소비자들과의 거래에서 공시(公示), 정직, 성실 및 공정한 영업 관행을 유지하고 있는지 감독하는 것으로 소비자 보호 측면에 중점을 둔 것 ⑥ 금융회사에 대한 검사: 금융회사의 현장에서 규제준수 여부를 점검하는 임점검사(臨店檢査)와 금융회사가 제출한 업무보고서에 근거하여 상시감시를 병행함 ⑦ 자본시장의 공정성 확보: 위한 불공정거래나 보험사기 조사업무 ⑧ 금융소비자를 보호하는 기능: 소비자가 직접 제기하는 민원의 상담, 조사 및 분쟁조정 절차를 담당
예금보험 공사	① 1996년 예금자보호법에 의거하여 금융회사가 파산 등으로 예금을 지급할 수 없는 경우 예금지급을 보장함으로써 예금자를 보호하고 금융제도의 안정성을 유지할 목적으로 설립된 기관 ② 예금보험기금 조성: 예금보험제도를 통해 금융회사의 보험료, 정부와 금융회사의 출연금, 예금보험기금채권 등 ③ 역할: 기금의 손실을 최소화하기 위해 금융회사의 경영분석 등을 통해 부실 가능성을 조기에 파악, 부실금융회사에 대한 구조조정을 추진하여 금융시스템을 안정화하는 역할도 담당 ④ 예금보험공사에서 보호하는 금융회사: 은행, 증권투자매매·중개업을 인가받은 회사(증권사, 선물사, 자산운용사 등), 보험회사, 상호저축은행, 종합금융회사 등이다. 특히 농협은행 및 수협은행 본·지점의 예금은 은행처럼 예금자보호법에 따라 예금 자원금과 소정의 이자를 포함하여 1인당 5천만원까지 보호 ⑤ 외화표시예금은 원화로 환산한 금액 기준으로 예금자 1인당 5천만원 범위 내에서 보호된다.

예금보험 공사	⑥ 농·수협 지역조합의 예금은 예금자보호법에 따른 보호대상이 아니라 각 중앙회가 자체적으로 설치, 운영하는 「상호금융예금자보호기금」을 통하여 보호됨 ⑦ 신용협동조합과 새마을금고도 각 신용협동조합중앙회에 설치된 예금자보호기금과 '새마을금고법'에 따라 새마을금고중앙회에 설치된 예금자보호준비금에 의해 1인당 5천만원까지 예금을 보호 ⑧ 기업등 법인의 예금도 개인예금과 마찬가지로 법인별로 5천만원까지 보호된다. 다 만, 정부·지방자치단체·한국은행·금융감독원·예금보험공사 및 부보금융회사 의 예금은 보호대상에서 제외됨
한국거래소	① 한국거래소(Korea Exchange, KRX)는 자본시장법에 의하여 설립된 주식회사 ② 증권 및 선물·옵션과 같은 파생상품의 공정한 가격형성과 기레의 윈활화 및 안정 화를 도모하기 위하여 증권거래소, 선물거래소, 코스닥 위원회, ㈜코스닥증권시장 등 4개 기관이 통합하여 2005년 설립됨 ③ 유가증권시장과 코스닥시장, 코넥스시장 그리고 파생상품시장의 개설과 운영 ④ 증권 및 장내파생상품의 상장 ⑤ 증권 및 장내·외 파생상품의 매매체결 및 청산과 결제 ⑥ 증권 및 장내 파생상품의 이상거래 감시 ⑦ 거래소시장 내의 매매거래와 관련하여 발생하는 분쟁조정 등을 담당
금융결제원	① 자금결제와 정보유통을 원활하게 함으로써 건전한 금융거래의 유지·발전을 도모 하고 금융회사 이용자의 편의를 제고하는 등 금융산업 발전에 기여할 목적으로 설 립된 지급결제전문기관 ② 5대 국가전산망의 하나인 금융전산망 구축을 위하여 1986년 6월, 비영리 사단법인 으로 출범한 이래 CD공동망, 타행환공동망, 전자금융공동망, 어음 교환, 지로 등의 지급결제시스템과 금융인증 등 금융분야 핵심 인프라의 구축·운영을 통하여 안전 하고 편리한 지급결제서비스를 제공하고 있음

추가자료

◎ **우리나라 금융회사 현황**

은행	일반은행	시중은행
		지방은행
		인터넷전문은행
		외국은행지점
	특수은행	한국산업은행
		한국수출입은행
		중소기업은행
		농협은행
		수협은행
비은행예금취급기관	상호저축은행	
	상호금융	신용협동조합
		농업협동조합
		수산업협동조합
		산림조합
		새마을금고
	기타	우체국(우체국예금 · 보험), 종합금융회사
금융투자회사	투자매매업자	증권회사, 선물회사
	투자중개업자	
	집합투자업자	자산운용회사
	투자자문업자	
	투자일임업자	
	신탁업자	신탁회사
보험회사	생명보험회사	
	손해보험회사	일반손보사, 재보험회사, 보증보험회사 등
기타 금융회사	여신전문금융회사	신용카드사
		리스사
		할부금융사
		신기술사업금융사
	금융지주회사, 대부업자, 전자금융업자, 벤처캐피탈, 증권금융회사 등	

01

TOPIC 04 확인문제 금융회사

01 다음에 대한 설명으로 옳지 않은 것은?

① 일반은행은 시중은행, 지방은행, 인터넷전문은행, 외국은행 국내지점이 있다.

② 특수은행으로는 한국산업은행, 한국수출입은행, IBK기업은행, NH농협은행, SH수협은행 등이 있다.

③ 비은행 금융회사는 금융회사 중에서 은행법의 적용을 받으면서 은행과 유사하게 고객의 예금을 바탕으로 돈을 빌려주거나 투자를 하는 금융기관이다.

④ 생명보험회사는 사람의 생존 또는 사망사건이 발생했을 때 약정보험금을 지급하는 보장 기능을 주된 업무로 하는 금융회사이다.

02 다음 〈보기〉에서 옳은 것을 모두 고르시오.

─── 〈 보기 〉 ───

ㄱ. 금융회사가 자기자금으로 금융투자상품을 매도·매수하거나 증권을 발행·인수 또는 권유·청약·승낙하는 것을 투자매매업이라고 한다.

ㄴ. 금융회사가 고객으로 하여금 금융투자상품을 매도·매수하거나 증권을 발행·인수 또는 권유·청약·승낙하는 것을 투자중개업이라고 한다.

ㄷ. 2인 이상에게 투자를 권유하여 모은 금전 등을 투자자 등으로부터 일상적인 운영을 포함하여 포괄적 지시를 받으면서 운용하고 그 결과를 투자자에게 배분하여 귀속시키는 것을 영업으로 하는 것을 집합투자업이라고 한다.

ㄹ. 자본시장법에 따라 신탁을 영업으로 수행하는 것을 투자일임업이라 한다.

① ㄱ, ㄴ   ② ㄱ, ㄹ   ③ ㄴ, ㄷ   ④ ㄷ, ㄹ

03 다음에 대한 설명으로 옳지 않은 것은?

① 리스회사는 건물, 자동차, 기계, 사무기기 등을 구입하여 사용자에게 대여하여 사용료를 받는 일을 주 업무로 한다.

② 할부금융회사는 상품 구매액을 초과하는 자금을 대출할 수 있다.

③ 신용카드는 전형적인 여신전문 금융회사이다.

④ 금융지주회사는 1개 이상의 금융기관을 지배하는, 자산총액이 5천억 이상인 회사로서 금융위원회의 인가를 받은 회사

04 다음 〈보기〉에서 옳은 것을 모두 고르시오.

〈 보기 〉

ㄱ. 금융유관기관은 금융거래에 직접 참여하기보다 금융제도의 원활한 작동에 필요한 여건을 제공하는 업무를 주로 하는 기관들이다.

ㄴ. 한국은행이 채택하고 있는 통화정책 운영체제인 물가안정목표제는 통화량 등의 중간목표를 통해 물가안정을 달성하려는 것을 의미한다.

ㄷ. 금융감독원은 정부조직과는 독립된 특수법인이다.

ㄹ. 예금보험공사에서 보호하는 금융회사는 은행, 새마을금고 등이 있다.

① ㄱ, ㄴ   ② ㄱ, ㄷ   ③ ㄴ, ㄷ   ④ ㄴ, ㄹ

정답찾기

01 ③ 비은행 금융회사는 금융회사 중에서 은행법의 적용을 받지 않으면서도 은행과 유사하게 고객의 예금을 바탕으로 돈을 빌려주거나 투자를 하는 금융기관이다.

02 ㄷ. 2인 이상에게 투자를 권유하여 모은 금전 등을 투자자 등으로부터 일상적인 운영지시를 받지 않으면서 운용하고 그 결과를 투자자에게 배분하여 귀속시키는 것을 영업으로 하는 것을 집합투자업이라고 한다.
ㄹ. 자본시장법에 따라 신탁을 영업으로 수행하는 것을 신탁업이라고 한다.

03 ② 금융회사 이름에 주로 '○○캐피탈'이라는 이름이 붙은 회사들이 전형적인 할부금융회사이다. 할부금융회사는 상품 구매액을 초과하는 자금을 대출할 수 없다.

04 ㄴ. 한국은행이 채택하고 있는 통화정책 운영체제인 물가안정목표제는 통화량 등의 중간목표를 두지 않고 물가안정을 달성하려는 것을 의미한다.
ㄹ. 예금보험공사에서 보호하는 금융회사 은행, 증권투자매매·중개업을 인가받은 회사(증권사, 선물사, 자산운용사 등), 보험회사, 상호저축은행, 종합금융회사 등이다. 새마을금고, 농수협지역조합, 신용협동조합은 포함되지 않는다.

정답   **01** ③   **02** ①   **03** ②   **04** ②

금융상품

❶ 저축상품─입출금이 자유로운 상품

보통예금	① 보통예금: 거래대상, 예치금액, 예치기간, 입출금 횟수 등에 아무런 제한 없이 누구나 자유롭게 입·출금할 수 있는 반면 이자율이 매우 낮은 예금 ② 예금자 입장: 생활자금과 수시로 사용해야 하는 일시적인 유휴자금을 예치하는 수단 ③ 예금기관의 입장: 저리로 자금을 조달할 수 있는 재원 ④ 보통예금은 저축수단으로서의 활용도가 높지 않음
저축예금	① 저축예금: 보통예금처럼 예치금액, 예치기간 등에 아무런 제한이 없고 입출금이 자유로우면서도 보통예금보다 높은 이자를 받을 수 있는 예금 ② 가계우대성 금융상품: 가계의 여유자금을 초단기로 예치하거나 입출금이 빈번한 자금을 운용하기에 적합함 ③ 자립예탁금: 상호금융, 신용협동조합, 새마을금고 등 신용협동기구들은 은행의 저축예금과 유사한 상품인 '자립예탁금'을 취급하고 있으며, 이 상품은 대월약정을 맺으면 약정한도까지 대출을 자동으로 받을 수 있음
가계당좌예금	① 가계수표를 발행할 수 있는 개인용 당좌예금이며 무이자인 일반 당좌예금과는 달리 이자가 지급되는 가계우대성 요구불예금 ② 가입대상: 신용상태가 양호한 개인, 자영업자(신용평가 결과 평점이 일정점수 이상인 자)로 제한 ③ 모든 은행에 걸쳐 1인 1계좌만 거래할 수 있음 ④ 예금 잔액이 부족할 경우에는 대월한도 범위 내에서 자동대월이 가능 ⑤ 거래실적이 양호한 경우에는 소액가계자금도 대출받을 수 있음 ⑥ 가계수표는 예금잔액 및 대월한도 범위 내에서 발행하여야 하며 대월한도를 초과하여 발행하게 되면 거래정지처분을 받을 수 있음
시장금리부 수시입출금식 예금	① 시장금리부 수시입출금식예금(MMDA; Money Market Deposit Account) ② 이 상품은 고객이 우체국이나 은행에 맡긴 자금을 단기금융상품에 투자해 얻은 이익을 이자로 지급하는 구조로 되어 있어 시장실세금리에 의한 고금리가 적용되고 입출금이 자유로우며 각종 이체 및 결제기능이 가능한 단기상품 ③ 언제 필요할지 모르는 자금이나 통상 500만 원 이상의 목돈을 1개월 이내의 초단기로 운용할 때 유리하며 각종 공과금, 신용카드대금 등의 자동이체용 결제통장으로도 활용할 수 있는 예금 ④ 예금거래 실적에 따라 마이너스대출, 수수료 면제, 대출·예금금리 우대, 각종 공과금 및 신용카드대금 결제, 타행환 송금 등 부대서비스를 제공하고 있는데 일부은행의 경우 이를 불허하거나 자동이체 설정 건수를 제한하고 있음 ⑤ 주로 증권사, 종합금융회사의 어음관리계좌(CMA), 자산운용회사의 단기금융상품펀드(MMF) 등과 경쟁하는 상품

단기금융 상품펀드	① 단기금융상품펀드(MMF; Money Market Fund) ② MMF는 고객의 돈을 모아 주로 CP(기업어음), CD(양도성예금증서), RP(환매조건 부채권), 콜(call) 자금이나 잔존만기 1년 이하의 안정적인 국공채로 운용하는 실적 배당상품 ③ 일시 자금예치 수단으로서의 본래 기능을 수행할 수 있도록 운용가능한 채권의 신 용등급을 AA등급 이상(기업어음 A2 이상)으로 제한하여 운용자산의 위험을 최소 화 하도록 하고 있으며, 유동성 위험을 최소화하기 위하여 운용자산 전체 가중평균 잔존 만기를 75일 이내로 제한 ④ MMF는 자산운용회사가 운용하며 은행, 증권사, 보험사 등에서 판매 ⑤ MMF의 최대 장점은 가입 및 환매가 청구 당일에 즉시 이루어지므로 입출금이 자 유로우면서 실적에 따라 수익이 발생하여 소액 투자는 물론 언제 쓸지 모르는 단기 자금을 운용하는 데 유리 ⑥ 계좌의 이체 및 결제 기능이 없고, 예금자보호의 대상이 되지 않음
어음관리계좌	① 어음관리계좌(CMA; Cash Management Account) ② CMA는 종합금융회사나 증권회사가 고객의 예탁금을 어음 및 국·공채 등 단기금 융상품에 직접 투자하여 운용한 후 그 수익을 고객에게 돌려주는 단기 금융상품 ③ 자금을 단기 금융상품에 투자하고 실적배당을 한다는 점에서는 MMF와 유사하지 만 MMDA처럼 이체와 결제, 자동화기기(ATM)를 통한 입출금 기능을 갖고 있다 는 점에서 차이가 있음 ④ 종합금융회사의 CMA는 예금자보호 대상이 되지만 증권회사의 CMA는 보호되지 않음 ⑤ 장점 : 예탁금에 제한이 없고 수시 입출금이 허용되면서도 실세금리 수준의 수익을 올릴 수 있음 ⑥ 개인이나 기업이 1개월에서 6개월 정도의 여유자금을 운용하기에 적합한 저축수단 이며, 실물이 아닌 "어음관리계좌" 통장으로만 거래됨

2 저축상품-목돈마련을 위한 상품(적립식 예금)

정기적금	① 계약금액과 계약기간을 정하고 예금주가 일정 금액을 정기적으로 납입하면 만기에 계약금액을 지급하는 적립식 예금 ② 푼돈을 모아 목돈을 마련하는 데 적합한 가장 보편적인 장기 금융상품 ③ 필요시 적금을 담보로 납입한 적금잔액의 일정범위(통상 95%) 이내에서 대출을 받 을 수 있음 ④ 우체국, 은행, 상호저축은행, 상호금융, 신용협동조합, 새마을금고 등 다양한 금융회 사들이 취급 ⑤ 정기적금이나 정기예금은 예치기간이 정해져 있어서 보통예금보다 이자가 많지만 유동성은 낮음 ⑥ 만기이전에 해약을 하게 되면 약정한 이자보다 훨씬 낮은 이자를 지급받거나 경우 에 따라서는 이자가 없을 수도 있음

정기적금	⑦ 만기 후에는 적용금리가 가입당시 또는 만기일당시 약정이율의 1/2 이하로 크게 낮아지는 데 유의하여야 함 ⑧ 정기적금의 계약액 $$계약액 = 원금 + 이자 = 월저축금 \times 계약기간(월) + 세전이자$$ $$세전이자 = 월저축금 \times 이율 \times \frac{계약기간 \times (계약기간 + 1)}{2} \times \frac{1}{12}$$
자유적금	① 자유적금은 정기적금과 달리 가입자가 자금여유가 있을 때 금액이나 입금 횟수에 제한없이 입금할 수 있는 적립식 상품 ② 우체국, 은행, 상호저축은행, 상호금융, 신용협동조합, 새마을금고 등에서 취급 ③ 원래 저축한도에는 원칙적으로 제한이 없으나 자금 및 금리 리스크 때문에 입금 금액을 제한하여 운용하는 것이 일반적이다. 즉, 월별 1천만원 정도로 입금한도를 두어 운용하고, 계약기간 2/3 경과 시 기적립액의 1/2이내의 금액만 입금할 수 있음 ④ 자유적금에 입금의 제한을 두는 이유: 만약 연 6.0%로 하여 1만원으로 3년제 계약을 하고 입금을 하지 않고 있다가 2년 정도 경과한 시점에서 금리가 4.0%로 하락하였을 때 해당 계좌에 1억 원을 입금하면 예금주는 금리하락에도 불구하고 높은 금리로 이자를 받아갈 것이고, 은행은 예치 받은 자금을 높은 금리로 운용하지 못하기 때문에 예금주가 혜택을 본 것만큼 손실을 입게 되기 때문

❸ 저축상품 – 목돈운용을 위한 상품(거치식 예금)

정기예금	① 예금자가 이자수취를 목적으로 예치기간을 사전에 약정하여 일정금액을 예입하는 장기저축성 기한부 예금 ② 약정기간이 길수록 높은 확정이자가 보장되므로 여유자금을 장기간 안정적으로 운용하기에 좋은 금융상품 ③ 매월 이자를 지급받을 수도 있는 금융상품으로 목돈을 맡겨 놓고 이자로 생활하고자 하는 경우에도 적합한 상품 ④ 우체국, 은행, 상호저축은행, 상호금융, 신용협동조합, 새마을금고 등에서 취급하며 우리나라 전체예금 잔액 가운데 50% 이상을 차지하는 가장 대표적인 예금 ⑤ 만기이전에 중도해지하면 약정금리보다 낮은 중도해지이율이 적용되므로 만기까지 예치하는 것이 바람직하며, 통상 예금 잔액의 95% 범위 내에서 담보대출을 받을 수 있음
정기예탁금	① 은행의 정기예금과 유사한 상품으로 상호금융, 새마을금고, 신용협동조합 등 신용협동기구들이 취급하고 있는 상품 ② 조합원·준조합원 또는 회원 등이 가입할 수 있으며, 은행권보다 상대적으로 높은 금리를 지급하므로 일반 서민들의 목돈 운용에 적합한 저축수단

실세금리 연동형 정기예금	① 가입 후 일정기간마다 시장실세금리를 반영하여 적용금리를 변경하는 정기예금 ② 금리변동기, 특히 금리상승기에 실세금리에 따라 목돈을 운용하는 데에 적합한 금융상품 ③ 은행에서 취급하며, 일반적으로 만기 이전에 중도해지 시에는 약정금리보다 낮은 이율이 적용됨
주가지수 연동 정기예금	① 주가지수연동 정기예금(ELD; Equity Linked Deposit) ② 원금을 안전한 자산에 운용하여 만기 시 원금은 보장되고 장래에 지급할 이자의 일부 또는 전부를 주가지수(KOSPI 200지수, 일본 닛케이 225지수 등)의 움직임에 연동한 파생상품에 투자하여 고수익을 추구하는 상품 ③ 주가지수 전망에 따라 주가지수 상승형, 하락형 또는 횡보형 등 다양한 구조의 상품 구성이 가능 ④ 중도해지 시 중도해지이율을 적용하여 산정된 금액에서 중도해지수수료를 차감하여 지급하거나 무이자인 경우도 있음 ⑤ 동일유형의 상품으로 증권회사의 ELS(주가지수연동증권)와 자산운용회사의 ELF (주가지수연계펀드)가 있다. ELD는 은행에서 취급하며, 예금자보호 대상임
양도성 예금증서	① 양도성 예금증서(CD; Certificate of Deposit) ② 정기예금에 양도성을 부여한 특수한 형태의 금융상품으로 은행이 무기명 할인식으로 발행하여 거액의 부동자금을 운용하는 수단으로 자주 활용 　→ 예치기간 동안의 이자를 액면금액에서 차감(할인)하여 발행한 후 만기지급시 증서 소지인에게 액면금액을 지급 ③ 실세금리를 반영하여 수익률이 비교적 높은 편이며, 통상 1,000만 원 이상의 목돈을 3개월 내지 6개월 정도 운용하는 데 적합한 단기상품 ④ 은행에서 발행된 증서를 직접 살 수 있고 증권회사에서 유통되는 양도성 예금증서를 살 수도 있음 ⑤ 중도해지가 불가능하며 만기 전에 현금화하고자 할 경우에는 증권회사 등 유통시장에서 매각할 수 있음 ⑥ 할인식으로 발행되는 특성상 만기 후에는 별도의 이자 없이 액면금액만을 지급받게 되며, 예금자보호 대상에서 제외됨
환매조건부채권	① 환매조건부채권(RP; Re-purchase Agreement) ② 금융회사가 보유하고 있는 국채, 지방채, 특수채, 상장법인 및 등록법인이 발행하는 채권등을 고객이 매입하면 일정기간이 지난 뒤 이자를 가산하여 고객으로부터 다시 매입하겠다는 조건으로 운용되는 단기 금융상품 ③ 투자금액과 기간을 자유롭게 선택할 수 있는 시장금리연동형 확정금리상품으로서 비교적 수익률이 높은 편이며 단기여유자금을 운용할 때 유리한 저축수단 ④ 은행, 종합금융회사, 증권회사, 증권금융회사 등이 취급하며, 최소거래금액에 제한은 없으나 1,000만원 이상이 일반적임 ⑤ 예금자보호 대상은 아니지만 국채, 지방채 등 우량 채권을 대상으로 투자되므로 안정성이 높은 편 ⑥ 대부분 만기가 지난 후에는 별도의 이자를 가산해 주지 않는다는 점에 유의해야 함 ⑦ 주로 통장거래로 이루어지며 30일 이내 중도 환매 시에는 당초 약정금리보다 훨씬 낮은 금리를 적용받게 됨

4 저축상품-특수목적부 상품

주택청약 종합저축	① 주택청약종합저축은 신규분양 아파트 청약에 필요한 저축으로서 기존의 청약저축, 청약부금, 청약예금의 기능을 묶어 놓은 것 ② 가입은 주택소유·세대주 여부, 연령 등에 관계없이 누구나 가능하나 전체 업무취급 은행을 통해 1인 1계좌만 개설 가능 ③ 수도권의 경우 가입 후 1년이 지나면 1순위가 되며, 수도권 외의 지역은 6~12개월 범위에서 시·도지사가 정하는 기간이 지나면 1순위가 됨 ④ 납입 방식은 일정액 적립식과 예치식을 병행하여 매월 2만 원 이상 50만원 이내에서 자유롭게 불입할 수 있으며(국고금관리법에 따라 10원 단위까지 납입가능), 잔액이 1,500만원 미만인 경우 월 50만원을 초과하여 잔액 1,500만원까지 일시 예치가 가능하고, 잔액이 1,500만 원 이상인 경우는 월 50만원 이내에서 자유롭게 적립할 수 있음 ⑤ 청약대상 : 국민주택의 경우 해당 지역에 거주하는 무주택 세대의 구성원으로서 1세대당 1주택, 민영주택의 경우는 지역별 청약가능 예치금을 기준으로 1인당 1주택 청약이 가능 ⑥ 총 급여 8천만원 이하 근로소득자로서 무주택 세대주인 경우는 월 납입 인정 한도가 25만원으로 최대 연 300만 원의 40%인 120만 원까지 소득공제 혜택이 주어짐

지역별 청약가능 예치금	희망주택(전용면적 기준)	서울·부산	기타 광역시	기타 시·군
	85m² 이하	300만원	250만원	200만원
	102m² 이하	600만원	400만원	300만원
	102m² 초과 135m² 이하	1,000만원	700만원	400만원
	모든 면적	1,500만원	1,000만원	500만원

5 투자상품-펀드개요

의미	① 펀드(집합투자증권3))는 2명 이상의 불특정 다수의 투자자로부터 자금을 모아서 자산운용회사가 주식, 채권, 인프라(도로, 항만, 공항 등) 및 실물자산(금, 구리, 선박 등) 등 다양한 자산에 분산투자하여 그 결과를 각 투자자의 투자금액에 비례하여 돌려주는 간접투자상품 ② 펀드는 투자포트폴리오의 운용성과에 따라서 수익 또는 손실이 발생할 수 있으며, 운용결과 원금손실이 발생하는 경우 투자자 자신의 책임으로 귀속되는 실적배당상품
구조	① 투자전문가 : 운용전략을 세워 체계적으로 관리 ② 투자자 : 펀드투자는 해당 펀드의 수익증권을 구입하는 것과 같으며 투자한 펀드에서 발생한 수익이나 손실을 투자한 비율대로 분배받음 ③ 펀드판매회사 : 은행, 보험사, 증권회사 등은 투자자에게 펀드 투자를 권유하고 투자계약을 체결하는 역할

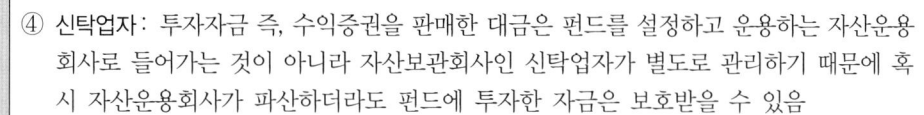

구조	④ 신탁업자 : 투자자금 즉, 수익증권을 판매한 대금은 펀드를 설정하고 운용하는 자산운용 회사로 들어가는 것이 아니라 자산보관회사인 신탁업자가 별도로 관리하기 때문에 혹시 자산운용회사가 파산하더라도 펀드에 투자한 자금은 보호받을 수 있음 ⑤ 일반사무수탁회사 : 자산의 투자과정에서 발생하는 수익증권의 발행 및 명의개서업무, 계산업무, 준법감시 업무 등을 담당하게 된다. 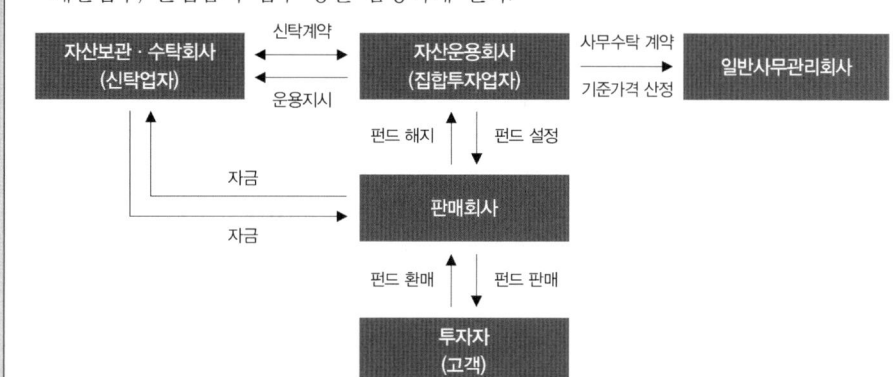
펀드투자 비용	① 수수료(commission) : 수수료는 보통 한 번 지불하고 끝나는 돈이고 보수(fee)는 지속적이고 정기적으로 지급되는 돈이지만 통상 둘 모두를 수수료라 부르기도 한다. 결국 수수료나 보수는 투자자 입장에서 보면 비용이 됨 ② 운용보수 : 펀드 자금을 운용하는 대가로 자산운용회사가 받는 돈, 매년 펀드 자산의 일정 비율을 보수로 수취 ③ 펀드판매회사가 판매서비스에 대해 받는 대가 : 판매수수료, 판매보수 ④ 판매수수료 : 펀드를 추천하고 설명해주는 대가, 선취 또는 후취로 수취 ⑤ 판매보수 : 투자자의 펀드계좌를 지속적으로 관리해주는 비용이며 운용보수처럼 펀드 자산의 일정 비율로 지급 ⑥ 자산보관회사가 받는 신탁보수와 일반사무수탁회사가 받는 사무수탁보수가 있으나 운용보수, 판매수수료, 판매보수 등에 비하면 비용이 적은 편임 ⑦ 환매수수료 : 약정기간이 지나기 전에 투자한 돈을 되찾았을 때 부과하는 환매수수료가 있다. 통상 환매수수료는 가입 후 90일 또는 180일 등 일정기간으로 제한하고 있으며, '이익금의 00%' 라는 식으로 정의. 환매수수료는 잦은 자금 유출입을 방지하여 펀드 운용의 안정성을 부과하기 위해 만들었으며, 펀드에 따라 부과되는 펀드와 부과되지 않은 펀드가 있음
펀드투자의 장점	① 소액으로 분산투자가 가능 : 분산투자를 통해 리스크를 최소화할 수 있는데 소액으로는 대규모 자금이 소요되는 포트폴리오를 적절하게 구성하기 어렵지만 다수 투자자의 자금을 모아(pooling) 운용되는 펀드를 통해 분산투자를 할 수 있음 ② 전문가의 운영 : 펀드는 투자전문가에 의해 투자되고 관리·운영된다. 개인투자자의 경우는 전문가에 비해 정보취득이나 분석능력이 떨어지고 투자 경험도 적어 자금운용에 어려움이 많음 ③ 비용절감 : 규모의 경제로 인해 비용을 절감할 수 있다. 대규모로 투자·운용되는 펀드는 규모의 경제로 인해 거래비용과 정보취득비용이 절감될 수 있고, 명시적인 비용 외에도 각 개인이 각자의 자금을 투자하고 관리하는데 소요되는 시간과 노력으로 인한 기회비용을 줄이는 역할도 하게 됨

펀드 투자시 유의사항	① 손실가능성 : 펀드는 예금자보호대상이 아니며 투자성과에 따라 손실이 발생할 수도 있고 심지어 전액 원금 손실에까지 이를 수도 있다. 모든 투자의 책임은 본인이 감수하여야 함을 기억함 ② 분산투자 : 기본적으로 펀드는 분산투자를 원칙으로 하고 있지만 펀드 역시 분산해서 투자하는 것이 좋다. 특정 산업이나 테마에 한정된 펀드도 많이 있으며 특정 지역에 집중된 해외펀드의 경우 국가 리스크가 발생할 수 있음 ③ 계약조건 : 펀드에 따라 수수료 및 보수 체계가 다양하고 환매조건이 다르기 때문에 펀드에 가입하기 전에 선취 또는 후취수수료, 판매보수와 운용보수, 환매수수료 등 계약조건을 꼼꼼하게 따져 봐야 함 ④ 과거 수익률 과신금지 : 과거의 수익률을 참조는 하되 과신은 금물이다. 펀드를 선택할 때 최근 수익률이 높은 펀드를 고르는 경우가 많은데 과거의 성과가 미래에도 계속 이어진다는 보장이 없고, 많은 실증 분석결과에서도 펀드의 과거 수익률과 미래 수익률은 별로 상관관계가 없다고 보고하고 있음 ⑤ 펀드 가입 후에도 지속적인 관리 : 우선 가입한 펀드의 운용성과와 포트폴리오 현황을 확인하여 만일 가입한 펀드의 수익률이 유사한 펀드의 수익률이나 시장수익률에 못 미치는 경우에는 일시적 또는 지속적 현상인지 살펴본 후 교체여부를 판단해야 한다. 다만, 구조적인 문제가 아니라면 잦은 펀드 매매 및 교체는 거래비용 면에서 바람직하지 못함

❻ 투자상품－펀드의 유형

	기준	펀드의 종류와 유형	
기본적 유형	환매여부	개방형 펀드	환매가 가능한 펀드로, 운용 후에도 추가로 투자자금을 모집하는 것이 가능
		폐쇄형 펀드	• 환매가 원칙적으로 불가능한 펀드로, 첫 모집 당시에만 자금을 모집 • 기간이 끝나면 전 자산을 정산해서 상환이 이루어짐
	추가불입 여부	단위형 펀드	추가입금이 불가능하고 기간이 정해져 있음
		추가형 펀드	수시로 추가입금이 가능
	자금모집 방법	공모형 펀드	불특정 다수의 투자자로부터 자금을 모집
		사모형 펀드	100인 이하의 투자자들로부터 자금을 모집 －일반투자자는 49인 이하, 전문투자자만으로는 100인까지 구성 가능
	투자방식	거치식 펀드	일시에 거금을 투자
		적립식 펀드	정기적(매월, 매분기 등)으로 일정금액을 투자
		임의식 펀드	투자금이 있을 때마다 투자

투자대상에 따른 유형	① 펀드는 투자대상이 무엇인가에 따라 자본시장법상 5종류(증권/부동산/특별자산/단기금융/혼합자산)로 분류 ② 주식, 채권 등에 투자하는 증권펀드 : 주식투자비율에 따라 주식형, 채권형, 혼합형으로 구분할 수 있다. 자산의 60% 이상을 주식에 투자하면 주식형 펀드, 채권에 60% 이상 투자하면 채권형 펀드, 주식 및 채권 투자비율이 각각 50% 미만이면 혼합형 펀드임 ③ 부동산에 투자하는 부동산펀드 ④ 전통적인 자산인 증권 외 투자하는 특별자산펀드 ⑤ MMF와 같은 단기금융펀드 ⑥ 주요 투자대상을 정하기 않고 어떤 자산에나 자유롭게 투자할 수 있는 혼합자산펀드

01

종류형펀드	① 멀티클래스 펀드 ② 유형

종류	내용
A클래스	가입 시 선취판매수수료 징구
B클래스	일정기간 내에 환매 시 후취판매수수료 징구
C클래스	선·후취 판매수수료 없음
D클래스	선·후취 판매수수료가 모두 징구되는 펀드
E클래스	온라인 전용펀드
F클래스	펀드 및 기관투자자용 펀드
H클래스	장기주택마련저축용 펀드
I클래스	고액거래자용(최초 납입금액 20억원 이상) 전용 펀드
J클래스	집합투자업자(자산운용사)가 직접 판매하는 펀드
W클래스	Wrap Account 전용 펀드
S클래스	펀드슈퍼마켓에서 전용 펀드. 다른 클래스보다 판매보수가 낮고 후취판매수수료를 징구
P클래스	근로자퇴직급여 보장법에 근거 설정된 경우
G클래스	클린클래스. 투자자문업자로부터 투자자문을 받아 투자하는 펀드로 일반 창구 판매 펀드보다 낮은 판매 수수료·보수 적용
O클래스	사전지정운용제도(디폴트옵션) 전용 펀드

<table>
<tr><td rowspan="20">상장지수
펀드</td><td colspan="3">
① 상장지수펀드(ETF; Exchange Traded Funds)
② 특정한 지수의 움직임에 연동해 운용되는 인덱스 펀드의 일종으로 거래소에 상장되어 실시간으로 매매됨
③ 지수에 연동되어 수익률이 결정된다는 점에서 인덱스 펀드와 유사하지만 증권시장에 상장되어 주식처럼 실시간으로 매매가 가능하다는 점에서 차이가 있음
</td></tr>
</table>

구분	ETF	인덱스 펀드
특징	주식시장 인덱스를 추종하여 주식처럼 유가증권시장에 상장되어 거래	특정 인덱스를 추종하는 펀드임. ETF처럼 상장되어 거래되지 않고 일반펀드와 가입과정이 동일
투자비용	액티브 펀드보다 낮은 비용이 발생하며 ETF거래를 위해 거래세 및 수수료 지불	대부분 ETF보다 높은 보수를 책정하고 있으나 액티브 펀드보다는 낮은 수준
거래	일반 주식처럼 장중 거래 가능하며 환금성이 뛰어남. 주식과 같은 거래비용 발생	일반 펀드와 마찬가지로 순자산에 의해 수익률이 하루에 한번 결정되며 일반 펀드와 같은 가입·환매체계를 거침
운용	운용자는 환매 등에 신경을 쓰지 않으며 인덱스와의 추적오차를 줄이기 위해 최선을 다함	환매 요청시 포트폴리오 매각과정에서 추적오차가 발생할 수 있음. 펀드 규모가 너무 작을 경우 포트폴리오 구성에 문제 발생 가능

④ 펀드의 구성은 해당 지수에 포함된 상품의 바스켓과 동일한 것이 일반적이지만 해당 지수보다 변동폭을 크게 만든 레버리지 ETF나 해당 지수와 반대로 움직이면서 수익이 발생하는 인버스 ETF도 발행됨

⑤ 국내에서는 자산운용회사가 ETF를 발행하고 있는데, 국내 시장지수뿐 아니라 산업별 지수, 각종 테마지수 등과 해외 주요 국가의 시장지수, 섹터지수, 상품가격지수 등이 연계되어 수많은 ETF 상품이 거래소에 상장되어 실시간으로 매매되고 있음

⑥ 투자자의 입장에서는 가입 및 환매 절차와 조건이 복잡한 펀드 대신에 실시간으로 소액 매매가 가능하여 편리함

⑦ 최근에는 ETF와 유사한 형태의 금융상품인 상장지수증권(ETN; Exchange Traded Notes)이 상장되어 활발하게 거래되고 있다. ETN은 기초지수 변동과 수익률이 연동되도록 증권회사가 발행하는 파생결합증권으로서 거래소에 상장되어 거래되는 증권이다. 발행회사인 증권 회사는 투자수요가 예상되는 다양한 ETN을 상장시켜 투자자가 쉽게 ETN을 사고 팔 수 있도록 실시간 매도·매수호가를 공급함

⑧ ETF와 ETN의 공통점 : 모두 인덱스 상품이면서 거래소에 상장되어 거래된다는 점

⑨ ETF와 ETN의 차이점 : ETF의 경우는 자금이 외부 수탁기관에 맡겨지기 때문에 발행기관의 신용위험이 없는 반면에 ETN은 발행기관인 증권회사의 신용위험에 노출된다. 또한 ETF는 만기가 없는 반면에 ETN은 1~20년 사이에서 만기가 정해져 있음

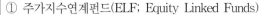

주가지수 연계펀드	① 주가지수연계펀드(ELF; Equity Linked Funds) ② 국내에서 판매되는 ELF는 대체로 펀드재산의 대부분을 국공채나 우량 회사채에 투자하여 만기시 원금을 확보하고 나머지 잔여재산을 증권회사에서 발행하는 권리증서(warrant)를 편입해 펀드 수익률이 주가에 연동되도록 한 구조화된 상품 ③ ELF 개발초기와 달리 지금은 종합주가지수와 같은 주가지수뿐 아니라 개별종목 주가나 특정업종과 같이 다양한 곳에 연계되는 경향이 강함 ④ 일본 니케이지수, 홍콩 항생지수 등 해외증시와 연동한 상품도 있는데, 예컨대 주가 상승으로 투자기간 도중에 목표수익률을 달성하면 투자원금과 수익금을 돌려 주는 조기상환형 상품도 있음 ⑤ ELD, ELS, ELF의 비교

구분	ELD	ELS	ELF
운용회사	은행	투자매매업자	집합투자업자(자산 운용사)
판매회사	은행(운용사＝판매사)	투자매매업자 또는 투자중개업자(운용사＝판매사)	투자매매업자, 투자 중개업자
상품성격	예금	유가증권	펀드
투자형태	정기예금 가입	유가증권 매입	펀드 가입
만기수익	지수에 따라 사전에 정한 수익금 지급	지수에 따라 사전에 정한 수익지급	운용성과에 따라 실적배당
중도해지 및 환매여부	중도해지 가능(해지시 원금손실 발생 가능)	제한적(거래소 상장이나 판매사를 통한 현금화가 제한적)	중도환매 가능(환매시 수수료 지불)
상품 다양성	100% 원금보존의 보수적인 상품만 존재	위험별로 다양한 상품개발 가능	ELS와 유사

부동산투자신탁	① 부동산투자신탁(REITs; Real Estate Investment Trusts) ② 부동산펀드와 유사한 부동산투자신탁은 투자자금을 모아 부동산 개발, 매매, 임대 및 주택저당채권(MBS; Mortgage Backed Securities) 등에 투자한 후 이익을 배당하는 금융상품으로 설립형태에 따라 회사형과 신탁형으로 구분 ③ 회사형 : 주식을 발행하여 투자자를 모으는 형태로서 증권시장에 상장하여 주식을 거래하게 됨 ④ 신탁형 : 수익증권을 발행하여 투자자를 모으는 형태로 상장의무는 없음 ⑤ 리츠를 이용하면 소액개인 투자자라도 대규모 자금이 필요하고 거래비용 및 세금이 부담되는 부동산 투자를 전문가를 통해 간접적으로 할 수 있게 됨 ⑥ 현금화가 매우 어려운 부동산 투자의 단점을 리츠 주식의 매매를 통해 해결할 수 있다는 장점이 있음

재간접펀드	① 재간접펀드(fund of funds) ② 펀드의 재산을 다른 펀드가 발행한 간접투자증권에 투자하는 펀드로, 한 개의 펀드에서 다른 여러 가지 펀드들에 분산투자하는 것 ③ 장점: 기존에 실적이 뛰어난 펀드를 골라 투자할 수 있으며, 특히 해외의 특정 지역이나 섹터 펀드, 헤지펀드 등 일반투자자가 접근하기 어려운 펀드에 대해서도 분산투자가 가능하다는 점 등 ④ 단점: 판매보수와 운용보수를 이중으로 지급하는 등 비용부담이 일반펀드에 비해 높을 수 있음 또 투자한 하위펀드가 다시 여러 섹터와 종목에 투자하는 과정에서 과도한 분산투자로 수익성이 떨어질 수 있고 투자자 입장에서 하위펀드의 투자전략이나 운용내용을 파악하기도 쉽지 않음 ⑤ 이런 이유로 투자자 보호를 위해 재간접펀드는 동일 자산운용사가 운용하는 펀드들에 대한 투자는 펀드자산 총액의 50%를 초과할 수 없고 같은 펀드에 대해서는 자산총액의 20%를 초과할 수 없도록 규제하고 있음

❼ 장내파생상품 – 개요

의미	① 파생상품(derivatives): 기초자산의 가치 변동에 따라 가격이 결정되는 금융상품을 말하며, 그 상품의 가치가 기초자산의 가치 변동으로부터 파생되어 결정되기 때문에 '파생상품'이라고 부름 ② 기존의 금융상품과 파생상품이 결합하면서 일반인은 파악하기 어려운 복잡한 구조의 금융신상품을 양산하게 되었고 결국 2008년 글로벌 금융위기를 초래하는 원인 중 하나가 됨
구분	① 파생상품은 다양한 형태로 존재하며 그 중에서도 대부분 주식, 채권, 외환 등의 금융상품 및 금, 은 등의 물품·원자재(commodity) 등을 기초자산으로 하는 선물(先物) 또는 옵션의 형태로 거래됨 ② 파생상품은 가격 외의 거래조건을 표준화하여 거래소에서 거래되는 장내파생상품(선물, 옵션)과 거래소 밖에서 非표준화되어 거래되는 장외파생상품(선도, 스왑)으로 구분 ③ 선물과 옵션 등 파생상품은 불확실한 미래의 가격변동에서 오는 리스크를 줄이려는 헤징(hedging)이 원래의 목적이지만 기초자산의 미래 가격변동을 예상하고 레버리지를 이용한 투기적 목적으로도 많이 활용됨

8 장내파생상품－선물계약

선물계약의 개념	① 선물계약(futures contracts) : 장래의 일정 시점을 인수·인도일로 하여 일정한 품질과 수량의 어떤 물품 또는 금융상품을 사전에 정한 가격에 사고팔기로 약속하는 계약 ② 선물계약은 현재시점에서 계약은 하되 물품은 장래에 인수·인도한다는 점에서 계약과 동시에 정해진 가격으로 물품을 인수·인도하는 현물계약과 대비됨

선도계약과의 차이

구분	선도거래(Forwards)	선물거래(Futures)
거래장소	장외거래	거래소
거래방식	상대매매 방식(1:1거래)	경쟁방식(공개호가)
계약조건	거래당사자간 합의로 결정	거래소 규정(표준화)
거래가격	계약 당시 가격	매일 가격 변동
거래 상대방	특정(이해당사자 직접 거래)	불특정
정산	만기일 정산	일일정산
시장 특성	제한적 경쟁시장	완전경쟁시장

선물거래의 기능

① 헤징(hedging) 기능 : 선물거래의 가장 기본적이고 중요한 역할은 가격변동 리스크를 줄이는 헤징(hedging) 기능이다. 즉, 가격변동 리스크를 회피하고 싶은 투자자(hedger)는 선물시장에서 포지션을 취함으로써 미래에 가격이 어떤 방향으로 변하더라도 수익을 일정수준에서 확정시킬 수 있음

② 현물시장의 유동성 확대에도 기여 : 선물거래는 현물의 가격변동위험을 헤지할 수 있으므로 그만큼 현물의 투자위험이 감소되는 결과를 가져와 투자자들은 현물시장에서 보다 적극적으로 포지션을 취할 수 있게 된다. 이에 따라 신규투자자들이 증가하고 특히 기관투자가의 적극적인 참여로 현물시장의 유동성이 확대될 수 있음

③ 장래의 가격정보를 제공하는 기능 : 선물시장에서 경쟁적으로 형성되는 선물가격은 미래의 현물가격에 대한 기대값을 의미한다. 물론 선물가격이 미래의 현물가격과 꼭 일치함을 의미하지는 않으나 미래의 현물가격을 예상할 수 있는 가격예시 기능을 갖고 있음

④ 새로운 투자수단을 제공 : 선물거래는 비교적 적은 비용으로 큰 금액의 거래를 할 수 있어 레버리지가 높은 새로운 투자수단을 제공한다. 그리고 선물과 현물간 또는 선물 간의 가격 차이를 이용한 차익(arbitrage)거래나 스프레드(spread)거래와 같은 새로운 투자기회도 제공

선물계약의 종류

① 상품선물(commodity futures) : 기초자산이 실물상품인 선물로서 초기에는 농산물, 축산물 등에 한정되었으나 점차 확대되어 현재는 임산물, 비철금속, 귀금속, 에너지 등에 이르기까지 다양하며 대표적 상품선물로는 금선물, 돈육선물 등이 있음

② 금융선물(financial futures) : 기초자산이 되는 금융상품에 따라 3가지 즉, 금리에 의해 가격이 결정되는 장단기 채권을 기초자산으로 하는 금리선물(interest rate futures), 개별주식 및 주가지수를 거래대상으로 하는 주식관련선물(stock-related futures), 그리고 주요국의 통화를 대상으로 하는 통화선물(currency futures)이 있음

③ 금리선물 : 각각 3년, 5년, 10년 만기 국채선물이 있음

선물계약의 종류	④ 주식관련선물 : 한국거래소에 상장되어 거래되는 선물계약으로는 가장 활발하게 거래되는 KOSPI200지수선물을 비롯하여 KOSPI200선물 대비 거래단위를 1/5로 축소한 코스피200미니선물, 기술주 중심의 코스닥시장 특성을 반영한 코스닥150지수선물, 특정 산업군의 주가흐름을 반영하는 대표종목을 지수화하여 거래되는 10개섹터지수선물 등이 다양하게 존재함 ⑤ 통화선물 : 각각 미국 달러화, 일본 엔화, 중국 위안화, 유로화에 대한 원화 환율을 거래하는 선물 등이 존재

❾ 장내파생상품－옵션계약

개념	① 옵션계약은 장래의 일정시점 또는 일정기간 내에 특정 기초자산을 정한 가격에 팔거나 살 수 있는 권리 ② 옵션계약은 계약당사자 중 일방이 자기에게 유리하면 계약을 이행하고 그렇지 않으면 계약을 이행하지 않을 수 있는 권리를 갖고 상대방은 이러한 권리행사에 대해 계약이행의 의무만을 지게 됨 ③ 옵션계약에서는 계약이행의 선택권을 갖는 계약자가 의무만을 지는 상대방에게 자신이 유리한 조건을 갖는 데 대한 대가를 지불하고 계약을 체결하게 됨 ④ 선물과 옵션의 비교

구분		선물거래	옵션거래
거래대상		기초자산을 매수 또는 매도	기초자산을 매수·매도할 권리
권리·의무		매수자·매도자 : 권리와 의무	매수자 : 권리, 매도자 : 의무
수수료		프리미엄 없음	매수자가 매도자에게 프리미엄 지급
증거금		매수자·매도자 모두 예탁	매도자만 예탁
위험 구조	매수자	위험 무한대, 이익 무한대	위험은 프리미엄에 한정, 이익 무한대
	매도자	위험 무한대, 이익 무한대	위험 무한대, 이익 프리미엄 한정
계약종료방법		반대매매 또는 최종결제	반대매매 또는 권리행사

주요 용어들	① 기초자산(underlying asset) : 옵션거래의 대상이 되는 상품 또는 자산으로 옵션의 가치를 산정하는 기초 ② 옵션보유자 or 옵션매입자(option holder) : 옵션계약에서 선택권을 갖는 측 ③ 옵션발행자 또는 옵션매도자(option writer) : 옵션보유자의 계약상대방이 되어 계약을 이행해야 할 의무를 지는 측 ④ 행사가격(exercise price 또는 strike price) : 기초자산에 대해 사전에 정한 매수가격(콜옵션의 경우) 또는 매도가격(풋옵션의 경우)으로서 옵션보유자가 선택권을 행사하는 데 있어서 기준이 되는 가격. 콜옵션매수자는 기초자산의 가격이 행사가격 이상으로 상승할 때 권리를 행사하고 풋옵션매수자는 기초자산의 가격이 행사가격 아래로 하락할 때 권리를 행사

주요 용어들	⑤ 만기일(expiration date) : 옵션보유자가 선택권을 행사할 수 있도록 정해진 미래의 특정시점 또는 정해진 기간. 만기일이 지나면 해당 옵션은 그 가치를 상실하고 더 이상 권리행사 불가 ⑥ 옵션프리미엄(option premium) or 옵션가격 : 옵션매입자가 선택권을 갖는 대가로 옵션매도자에게 지급하는 금액으로 옵션의 가격은 바로 이 옵션의 프리미엄을 지칭
기능	① 다양한 투자수단을 제공 : 전통적인 금융상품인 주식, 채권 등과 결합하거나 옵션간의 결합을 통해 다양한 형태의 수익구조를 갖는 투자수단을 만드는 데 활용되고 있다. 따라서 투자자들은 각자의 위험에 대한 선호나 향후 가격변화에 대한 예상, 자신의 자금사정, 투자목적 등에 따라 적합한 투자전략을 다양하게 구사할 수 있음 ② 헤징 : 옵션도 불확실한 미래 가격변동에 따른 위험을 헤지하는 수단으로 활용됨. 옵션계약은 미래에 가격이 불리한 방향으로 움직이는 것에 대비한 보호수단을 제공하고 가격이 유리한 방향으로 움직일 때는 이익을 취할 수 있도록 해줌 ③ 투기거래 : 옵션의 거래비용은 옵션매입자의 경우 옵션프리미엄에 한정되기 때문에 옵션투자는 적은 투자비용으로 레버리지가 매우 높은 투자손익이 발생하게 됨
권리의 유형에 따른 분류	① 콜옵션(call option) : 기초자산을 약정된 행사가격에 살 수 있는 권리를 말하며, 기초자산을 매입하기로 한 측이 옵션보유자가 되는 경우로, 콜옵션의 매입자는 장래의 일정시점 또는 일정기간 내에 특정 기초자산을 정해진 가격으로 매입할 수 있는 선택권을 가짐 ② 풋옵션(put option) : 기초자산을 약정된 행사가격에 팔 수 있는 권리를 말하며, 기초자산을 매도하기로 한 측이 옵션보유자가 되는 경우로, 풋옵션의 매입자는 장래의 일정시점 또는 일정기간 내에 특정 기초자산을 정해진 가격으로 매도할 수 있는 권리를 가짐
권리행사 기간(시기)에 따른 분류	① 유럽식 옵션(European option) : 옵션의 만기일에만(on expiration date) 권리를 행사할 수 있는 형태의 옵션 ② 미국식 옵션(American option) : 옵션의 만기일이 될 때까지(by expiration date) 언제라도 권리를 행사할 수 있는 형태의 옵션
기초자산에 따른 분류	① 주식옵션(stock option) : 옵션 중 가장 흔한 형태로 개별 주식이 기초자산이 되는 옵션 ② 주가지수옵션(stock index option) : 주가지수 자체가 기초자산이 되는 옵션으로 옵션의 대상이 되는 주가지수로는 시장 전체의 움직임을 대표하는 경우도 있고 특정 부문을 대상으로 하는 것도 있음 ③ 통화옵션(currency option) : 외국통화가 기초자산이 되는 옵션으로 특정 외환을 미리 정한 환율로 사고 팔 수 있는 권리를 매매함. 우리나라에서는 미국달러옵션이 상장되어 거래되고 있음 ④ 금리옵션(Interest Rate Option) : 국채, 회사채, CD 등 금리변동과 연계되는 금융상품이 기초자산이 되는 옵션으로 기간에 따라 단기, 중기, 장기로 구분됨 ⑤ 선물옵션(options on futures) : 지금까지 살펴본 옵션계약의 기초자산은 모두 현물이었던 데 반해 선물옵션은 이들 현물을 기초자산으로 하는 선물계약 자체를 기초자산으로 하는 옵션임. 선물콜옵션을 행사하면 선물매수포지션이 생기고 선물풋옵션을 행사하면 선물매도포지션을 받게 됨

01

⑩ 장내파생상품 − 구조화 상품

개념	① **구조화금융상품**: 예금, 주식, 채권, 대출채권, 통화, 옵션 등 금융상품을 혼합하여 얼마든지 새로운 상품을 만들 수 있는데, 이와 같이 당초의 자산을 가공하거나 혼합하여 만들어진 새로운 상품 ② 예를 들면 주식이나 채권, 파생상품 등을 혼합하여 만든 ELS(Equity Linked Securities), DLS(Derivative Linked Securities), 예금과 주식을 혼합하여 만든 주가연계예금(ELD), 일부 부동산펀드, ETF, ABCP 등과 같은 금융상품도 구조화증권의 범주에 포함됨
등장배경	① 저성장·저금리 기조에 따른 대안을 모색: 중위험/중수익 추구 ② 다양한 투자대상에 대한 개인의 관심 증가: 부동산, 항공기, 미술품 등
특징	① **정보부족 가능성**: 구조화증권의 리스크나 수익성은 기초자산의 수익성이나 리스크를 구조화기법을 통하여 완화하거나 증폭시킨 것으로, 상품구조나 내용이 복잡하여 정확하게 이해하기 난해하고 구조화증권의 가치평가나 관련정보 입수에도 어려움이 많음 ② **유동성 부족 가능성**: 정보부족으로 인해 유동성이 부족(**예** ELS 해지시 높은 환매수수료 부담)한 경우도 많아서 구조화증권에 투자하려면 기대수익률에 앞서서 기초자산, 상품구조와 유동성 등에 대한 정확한 이해가 선행될 필요가 있음
대표적 상품 : 주가연계증권	① **대표적인 구조화 상품**: 주가연계증권(ELS; Equity Linked Securities) ② 흔히 ELS라고 불리는 주가연계증권은 파생결합증권의 일종으로 개별 주식의 가격이나 주가지수, 섹터지수 등의 기초자산과 연계되어 미리 정해진 방법으로 투자수익이 결정되는 증권 ③ 파생결합증권이란 기초자산의 가격·이자율·지표·단위 또는 이를 기초로 하는 지수 등의 변동과 연계하여 미리 정하여진 방법에 따라 지급금액 또는 회수금액이 결정되는 권리가 표시된 증권 ④ 초기에는 원금보장형 상품이 주류를 이루었으나 이후 점차 다양한 구조를 가진 상품들이 출시됨 ⑤ 주가연계증권과 비슷하나 기초자산이 원유, 금 등의 상품가격, 이자율, 지표 또는 이를 기초로 하는 지수 등의 변동과 연계되어 미리 정해진 방법으로 투자수익이 결정되는 파생결합증권(DLS; Derivative Linked Securities)도 발행되고 있음

⑪ 기타상품

신탁상품	① 신탁 : 자본시장법에 의해 허가를 받은 신탁업자에게 재산을 맡겨서 운용하도록 하는 행위 ② 위탁자가 특정한 재산권을 수탁자에게 이전하거나 기타의 처분을 하고 수탁자로 하여금 수익자의 이익 또는 특정한 목적을 위하여 그 재산권을 관리·운용·처분하게 하는 법률관계를 말함 ③ 금전신탁 : 금전으로 신탁을 설정하고 신탁 종료시 금전 또는 운용재산을 수익자에게 그대로 교부하는 신탁으로, 신탁계약 또는 위탁자의 지시에 따라 신탁재산 운용방법이 특정되면 특정금전신탁, 수탁자에게 재산의 운용방법을 일임하면 불특정금전신탁임. 불특정금전신탁은 집합투자기구(펀드)와 같은 성격으로 보아 간접투자자산운용법시행 이후 신규수탁이 금지되었음 ④ 재산신탁 : 금전 외의 재산인 금전채권, 유가증권, 부동산 등으로 신탁을 설정하고 위탁자의 지시 또는 신탁계약에서 정한 바에 따라 관리·운용·처분한 후 신탁 종료 시 운용재산을 그대로 수익자에게 교부하는 신탁 ⑤ 종합재산신탁 : 금전 및 금전 외 재산을 하나의 계약으로 포괄적으로 설정하는 신탁이다. 하나의 신탁계약에 의해 금전, 유가증권, 부동산, 동산 등 모든 재산권을 종합적으로 관리·운용·처분하여 주는 신탁
랩어카운트	① 랩어카운트(wrap account) ② 주식, 채권, 금융상품 등 증권회사(투자매매업자)에 예탁한 개인투자자의 자금을 한꺼번에 싸서(wrap) 투자자문업자(통상 자산운용회사나 증권회사가 겸업)로부터 운용서비스 및 그에 따른 부대서비스를 포괄적으로 받는 계약을 의미 ③ 랩어카운트는 주식, 채권, 투자신탁 등을 거래할 때마다 수수료를 지불하지 않고 일괄해서 연간 보수로 지급 ④ 보수는 실제 매매거래의 횟수 등과 무관하게 자산잔액의 일정 비율(약 1~3% 수준)로 결정되며, 여기에는 주식매매위탁수수료, 운용보수, 계좌의 판매서비스, 컨설팅료 등이 모두 포함됨
외화예금 관련 금융상품	① 외화예금 : 외국통화로 가입할 수 있는 예금으로 USD, JPY, EUR 등 다양한 국가의 통화로 예치 가능하다. ② 외화보통예금 : 보통예금처럼 예치금액, 예치기간 등에 제한이 없고 입출금이 자유로운 외화예금 ③ 외화정기예금 : 외화로 예금하고 인출하는 정기예금 ③ 외화적립식예금 : 외화를 매월 일정액 또는 자유롭게 적립하여 예치기간별로 금리를 적용받는 상품

추가자료

◎ MMDA, MMF, CMA 비교

상품명	취급금융회사	예금자보호	이율	이체 및 결제
MMDA	은행	보호	확정금리(차등)	가능
MMF	은행, 증권사	비보호	실적배당	불가능
CMA	종금사, 증권사	종합금융형 CMA만 보호	실적배당	가능

◎ 국내 대표적 펀드평가회사 및 홈페이지

회사명	인터넷 홈페이지
제로인	www.zeroin.co.kr
한국펀드평가	www.kfr.or.kr
모닝스타 코리아	www.morningstar.co.kr

TOPIC 05 확인문제 **금융상품**

01 〈보기〉에서 저축상품에 대한 설명으로 옳은 것을 모두 고른 것은? 24. 계리직

───── 〈 보기 〉 ─────

ㄱ. 시장금리부 수시입출식예금(MMDA)은 어음관리계좌(CMA) 및 단기금융상품펀드(MMF)와 경쟁하는 실적배당 상품이다.

ㄴ. 종합금융회사의 어음관리계좌(CMA)는 예금자보호가 되지만 증권회사의 어음관리계좌(CMA)는 예금자보호가 되지 않는다.

ㄷ. 양도성 예금증서는 정기예금에 양도성을 부여한 금융상품으로 중도해지가 되지 않으므로 만기 전에 현금화가 불가능하다.

ㄹ. 실세금리연동형 정기예금은 시장실세금리를 반영하여 적용금리를 변경하는 정기예금으로 금리 상승기 목돈 운용에 적합하다.

① ㄱ, ㄷ   ② ㄱ, ㄹ   ③ ㄴ, ㄷ   ④ ㄴ, ㄹ

02 〈보기〉에서 장내 파생상품에 대한 설명으로 옳은 것을 모두 고른 것은? 22. 계리직

───── 〈 보기 〉 ─────

ㄱ. 주가지수옵션 매수자의 이익은 옵션 프리미엄에 한정되고 손실은 무한정인 반면, 매도자의 손실은 옵션 프리미엄에 한정되고 이익은 무한정이다.

ㄴ. 풋옵션의 매도자는 장래의 일정 시점 또는 일정 기간 내에 특정 기초자산을 정해진 가격으로 매도할 수 있는 권리를 가진다.

ㄷ. 옵션 계약에서는 계약이행의 선택권을 갖는 계약자가 의무만을 지는 상대방에게 자신이 유리한 조건을 갖는 데 대한 대가를 지불하고 계약을 체결하게 된다.

ㄹ. 계약 내용이 표준화되어 있고 공식적인 거래소를 통해 매매되는 선물거래에는 헤징(hedging) 기능, 현물시장의 유동성 확대 기여, 장래의 가격정보 제공 기능 등이 있다.

① ㄱ, ㄴ   ② ㄱ, ㄷ   ③ ㄴ, ㄹ   ④ ㄷ, ㄹ

03 어음관리계좌(CMA; Cash Management Account)에 대한 설명으로 옳지 않은 것은?

① CMA는 종합금융회사나 증권회사가 고객의 예탁금을 어음 및 국·공채 등 단기금융상품에 직접 투자하여 운용한 후 그 수익을 고객에게 돌려주는 단기 금융상품이다.

② 자금을 단기 금융상품에 투자하고 실적배당을 한다는 점에서는 MMF와 유사하지만 MMDA처럼 이체와 결제, 자동화기기(ATM)를 통한 입출금 기능을 갖고 있다는 점에서 차이가 있다.

③ 종합금융회사의 CMA는 예금자보호 대상이 되지 않지만 증권회사의 CMA는 예금자보호의 대상이다.

④ 예탁금에 제한이 없고 수시 입출금이 허용되면서도 실세금리 수준의 수익을 올릴 수 있다.

04 저축상품에 대한 설명이다. 다음 〈보기〉에서 옳은 것을 모두 고르시오.

―――――〈 보기 〉―――――

ㄱ. 금리변동기, 특히 금리하락기에 실세금리에 따라 목돈을 운용하는 데에 적합한 금융상품은 실세연동형 정기예금이다.

ㄴ. 주가지수연동 정기예금(ELD; Equity Linked Deposit)은 원금이 보장되지 않는 고수익을 추구하는 상품이다.

ㄷ. 양도성 예금증서는 중도해지가 불가능하며 만기 전에 현금화하고자 할 경우에는 증권회사 등 유통시장에서 매각할 수 있다.

ㄹ. 환매조건부채권은 예금자보호 대상은 아니지만 국채, 지방채 등 우량 채권을 대상으로 투자되므로 안정성이 높은 편이다.

① ㄱ, ㄴ   ② ㄱ, ㄹ   ③ ㄴ, ㄷ   ④ ㄷ, ㄹ

정답찾기

01 ㄱ. 시장금리부 수시입출식예금(MMDA)은 시장실세금리에 의한 고금리가 확정금리로 적용된다.
ㄷ. 양도성 예금증서는 정기예금에 양도성을 부여한 금융상품으로 만기 전에 현금화하고자 할 경우 증권회사 등을 통해 유통시장에서 매각할 수 있다.

02 ㄱ. 주가지수옵션(stock index option)은 주가지수 자체가 기초자산이 되는 옵션을 말한다. 주가지수옵션의 매수자 손실은 프리미엄에 한정되지만 이익은 무한정이고, 매도자 이익은 프리미엄에 한정되나 손실은 무한정이다.
ㄴ. 풋옵션(put option)은 기초자산을 매도하기로 한 측이 옵션보유자가 되는 경우로, 풋옵션의 매수자는 장래의 일정시점 또는 일정기간 내에 특정 기초자산을 정해진 가격으로 매도할 수 있는 권리를 가진다.

03 ③ 종합금융회사의 CMA는 예금자보호 대상이 되지만 증권회사의 CMA는 그렇지 않다.

04 ㄱ. 금리변동기, 특히 금리상승기에 실세금리에 따라 목돈을 운용하는 데에 적합한 금융상품은 실세연동형 정기예금이다.
ㄴ. 주가지수연동 정기예금(ELD; Equity Linked Deposit)은 원금을 안전한 자산에 운용하여 만기 시 원금은 보장되고 장래에 지급할 이자의 일부 또는 전부를 주가지수(KOSPI 200지수, 일본 닛케이 225지수 등)의 움직임에 연동한 파생상품에 투자하여 고수익을 추구하는 상품이다.

정답 **01** ④ **02** ④ **03** ③ **04** ④

Chapter 03 저축과 금융투자에 대한 이해

TOPIC 06 저축과 투자의 기초

❶ 저축과 이자

단리	① 단리 : 일정한 기간에 오직 원금에 대해서만 미리 정한 이자율을 적용하여 이자를 계산하는 방법 ② 발생하는 이자는 원금에 합산하지 않으며 따라서 이자에 대한 이자가 발생하지 않음 ③ 계산방식 $$FV = PV \times [1 + (r \times n)]$$ [FV = 미래가치, PV = 현재가치, r = 수익률(연이율), n = 투자기간(연단위)]
복리	① 복리 : 중복된다는 뜻의 한자어 복(復)과 이자를 의미하는 리(利)가 합쳐진 단어로 이자에도 이자가 붙는다는 뜻임 ② 따라서 원금뿐 아니라 발생한 이자도 재투자된다고 가정함 ③ 계산방식 $$FV = PV \times (1 + r)^n$$ [FV = 미래가치, PV = 현재가치, r = 수익률(연이율), n = 투자기간(연단위)]
72의 법칙	① 72의 법칙 : 복리로 계산하여 원금이 두 배가 되는 시기를 측정하는 방법 ② 72÷금리＝원금이 두 배가 되는 시기(년) ③ 100만원을 연 5%의 복리상품에 예치할 경우 원금이 2배인 200만원되는 기간(단, 세금공제는 없다고 가정함) : 72÷5＝14.4년

❷ 저축과 인플레이션

인플레이션	① 인플레이션 : 지속적으로 물가가 상승하는 것을 인플레이션 ② 화폐가치의 하락 : 인플레이션이 있으면 똑같은 돈으로 구입할 수 있는 물건이 줄어들기 때문에 화폐 가치가 하락하는 것임
저축과 인플레이션	① 인플레이션율이 높을수록 저축한 돈의 가치를 유지하면서 소비를 미래로 늦추기는 어렵게 됨 ② 저축의 실제가치는 인플레이션과 반비례함

❸ 저축과 세금

세금	원칙적으로 금융상품에 가입하거나 금융상품을 매매할 때에는 세금이 부과됨
우리나라	① 우리나라에서는 이자소득을 포함한 금융소득에 대해서 분리과세를 통해 금융회사가 일률적으로 14%(지방소득세를 포함하면, 15.4%)를 원천징수하고 나머지를 지급 ② 대표적인 비과세상품으로는 장기저축성보험이 가장 많이 활용되고 있음

❹ 투자와 투기

투자	① 투자 : 미래에 긍정적인 이익이 발생하기를 바라면서 불확실성을 무릅쓰고 경제적 가치가 있는 자산을 운용하는 것 ② 투자는 개인이 자산을 다양하게 운용하고 관리하기 위해 활용할 수 있는 일종의 금융적 도구 ③ 개인의 합리적인 투자 선택은 자금이 필요한 곳에 적절히 자금을 공급하는 역할을 하므로 경제 및 사회의 발전에도 큰 도움이 됨
투기	① 투기 : 과도한 이익을 추구하면서 비합리적으로 자금을 운용하는 행위 ② 개인 및 가계의 재정을 큰 위험에 빠뜨릴 수 있을 뿐만 아니라 우리 경제와 사회에도 큰 해를 끼칠수 있음

❺ 수익과 투자수익률

수익	① 수익(profit) : 투자한 양과 회수되거나 회수될 양과의 차이 ② 투자량에 비해 회수량이 많으면 양(＋)의 수익이 발생하고 투자량에 비해 회수량이 적으면 음(－)의 수익이 발생함
투자수익률	① 투자수익률(rate of return on investment) : 투자량과 회수량과의 비율 ② 투자원금은 투자량을 금액으로 나타낸 것 ③ 투자수익률＝(기말의 투자가치－투자원금)÷투자원금×100 ④ 보유기간 수익률 : 통상 1년을 기준으로 표준화하여 표시하는 것이 일반적(연간보유기간수익률). 즉 기간 수익률을 연 수익률로 바꾸어주는 연율화(annualization)를 하며 그 과정에서도 재투자를 가정한 복리를 적용하여 계산하는 것이 원칙임 **예** 3개월 동안 11%인 수익률을 연율화하면 매 3개월마다 11%의 복리 수익률로 계속 재투자된다고 가정하기 때문에 연간 보유기간 수익률은 $(1+0.11)^4-1=0.5181$, 즉 51.81%가 된다.
수익률 계산시 고려사항	① 거래 비용 : 투자에는 거래비용이 발생한다. 예컨대 증권을 거래할 때 증권회사에 지급하는 거래수수료나 부동산거래에서 중개업자에게 지급하는 중개수수료 등이 거래비용에 해당한다. 결국 거래비용을 제외한 나머지가 실질적인 투자수익이 되므로 거래횟수가 잦을수록 비용 대비 수익이 낮아지게 되어 장기투자가 유리하게 됨

01

수익률 계산시 고려사항	② 세금 : 저축이나 투자를 통해 발생한 수익에 대해 과세가 된다면 세금을 제외한 나머지가 실질적인 수익이 되므로 세전(before-tax) 수익률과 세후(after-tax) 수익률을 구분할 필요가 있음 ③ 기회비용 : 기회비용은 어떤 행위를 하기 위해 포기해야 하는 다른 기회의 가치를 의미하는데 투자에도 적용될 수 있음. 투자에 수반되는 기회비용이나 정보비용을 줄이기 위해 직접투자 대신에 펀드, 위탁매매와 같은 간접투자를 이용할 수 있지만 투자결정에 전문가의 도움을 받는 대가로 판매보수나 운용보수와 같은 비용을 지불하게 됨을 유념해야 함

6 투자의 위험(risk)

위험의 구분	① 위험의 사전적 정의 : '해로움이나 손실이 생길 우려가 있거나 또는 그런 상태' 우리말 '위험'은 부정적인 의미를 내포하며 영어로는 'danger'에 더 가까움 ② 투자의 위험(risk) : 위험(risk)이 금융 분야에서 사용될 경우에는 불확실한 미래 상황에 노출된 상태로서 경우에 따라 많은 수익을 얻을 수도 있지만 어떤 경우에는 손실을 볼 수도 있는 것을 의미
투자수익률과 리스크의 관계	① 확정된 수익률이 보장되는 저축과 달리 투자는 앞으로 어떤 결과가 발생할지 모르는 불확실성이 있기 때문에 필연적으로 리스크가 수반됨 ② 'high risk high return(고수익 고위험)' : 리스크가 클수록 기대수익률이 높음. 단, 기대수익률이 실현수익률은 아님 ③ 기대수익률(expected return) : 어떤 자산을 현재가격으로 매입할 때 평균적으로 예상되는 수익률 ④ 실현수익률 : 실제 투자 결과로 발생하는 사후적인 수익률 ⑤ 투자의 기대수익률＝무위험수익률＋리스크 프리미엄 ⑥ 무위험수익률(risk-freerate of return) : 리스크가 전혀 없는 상태에서의 수익률 ⑦ 리스크 프리미엄(risk premium) : 리스크에 대한 보상으로 증가하는 기대수익률
투자위험 관리와 분산투자	① 투자위험을 관리하는 방법들 중 가장 대표적인 것은 자산배분을 통한 분산투자임 ② '모든 달걀을 한 바구니에 담지 말라' : 투자를 할 때에는 여러 가지 자산, 즉 포트폴리오(portfolio)를 구성하여 투자할 것을 권하는 말 ③ 여러 가지 모음을 뜻하는 포트폴리오를 금융 분야에서는 여러 가지 자산으로 구성된 집합체의 의미로 사용하고 있음 ④ 비체계적 위험(＝분산가능 위험) : 분산투자를 통해서 위험을 줄일 수 있는 부분 예 경영자의 횡령, 산업재해, 근로자의 파업 등 특정 기업이나 산업의 가치에만 고유하게 미치는 위험으로 자산을 분산함으로써 회피하거나 그 크기를 상쇄시킬 수 있음 ⑤ 체계적 위험(＝분산불가능 위험) : 분산투자로도 그 크기를 줄일 수 없는 부분 예 세계 경제위기나 천재지변, 전쟁 등과 같이 모든 자산이나 투자 대상의 가치에 영향을 미치는 위험을 의미함

투자위험 관리와 분산투자	⑥ 분산투자와 투자위험 위험의 크기 비체계적 위험 체계적 위험 투자 대상의 수
레버리지 효과와 투자위험	① 분산투자처럼 투자위험을 줄이려는 전략도 있으나 기대수익률을 더욱 높이기 위해 투자위험을 오히려 확대하는 전략도 존재함 ② 대표적인 것이 지렛대를 의미하는 레버리지(leverage) 투자인데, 지렛대를 이용하면 실제 힘보다 몇 배 무거운 물건을 움직일 수 있듯이 금융에서는 실제의 가격변동률보다 몇 배 많은 투자수익률이 발생하는 현상을 레버리지로 표현함 ③ 레버리지 효과를 유발하여 가격변동률보다 몇 배 많은 투자수익률이 발생하려면 투자액의 일부를 자신의 자본이 아닌 부채로 조달하여야 함 ④ 투자 레버리지 = 총 투자액 / 자기자본 　**예** 투자자금 100만원 중에서 60만원은 대출을 받아 사용하였고 나머지 40만원만 자신의 자금일 경우 주가가 20% 상승한 후 거래비용 없이 12,000원에 매도하였다면 투자수익률은 50%(=20만원÷40만원)이고 레버리지는 2.5배(=100만원÷40만원)이다. 반대로 주가가 하락하면 많은 손해를 입게 됨 → 이런 이유로 레버리지는 '양날의 칼'에 비유되기도 함 ⑤ 부채 없이 자기자본만으로 사업을 하는 것은 불가능하고 또 재무적으로도 적절하지 못한 전략이므로 감내할 만한 범위 내에서 기업이 적절한 부채를 사용하는 것은 바람직함 ⑥ 그러나 개인이 부채를 사용하여 레버리지가 높은 투자를 하는 것은 결코 바람직하지 못하다. 특히 주식과 같이 리스크가 높은 투자에서 레버리지를 통해 리스크를 더욱 확대한다는 것은 건전한 투자를 넘어 사실상 투기라고 할 수 있음 ⑦ 물론 레버리지를 높이기 위해 사용한 부채에는 이자부담이 수반된다는 점도 기억해야 함

❼ 자본시장과 금융투자업에 관한 법률

| 개요 | ① 자본시장을 규제하는 기본법 : 「자본시장과 금융투자업에 관한 법률(이하 '자본시장법')」
② 금융투자상품의 개념에 대한 포괄적인 규정, 금융업에 관한 제도적 틀을 금융기능 중심으로 재편, 투자자보호제도 강화 등의 내용을 담고 있음
③ 자본시장법에 따르면 금융투자자는 전문투자자와 일반투자자로 구분
④ 전문투자자 : 국가, 한국은행, 은행, 증권회사 등 전문투자자는 자본시장법이 구체적으로 열거함, 여기에 해당하지 않으면 일반투자자에 해당 |

개요	⑤ **일반투자자** : 전문적인 금융지식을 보유하지 않은 개인이나 기업으로, 일반투자자에게 금융투자상품을 판매할 경우 여러 투자 권유 준칙을 지키며 판매할 것을 규정 → 이것은 상대적으로 전문성이 부족한 금융소비자를 보호하기 위함
금융 투자상품	① 금융상품은 금융투자상품과 비금융투자상품으로 구분 ② **비금융투자상품** : 처음에 투자한 원본의 손실가능성이 없는 상품, 은행의 예금이 대표적임 ③ **금융투자상품** : 원본의 손실 가능성(이를 '투자성'이라 한다)이 있는 금융상품을 의미 ④ 자본시장법에서는 종전과 달리 대상 상품을 일일이 열거하지 않고 앞으로 탄생할 수 있는 신상품까지 포괄하여 투자성의 특징을 갖는 모든 투자상품을 규율 ⑤ 자본시장법상 금융투자상품은 '이익을 얻거나 손실을 회피할 목적으로 현재 또는 장래의 특정 시점에 금전 등을 지급하기로 약정함으로써 취득하는 권리로서, 그 권리를 취득하기 위하여 지급하였거나 지급하여야 할 금전 등의 총액이 그 권리로부터 회수하였거나 회수할 수 있는 금전등의 총액을 초과하게 될 위험이 있는 것'으로 정의됨 ⑥ 즉, 권리취득에 소요되는 비용(투자금액)이 그러한 권리로부터 발생하는 금액보다 클 가능성이 있는(원금손실의 가능성이 있는) 상품을 금융투자상품이라고 한다. ⑦ 금융투자상품은 투자금액 원본까지를 한도로 손실이 발생할 가능성이 있는 것은 증권, 원본을 초과한 손실이 발생할 가능성이 있는 것은 파생상품으로 분류됨
표준투자 권유준칙	① **표준투자권유준칙** : 금융투자상품의 판매자인 금융회사와 소속 직원들의 입장에서 투자권유를 함에 있어서 꼭 지켜야 할 기준과 절차이며, 금융투자상품의 구매자인 투자자도 숙지할 필요가 있음 ② **표준투자권유준칙상의 판매 프로세스** 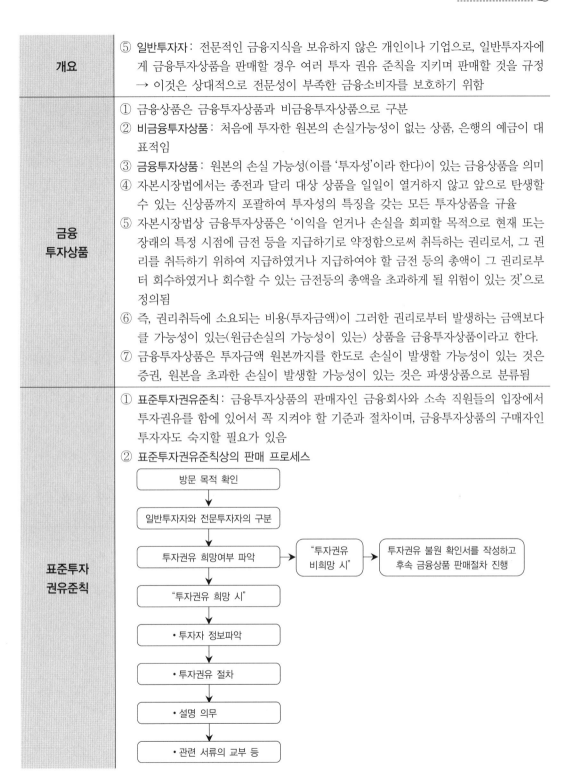

표준투자 권유준칙	③ 투자자 정보파악시 투자자 정보확인서 이용 : 투자목적, 재산상황 등 ④ 금융회사는 파악한 투자자 정보에 근거하여 투자자의 유형을 분류하고 그에 적합한 금융투자상품을 선정하여 추천함 ⑤ 금융회사는 추천한 투자상품을 충분히 설명할 의무가 있으며 해당 상품의 투자설명서나 상품소개서 등을 이용하여 투자자와 중요한 내용을 공유하여야 함 ⑥ 투자자는 교부받은 서류에 서명하는 경우 내용을 꼼꼼히 재확인하고 투자설명서의 내용과 직원의 설명, 서명하는 서류의 내용을 비교하여 모두 일치하는지 확인해야 함

	규제명칭	주요 내용
투자자 보호제도	신의성실의무	신의성실 원칙에 따라 공정하게 금융업을 수행해야 함
	투자자의 구분	투자자를 일반투자자와 전문투자자로 구분
	고객알기제도	투자자의 특성(투자목적·재산상태 등)을 면담·질문 등을 통하여 파악한 후 서면 등으로 확인받아야 함
	적합성 원칙	투자권유는 투자자의 투자목적·재산상태·투자경험 등에 적합해야 함
	적정성 원칙	파생상품 등이 일반투자자에게 적정한지 여부 판단
	설명의무	• 투자권유 시 금융상품의 내용·위험에 대하여 설명하고 이해했음을 서면 등으로 확인받도록 함 • 설명의무 미이행으로 손해발생시 금융투자회사에게 배상책임을 부과하고 원본손실액을 배상액으로 추정
	부당권유 금지	• 손실부담의 약속 금지 및 이익보장 약속 금지 • 투자자가 원하는 경우를 제외하고 방문·전화 등에 의한 투자권유 금지(unsolicited call 규제)
	불공정영업 행위금지	금융상품 판매 시 우월적 지위를 이용하여 금융소비자 권익을 침해하는 행위 금지
	광고 규제	• 금융투자회사가 아닌 자의 투자광고 금지 • 금융상품의 위험 등 투자광고 필수 포함내용 규정

TOPIC 06 확인문제 저축과 투자의 기초

01 〈보기〉와 같은 조건일 때 단리 계산과 복리 계산에 대한 설명으로 옳지 않은 것은? ^{24. 계리직}

— 〈보기〉 —

현재 원금	총 투자 기간	이자율
1,000,000원	5년	연 5%

① 단리 계산 시 5년 후의 원리금은 1,250,000원이 된다.

② 복리 계산 시 5년 후의 원리금 계산식은 $1,000,000원 \times (1+0.05)^5$이다.

③ 총 투자 기간 중 처음 1년 거치기간에 대한 단리 계산과 복리 계산 결과의 원리금은 동일하지 않다.

④ 복리 계산 시 '72의 법칙'에 따라 10년 소요 기간 동안 현재 원금의 2배가 되려면 〈보기〉의 이자율보다 연 2.2%p가 더 높아야 한다.

02 투자의 위험(risk)에 대한 설명으로 옳지 않은 것은? ^{24. 계리직}

① 투자에서의 위험은 미래에 받게 되는 수익이 불확실성에 노출되는 정도를 의미하며 부정적 상황 외 긍정적 가능성도 포함된다.

② 분산투자를 통해서 위험의 크기를 줄일 수 없는 부분을 분산불가능 위험 또는 비체계적 위험이라고 한다.

③ 투자 레버리지 공식에 따르면 총 투자액 1천만 원 중 5백만 원이 자기 자본일 경우, 레버리지는 2배가 된다.

④ 투자의 기대수익률은 리스크가 없는 상태에서의 수익률인 무위험수익률과 리스크에 대한 보상으로 증가하는 기대수익률인 리스크 프리미엄을 합한 값과 같다.

03 레버리지 전략에 대한 설명으로 옳지 않은 것은?

① 금융에서는 실제의 가격변동률보다 몇 배 많은 투자수익률이 발생하는 현상을 레버리지로 표현한다.

② 레버리지 효과를 유발하여 가격변동률보다 몇 배 많은 투자수익률이 발생하려면 투자액의 일부를 자신의 자본이 아닌 부채로 조달하여야 한다.

③ 투자 레버리지＝총 투자액 / 부채액이다.

④ 부채 없이 자기자본만으로 사업을 하는 것은 불가능하고 또 재무적으로도 적절하지 못한 전략이다.

04 다음은 자본시장과 금융투자업에 관한 법률이다. 〈보기〉에서 옳은 것을 모두 고르시오.

――――〈 보기 〉――――

ㄱ. 전문투자자는 국가, 한국은행, 은행, 증권회사 등으로 자본시장법에서 구체적으로 열거하는데, 여기에 해당하지 않으면 일반투자자에 해당한다.

ㄴ. 체계적 위험은 분산투자로도 그 크기를 줄일 수 없는 부분으로, 세계 경제위기나 천재지변, 전쟁 등과 같이 모든 자산이나 투자 대상의 가치에 영향을 미치는 위험을 의미한다.

ㄷ. 금융투자상품은 원본의 손실 가능성이 없는 금융상품을 의미한다.

ㄹ. 투자권유는 투자자의 목적, 재산상태, 투자경험에 등을 고려해야 한다는 것은 적정성의 원칙이다.

① ㄱ, ㄴ   ② ㄱ, ㄹ   ③ ㄴ, ㄷ   ④ ㄷ, ㄹ

🔍**정답찾기**

01 ③ 총 투자 기간 중 처음 1년 거치기간에 대한 단리 계산과 복리 계산 결과의 원리금은 동일하다. 다만 이후에 단리는 원금이 늘어나지 않지만 복리는 늘어나므로 서로 달라진다.

02 ② 분산투자를 통해서 위험의 크기를 줄일 수 없는 부분을 분산불가능 위험 또는 체계적 위험이라고 한다. 비체계적 위험은 분산투자를 통해 줄일 수 있는 부분이다.

03 ③ 투자 레버리지＝총 투자액 / 자기자본이다.

04 ㄷ. 금융투자상품은 원본의 손실 가능성(이를 '투자성'이라 한다)이 있는 금융상품을 의미한다.
ㄹ. 투자권유는 투자자의 목적, 재산상태, 투자경험 등에 적합해야 한다는 것은 적합성의 원칙에 해당한다.

정답 **01** ③   **02** ②   **03** ③   **04** ①

TOPIC 07 주식투자

❶ 주식의 개념

개요	① 주식은 주식회사의 자본을 구성하는 단위이며 주식회사에 투자하는 재산적 가치가 있는 유가증권 ② 투자대상으로서의 주식은 높은 수익률과 위험을 가지는 투자자산으로 인식됨 ③ 주식회사 : 법률상 반드시 의사결정기관인 주주총회, 업무집행의 대표기관인 이사회 및 대표이사, 감독기관인 감사를 두어야 하며 사원인 주주들의 출자로 설립됨 ④ 주식은 주식회사가 발행한 출자증권으로서 주식회사는 주주들에게 자본금 명목으로 돈을 받고 그 대가로 주식을 발행 ⑤ 주식을 보유한 주주는 주식 보유수에 따라 회사의 순이익과 순자산에 대한 지분청구권을 갖는데 만약 회사에 순이익이 발생하면 이익배당청구권을, 회사가 망하는 경우에는 남은 재산에 대한 잔여재산 분배청구권을 가짐 ⑥ 회사가 유상 또는 무상으로 신주를 발행할 경우 우선적으로 신주를 인수할 수 있는 신주인수권 등도 가지게 됨 ⑦ 주주는 주주평등의 원칙에 따라 주주가 갖는 주식 수에 따라 평등하게 취급되므로 보유한 주식 지분만큼의 권리와 책임을 가짐 ⑧ 주식회사의 주주는 유한책임을 원칙으로 하므로 출자한 자본액의 한도 내에서만 경제적 책임을 짐
자익권	① 자익권 : 자신의 재산적 이익을 위해 인정되는 권리 ② 이익배당청구권이나 잔여재산 분배청구권, 신주인수권, 주식매수청구권, 주식명의개서청구권 및 무기명주권의 기명주권으로의 전환청구권 등
공익권	① 공익권 : 회사 전체의 이익과 관련된 권리 ② 주주총회에서 이사 선임 등 주요 안건에 대한 의결에 지분 수에 비례하여 참여할 수 있는 의결권, 회계장부와 관련된 주요 정보의 열람을 청구할 수 있는 회계장부 열람청구권, 이미 선임된 이사를 임기 전이라도 일정 수 이상의 주주의 동의를 얻어 해임을 요구할 수 있는 이사해임청구권, 일정 수 이상의 주주 동의로 임시 주주총회 소집을 요구할 수 있는 주주총회 소집요구권 등이 포함됨
주식투자의 특성	① 높은 수익을 기대할 수 있음 : 주식투자를 통해 얻을 수 있는 수익에는 자본이득(=주식매매차익)과 배당금이 있음. 다만, 주식은 위험자산이어서 높은 수익을 기대할 수 있는 만큼 위험 또한 큼 ② 뛰어난 환금성 : 부동산과 달리 주식은 증권시장을 통하여 자유롭게 사고 팔고 거래비용도 저렴하며 매매절차가 간단하고 배당금 수령이나 보관 등도 증권회사에서 대행해 주므로 편리하나, 주식 중에는 거래 물량이 적어 주식을 사거나 파는 것이 어려운 종목도 있으므로 환금성의 위험 또한 존재할 수 있음

주식투자의 특성	③ 소액주주의 상장주식 매매차익에 대해서는 양도소득세가 없음 : 배당에 대해서만 배당소득세가 부과됨. 미국 등 선진국에서 매매차익이 생기면 과세를 하는 것에 비해 주식투자자에게 유리하다고 할 수 있음 ④ 인플레이션 헤지 기능 : 주식은 부동산 및 실물자산을 보유한 기업에 대한 소유권을 나타내므로 물가가 오르면 그만큼 소유자산 가치가 올라 주식의 가격도 오르는 경향이 있음

❷ 주식의 발행

개요	① 창업 초기 기업은 주로 소수의 특정인에게 주식을 발행하여 자금을 조달 → 기업이 성장하고 보다 많은 자금이 필요해지면 불특정다수인을 대상으로 주식을 모집(또는 매출)하는 최초기업공개(IPO; Initial Public Offering)를 하게 되고 거래소에 상장 → 이 때부터 누구나 거래소를 통해 이 기업의 주식을 자유롭게 매매할 수 있고 기업은 자금이 필요해지면 유상증자를 통해 추가적으로 주식을 발행할 수 있음 ② 주식 발행시장(primary market) : 새로운 주식을 발행하여 기업이 장기 자기자본을 조달할 수 있는 시장 ③ 주식의 발행방법 : 직접발행과 간접발행 ④ 직접발행 : 발행기업이 중개기관을 거치지 않고 투자자에게 직접 주식을 팔아 자금을 조달하는 방식으로 유상증자를 통해 기존 주주 또는 제3자에게 주식을 배정하는 경우에 주로 사용됨 ⑤ 간접발행 : 전문성과 판매망을 갖춘 중개기관을 거쳐 주식을 발행하는 방식으로 최초기업공개 시에는 대부분 이 방식이 사용됨
기업공개	① 기업공개(IPO; Initial Public Offering) ② 기업공개 : 주식회사가 일정한 법정절차와 방법에 따라 일반대중을 대상으로 주주를 공개모집하여 발행주식의 일부를 매각함으로써 일반대중이 유가증권을 자유로이 매매할 수 있게 하는 것 ③ 상장(listing) : 일정한 요건을 충족시킨 기업이 발행한 주식을 증권시장에서 거래할 수 있도록 허용하는 것
유상증자	① 유상증자 : 이미 설립되어 있는 주식회사가 자기자본을 조달하기 위하여 새로운 주식을 발행하는 것 ② 기업의 자기자본이 확대되기 때문에 기업이 재무구조를 개선하고 타인자본에 대한 의존도를 낮추는 대표적인 방법 ③ 자금조달을 위해 기업이 유상증자를 할 경우 원활한 신주 매각을 위해 일반적으로 20~30% 할인하여 발행 ④ 여기에는 기존주주와의 이해상충문제가 발생할 수 있어 신주인수권의 배정방법이 중요한 문제가 되며, 주주배정방식, 주주우선공모방식, 제3자 배정방식, 일반공모방식 등이 있다. ⑤ 주주배정방식 : 기존주주와 우리사주조합에게 신주를 배정하고 실권주 발생 시 이사회 결의에 따라 처리방법 결정

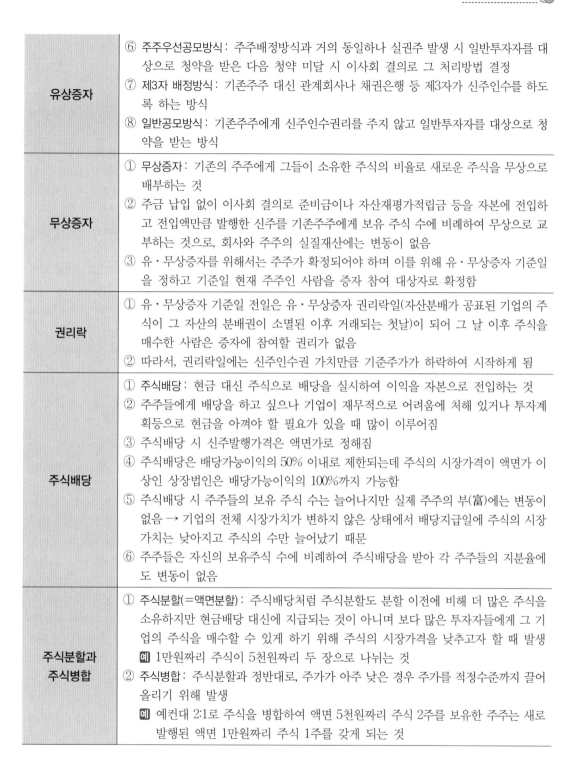

유상증자	⑥ 주주우선공모방식 : 주주배정방식과 거의 동일하나 실권주 발생 시 일반투자자를 대상으로 청약을 받은 다음 청약 미달 시 이사회 결의로 그 처리방법 결정 ⑦ 제3자 배정방식 : 기존주주 대신 관계회사나 채권은행 등 제3자가 신주인수를 하도록 하는 방식 ⑧ 일반공모방식 : 기존주주에게 신주인수권리를 주지 않고 일반투자자를 대상으로 청약을 받는 방식
무상증자	① 무상증자 : 기존의 주주에게 그들이 소유한 주식의 비율로 새로운 주식을 무상으로 배부하는 것 ② 주금 납입 없이 이사회 결의로 준비금이나 자산재평가적립금 등을 자본에 전입하고 전입액만큼 발행한 신주를 기존주주에게 보유 주식 수에 비례하여 무상으로 교부하는 것으로, 회사와 주주의 실질재산에는 변동이 없음 ③ 유·무상증자를 위해서는 주주가 확정되어야 하며 이를 위해 유·무상증자 기준일을 정하고 기준일 현재 주주인 사람을 증자 참여 대상자로 확정함
권리락	① 유·무상증자 기준일 전일은 유·무상증자 권리락일(자산분배가 공표된 기업의 주식이 그 자산의 분배권이 소멸된 이후 거래되는 첫날)이 되어 그 날 이후 주식을 매수한 사람은 증자에 참여할 권리가 없음 ② 따라서, 권리락일에는 신주인수권 가치만큼 기준주가가 하락하여 시작하게 됨
주식배당	① 주식배당 : 현금 대신 주식으로 배당을 실시하여 이익을 자본으로 전입하는 것 ② 주주들에게 배당을 하고 싶으나 기업이 재무적으로 어려움에 처해 있거나 투자계획등으로 현금을 아껴야 할 필요가 있을 때 많이 이루어짐 ③ 주식배당 시 신주발행가격은 액면가로 정해짐 ④ 주식배당은 배당가능이익의 50% 이내로 제한되는데 주식의 시장가격이 액면가 이상인 상장법인은 배당가능이익의 100%까지 가능함 ⑤ 주식배당 시 주주들의 보유 주식 수는 늘어나지만 실제 주주의 부(富)에는 변동이 없음 → 기업의 전체 시장가치가 변하지 않은 상태에서 배당지급일에 주식의 시장가치는 낮아지고 주식의 수만 늘어났기 때문 ⑥ 주주들은 자신의 보유주식 수에 비례하여 주식배당을 받아 각 주주들의 지분율에도 변동이 없음
주식분할과 주식병합	① 주식분할(=액면분할) : 주식배당처럼 주식분할도 분할 이전에 비해 더 많은 주식을 소유하지만 현금배당 대신에 지급되는 것이 아니며 보다 많은 투자자들에게 그 기업의 주식을 매수할 수 있게 하기 위해 주식의 시장가격을 낮추고자 할 때 발생 예 1만원짜리 주식이 5천원짜리 두 장으로 나뉘는 것 ② 주식병합 : 주식분할과 정반대로, 주가가 아주 낮은 경우 주가를 적정수준까지 끌어올리기 위해 발생 예 예컨대 2:1로 주식을 병합하여 액면 5천원짜리 주식 2주를 보유한 주주는 새로 발행된 액면 1만원짜리 주식 1주를 갖게 되는 것

③ 주식의 종류

보통주	① 보통주(common stock) : 자익권과 공익권 등 일반적인 성격을 갖는 주식으로 각 주식은 평등한 권리내용을 가짐 ② 일반적으로 주식이라 하면 보통주를 의미하며, 기업이 단일 종류의 주식만을 발행하는 경우에는 특별히 이 명칭을 붙일 필요는 없음 ③ 대기업의 소액주주들은 대체로 지분이 낮아 의결권 등을 행사할 기회는 거의 없고 배당금(dividend income)과 주식매매에 의한 자본이득(capital gain)에 관심을 가짐 ④ 보통주에 대한 투자는 미래의 배당금 수령이나 주가의 불확실성으로 투자위험이 높으며, 그만큼 높은 수익이 기대되는 투자대상이기도 함
우선주	① 우선주 : 배당이나 잔여재산분배에 있어서 사채권자보다는 우선순위가 낮으나 보통주 주주보다는 우선권이 있는 주식 ② 우선주는 흔히 고정적인 확정 배당률이 있지만 무배당도 가능하며 의결권이 제한되어 있어 사채와 보통주의 성격이 복합된 증권이라 할 수 있음 ③ 의결권 제한으로 대주주 입장에서는 경영권에 대한 위협 없이 자기자본을 조달하는 수단이 됨 ④ 누적적 우선주 : 당해 연도에 소정 비율의 우선배당을 받지 못하면 미지급배당금을 차 영업연도 이후에도 우선적으로 보충하여 배당받음 ⑤ 비누적적 우선주 : 영업연도에도 보충 배당받지 못함 ⑥ 참가적 우선주 : 우선주 소정 비율의 우선배당을 받고도 이익이 남는 경우에 다시 보통주 주주와 함께 배당에 참가할 수 있음 ⑦ 비참가적 우선주 : 소정 비율의 우선배당을 받는 데 그침
성장주 배당주 가치주	① 성장주 : 기업의 영업실적이나 수익 증가율이 시장평균보다 높을 것으로 기대되는 주식으로, 주로 수익을 기업내부에 유보(재투자)하여 높은 성장률과 기업가치 증대에 주력하고 배당금으로 분배하는 부분은 많지 않음. 즉, 배당소득보다는 자본이득에 중점을 두어야 하는 시기에 적합한 투자대상임 ② 배당주 : 기업에 이익이 발생할 때 이를 재투자하기 보다는 주주에게 배당금의 형태로 배분하는 비율이 높은 주식, 배당주는 주식의 매매차익을 노리기보다는 주식을 보유하면서 정기적으로 수익을 얻으려는 투자자들이 관심을 가짐 ③ 가치주 : 주식의 내재가치보다 현재의 주가수준이 낮게 형성되어 있으나 기업의 이익이나 자산의 구조를 볼 때 앞으로 가격이 오를 것으로 생각되는 주식. 저평가된 이유는 주로 향후 성장률이 낮을 것으로 예상되거나 악재로 인해 주가가 지나치게 하락하였기 때문임
경기순환주 경기방어주	① 경기순환주 : 경제의 활동수준에 따라 기업의 영업실적이나 수익의 변화가 심한 주식으로 경기에 주가가 비례하는 경우가 일반적임 　　예 주로 경기에 따라 수요변화가 심한 건설, 자동차, 도매, 철강, 조선, 반도체산업 등에 해당하는 주식들로 경기민감주라고도 함 ② 경기방어주 : 경기 변화에 덜 민감하며 경기침체기에도 안정적인 주가흐름을 나타내지만 반면에 경기가 호전되어도 다른 주식에 비해 상대적으로 낮은 상승률을 보일 가능성이 높음 　　예 일반적으로 경기침체기에도 수요가 꾸준한 음식료, 제약, 가스, 전력업종 등의 주식들이 해당됨

대형주 중형주 소형주	① 한국거래소의 상장법인의 시가총액에 따른 구분 ② 시가총액 : 현재의 주식의 가격×주식의 수를 곱한 값 ③ 대형주 : 보통 종합주가지수(KOSPI)를 구성하는 시가총액 순서로 1~100위의 기업 주식, 대형주는 대기업의 주식일 확률이 높고 거래규모가 크므로 안정적으로 주식에 투자하고자 하는 사람들이 선호하는 주식 ④ 중소형주 : 시가총액이 101위 이하의 기업을 말한다. 101~300위를 중형주, 301위 이하를 소형주로 나누기도 하는데, 기업규모가 작고 경제나 경기변동에 따라 가격의 등락 폭이 큰 경우가 많아 투자의 위험이 상대적으로 크지만 수익의 기회도 큰 경향이 있음 ⑤ 매년 3월, 9월 선물 만기일에 시가총액 규모별 주가지수 정기 변경을 함
주식 예탁증서	① 주식예탁증서(DR; Depositary Receipts) : 자국의 주식을 외국에서 거래하는 경우 주식의 수송·법률·제도·거래관행·언어·통화·양식등 여러 가지 문제로 원활한 유통이 어려움 → 이런 문제를 해소하고자 외국의 예탁기관으로 하여금 해외 현지에서 증권을 발행·유통하게 함으로써 원래 주식과의 상호 전환이 가능하도록 한 주식대체증서 ② 국내의 보관기관은 주식을 보관하고 해외의 예탁기관은 보관 주식을 근거로 그 금액만큼의 예탁증서를 발행 ③ GDR(Global Depositary Receipt) : 뉴욕·런던·도쿄·프랑크푸르트 등 전 세계 금융시장에서 동시에 발행됨 ④ ADR(American Depositary Receipt) : 세계 최대 금융시장인 미국 뉴욕시장에서만 발행 ⑤ EDR(European Depositary Receipt) : 유럽시장에서 발행

❹ 주식 유통시장

의미	① 주식 유통시장(secondary market) : 발행된 주식의 거래가 이루어지는 시장 ② 우리나라의 주식 유통시장은 유가증권시장, 코스닥시장, 코넥스시장, K-OTC시장 등으로 구분됨
종류	① 유가증권시장(코스피) : 한국거래소(KRX)가 개설·운영하는 시장으로 엄격한 상장요건을 충족하는 주식이 상장(listing)되어 거래되는 시장 ② 코스닥시장 : 원래는 미국의 나스닥(NASDAQ)과 유사하게 장외거래 대상 종목으로 등록된 주식을 전자거래시스템인 코스닥(KOSDAQ; Korea Securities Dealers Automated Quotation)을 통해 매매하는 시장으로 출발하였으나, 2005년 1월 기존의 증권거래소와 코스닥시장, 선물거래소가 통합거래소 체제로 일원화되면서 지금은 또 다른 장내시장의 하나가 되었음. 다만 유가증권시장보다는 상장 기준이 덜 엄격한 편이어서 중소기업이나 벤처기업이 많은 편임

종류	③ 코넥스(KONEX; Korea New Exchange): 코스닥 전 단계의 주식시장으로 창업 초기의 중소기업을 위해 2013년 7월 개장함. 코넥스는 기존 주식시장인 유가증권시장이나 코스닥에 비해 상장 문턱을 낮추고 공시의무를 완화하여 창업 초기 중소기업의 자금조달을 위해 설립되었는데, 투자주체는 증권사·펀드·정책금융기관·은행·보험사·각종 연기금 등 자본시장법상의 전문투자자로 제한되며 일반투자자는 펀드가입 등을 통해 간접투자를 할 수 있음 ④ K-OTC시장: 한국장외시장(Korea Over-The-Counter)의 약칭으로, 유가증권시장·코스닥·코넥스에서 거래되지 못하는 비상장주식 가운데 일정 요건을 갖추어 지정된 주식의 매매를 위해 한국금융투자협회가 개설·운영하는 제도화·조직화된 장외시장임

❺ 주식 거래방법

개요	① 한국거래소의 주식 매매시간

체결방식	시간
장 전 종가매매	08:30~08:40
동시호가	08:30~09:00, 15:20~15:30
정규시장매매	09:00~15:30
장 후 종가매매	15:30~16:00(체결은 15:40부터, 10분간 접수)
시간외 단일가매매	16:00~18:00(10분 단위, 총 12회 체결)

② 매매체결방식은 가격우선원칙과 시간우선원칙을 적용하여 개별경쟁으로 매매거래가 체결 → 즉, 매수주문의 경우 가장 높은 가격을, 매도주문의 경우 가장 낮은 가격을 우선적으로 체결하고 동일한 가격의 주문 간에는 시간상 먼저 접수된 주문을 체결
③ 다만, 시초가와 종가의 경우는 시간의 선후에 상관없이 일정 시간 동안 주문을 받아 제시된 가격을 모아 단일가격으로 가격이 결정되는 동시호가제도를 채택
④ 이에 따라 오전 8시 30분부터 동시호가에 주문을 내는 것이 가능하고 여기에서 제시된 가격과 수량을 통해 오전 9시에 단일가로 매매가 체결되면서 시초가 결정
⑤ 폐장 10분 전부터는 매매 없이 동시호가 주문만 받다가 오후 3시 30분에 단일가로 매매가 체결되면서 종가가 결정됨
⑥ 이런 정규주문 거래 외에도 장이 끝난 오후 3시 30분부터 오후 6시까지 그리고 개장 전인 오전 8시 30분부터 오전 8시 40분까지 시간외거래가 가능한데, 기관투자자 사이의 시간 외 대량매매에 주로 활용되고 있음 |
| 매매체결방법 | ① 투자수익률(rate of return on investment): 투자량과 회수량과의 비율
② 투자원금은 투자량을 금액으로 나타낸 것
③ 투자수익률=(기말의 투자가치－투자원금)÷투자원금×100
④ 보유기간 수익률: 통상 1년을 기준으로 표준화하여 표시하는 것이 일반적(연간보유기간수익률). 즉 기간 수익률을 연 수익률로 바꾸어주는 연율화(annualization)를 하며 그 과정에서도 재투자를 가정한 복리를 적용하여 계산하는 것이 원칙임 |

매매체결방법	예 3개월 동안 11%인 수익률을 연율화하면 매 3개월마다 11%의 복리 수익률로 계속 재투자된다고 가정하기 때문에 연간 보유기간 수익률은 $(1+0.11)^4-1=0.5181$, 즉 51.81%가 됨
주문방법	① 원하는 매수나 매도 가격을 지정하여 주문하는 지정가 주문(limit order)과 가격을 지정하지 않고 주문시점에서 가장 유리한 가격에 우선적으로 거래될 수 있도록 주문하는 시장가 주문(market order)이 있음 ② 대부분의 주식거래는 지정가 주문에 의해 이루어지고 시장가 주문은 거래량이 갑자기 증가하면서 주가가 급등하는 종목을 매수하고자 할 때 종종 이용됨 ③ 일반적으로 유가증권시장의 주식매매 단위는 1주 ④ 최소 호가 단위 즉 최소가격 변동폭(minimum tick)은 주가 수준에 따라 차이가 있어 일천 원 미만 1원, 오천원 미만 5원, 일만 원 미만 10원, 오만 원 미만 50원, 십만 원 미만 100원, 오십만 원 미만 500원, 오십만 원 이상 1,000원임 ⑤ 가격제한(price limit)제도 : 전일 종가 대비 ±30% 이내에서 가격이 변동하여 상·하한가가 결정 → 주식시장의 불안정을 예방하고 개인투자자 보호를 위해 일일 최대 가격변동폭을 제한 ⑥ 매매가 체결된 주식의 결제시점 : 체결일로부터 3영업일 예 목요일에 매매가 체결된 주식은 토요일과 일요일 외에 다른 휴장일이 없다면 다음 주 월요일이 결제일이 되어 개장 시점에 매입의 경우는 증권계좌에서 매입대금이 출금되면서 주식이 입고되고, 매도의 경우는 증권계좌에 매도대금이 입금되면서 주식이 출고됨
거래비용	① 개인투자자의 경우 보유주식으로부터의 배당금은 금융소득으로 간주하여 소득세가 과세됨 ② 이자나 배당 등 금융소득이 연간 총액이 2천만원 초과 : 다른 소득과 합산하여 종합과세 ③ 이자나 배당 등 금융소득이 연간 총액이 2천만원 이하인 경우 : 분리과세되어 다른 소득의 규모에 관계없이 일률적으로 14%의 소득세와 1.4%의 지방소득세를 합한 15.4%의 세금이 원천징수됨

TOPIC 07 확인문제 주식투자

01 다음 주식투자에 대한 설명으로 옳지 않은 것은?

① 주주의 자익권은 자신의 재산적 이익을 위해 인정되는 권리이다.

② 주주의 공익권은 사회 전체의 이익과 관련된 권리이다.

③ 주식투자를 통해 얻을 수 있는 수익에는 자본이득(＝주식매매차익)과 배당금이 있다.

④ 주식은 부동산 및 실물자산을 보유한 기업에 대한 소유권을 나타내므로 물가가 오르면 그만 큼 소유자산 가치가 올라 주식의 가격도 오르는 경향이 있다.

02 다음은 주식투자의 특성에 대한 설명이다. 옳은 것을 모두 고르시오.

─〈보기〉─
ㄱ. 주식은 위험자산이어서 높은 수익을 기대할 수 있는 만큼 위험 또한 크다.
ㄴ. 부동산과 달리 주식은 증권시장을 통하여 자유롭게 사고팔고 거래비용도 저렴하며 매매절차 가 간단하다.
ㄷ. 소액주주의 상장주식 매매차익과 배당에 모두 소득세가 부과되지 않는다.
ㄹ. 이자율이 오르면 주가는 상승하는 경향이 있다.

① ㄱ, ㄴ   ② ㄱ, ㄹ   ③ ㄴ, ㄷ   ④ ㄷ, ㄹ

03 다음 주식의 발행에 대한 설명으로 옳지 않은 것은?

① 직접발행은 발행기업이 중개기관을 거치지 않고 투자자에게 직접 주식을 팔아 자금을 조달하는 방식으로 유상증자를 통해 기존 주주 또는 제3자에게 주식을 배정하는 경우에 주로 사용된다.

② 간접발행은 전문성과 판매망을 갖춘 중개기관을 거쳐 주식을 발행하는 방식으로 최초기업 공개 시에는 대부분 이 방식이 사용된다.

③ 유상증자는 기업의 자기자본이 확대되기 때문에 기업이 재무구조를 개선하고 타인자본에 대한 의존도를 낮추는 대표적인 방법이다.

④ 무상증자는 주금 납입 없이 이사회 결의로 준비금이나 자산재평가적립금 등을 자본에 전입하고 전입액 만큼 발행한 신주를 기존주주에게 보유 주식 수에 비례하여 무상으로 교부하는 것으로, 회사와 주주의 실질재산을 늘리는 효과를 가진다.

01

04 다음은 주식의 종류에 대한 설명이다. 옳은 것을 모두 고르시오.

─── 〈보기〉 ───

ㄱ. 보통주에 대한 투자는 채권에 비해 투자위험이 낮다.

ㄴ. 우선주는 의결권 제한으로 대주주 입장에서는 경영권에 대한 위협 없이 자기자본을 조달하는 수단이 된다.

ㄷ. 성장주는 기업의 영업실적이나 수익 증가율이 시장평균보다 높을 것으로 기대되는 주식이다.

ㄹ. 경기순환주는 경제의 활동수준에 따라 기업의 영업실적이나 수익의 변화가 심한 주식으로 음식료, 제약, 가스, 전력업종 등의 주식들이 해당된다.

① ㄱ, ㄴ   ② ㄱ, ㄹ   ③ ㄴ, ㄷ   ④ ㄷ, ㄹ

정답찾기

01 ② 주주의 공익권은 회사 전체의 이익과 관련된 권리로 주주총회에서 이사 선임 등 주요 안건에 대한 의결에 지분 수에 비례하여 참여할 수 있는 의결권, 회계장부와 관련된 주요 정보의 열람을 청구할 수 있는 회계장부 열람 청구권, 이미 선임된 이사를 임기 전이라도 일정 수 이상의 주주의 동의를 얻어 해임을 요구할 수 있는 이사해임 청구권, 일정 수 이상의 주주 동의로 임시 주주총회 소집을 요구할 수 있는 주주총회 소집요구권 등이 포함된다.

02 ㄷ. 소액주의 상장주식 매매차익에 대해서는 양도소득세가 없음: 배당에 대해서만 배당소득세가 부과된다.
ㄹ. 이자율이 오르면 주가는 하락하는 경향이 있다.

03 무상증자는 주금 납입 없이 이사회 결의로 준비금이나 자산재평가적립금 등을 자본에 전입하고 전입액만큼 발행한 신주를 기존주주에게 보유 주식 수에 비례하여 무상으로 교부하는 것으로, 회사와 주주의 실질재산에는 변동이 없다.

04 ㄱ. 보통주에 대한 투자는 미래의 배당금 수령이나 주가의 불확실성으로 투자위험이 높으며, 그만큼 높은 수익이 기대되는 투자대상이기도 하다.
ㄹ. 경기순환주는 경제의 활동수준에 따라 기업의 영업실적이나 수익의 변화가 심한 주식으로 주로 경기에 따라 수요변화가 심한 건설, 자동차, 도매, 철강, 조선, 반도체 산업 등에 해당하는 주식들로 경기민감주라고도 한다.

TOPIC 08 채권투자

1 채권의 개념

개요	① **채권**: 정부, 지방자치단체, 공공기관, 특수법인 또는 주식회사가 불특정 다수의 투자자를 대상으로 비교적 장기에 걸쳐 대규모 자금을 조달할 목적으로 발행하는 일종의 차용증서인 유가증권 ② **채권의 발행자격을 갖춘 기관**: 법으로 정해져 있는데 발행자격이 있더라도 발행을 위해서는 정부로부터 별도의 승인을 얻어야 함 ③ 채권은 주식처럼 유통시장에서 자유롭게 매매할 수 있음 ④ 주식시장과 동일하게 채권시장도 발행시장과 유통시장으로 구분 ⑤ 발행자가 처음 채권을 발행하는 시장이 발행시장이며, 이미 발행된 채권이 거래되는 시장이 유통시장임
채권의 특성	① **확정이자부증권**: 채권은 발행 시에 발행자가 지급하여야 할 약정이자와 만기 시 상환해야 할 금액이 사전에 확정되며, 발행자의 영업실적과 무관하게 이자와 원금을 상환해야 함. 따라서 발행자의 원리금 지급능력이 중요하며 지급이자는 발행자의 금융비용인 동시에 투자자에게는 안정적인 수입원이 됨 ② **기한부증권**: 주식과 달리 채권은 원금과 이자의 상환기간이 발행할 때 정해지는 기한부증권 ③ **장기증권**: 채권은 발행자로 하여금 장기적으로 안정적인 자금을 조달할 수 있게 함. 회사채의 경우 대부분 기업의 설비투자 용도로 발행되는데, 투자자의 환금성 보장을 위해 반드시 유통시장이 있어야 함
채권의 기본용어	① **액면**: 채권 1장마다 권면 위에 표시되어 있는 1만원, 10만원, 100만원 등의 금액 ② **매매단가**: 유통시장에서 매매할 때 적용되는 가격으로 액면 10,000원당 적용 수익률로 계산 ③ **표면이자율(coupon rate)**: 액면금액에 대하여 1년 동안 지급하는 이자금액의 비율을 나타내며 채권을 발행할 때 결정됨. 이표채의 경우 1회마다 이자를 받을 수 있는 이표(coupon)가 붙어 있으며, 할인채는 할인율로 표시함 　예 경상수익률(current yield)은 이자금액을 채권의 현재 시장가격으로 나눈 비율이라는 점에서 표면이자율과 다름 ④ **만기와 잔존기간**: 채권 발행일로부터 원금상환일까지의 기간을 만기 또는 원금상환기간이라고 하며, 이미 발행된 채권이 일정기간 지났을 때 그 때부터 원금상환일까지 남은 기간을 잔존기간이라고 함 　예 만기가 3년인 채권이 발행일로부터 2년이 지났다면 만기까지의 잔존기간은 1년이 됨 ⑤ **수익률**: 투자 원본금액에 대한 수익의 비율로 보통 1년을 단위로 계산됨. 표면이율, 발행수익률, 만기수익률, 실효수익률, 연평균수익률 등 다양한 개념이 있으며, 수익률은 베이시스포인트(bp; basis point)로 표시한다. 1bp는 1/100%(0.01% 또는 0.0001)에 해당함. 즉, 이자율이 10bp 변동하였다면 0.1%(또는 0.001)만큼 변동한 것을 의미함

채권투자의 특징	① **수익성** : 채권의 수익성이란 투자자가 채권을 보유함으로써 얻을 수 있는 수익으로서 이 자소득과 자본소득이 있음. 이자소득은 발행 시에 정해진 이율에 따라 이자를 지급받는 것을 말하며, 자본소득은 채권의 유통가격이 변동되면서 발생될 수 있는 시세차익 또는 차손을 의미함. 채권의 이자소득에 대해서는 이자소득세가 과세되지만 매매에 따른 자본 이득에 대해서는 주식과 마찬가지로 과세되지 않음 ② **안전성** : 채권은 정부, 지방자치단체, 금융회사 또는 신용도가 높은 주식회사 등이 발행 하므로 채무 불이행 위험이 상대적으로 낮다. 채권은 만기일에 약속된 원금과 이자를 받 을 수 있고 차입자가 파산할 경우에도 주주권에 우선하여 변제받을 수 있으며, 원금의 손실가능성이 매우 낮아 복리효과를 이용한 장기투자에 적합함. 다만, 채권의 가격은 시 장금리 및 발행기관의 신용 변화에 따라 변동하게 됨. 따라서 시장가격이 매입가격보다 낮아질 때에는 자본손실의 가능성이 있고, 발행기관의 경영이나 재무상태가 악화될 경우 에는 약정한 이자 및 원금의 지급이 지연되거나 지급불능 상태가 되는 채무불이행 위험 이 발생할 수 있음 ③ **환금성(유동성)** : 채권은 주식처럼 유통(증권)시장을 통해 비교적 쉽게 현금화할 수 있음. 채권의 매매는 기관투자자 간의 거액거래가 일반적이지만 소액채권의 경우 개인투자자 들도 증권회사를 통해 쉽게 참여할 수 있음. 물론 발행물량이 적고 유통시장이 발달되지 못한 채권의 경우에는 현금화하기 어려운 유동성 위험이 존재할 수도 있음
발행주체에 따른 분류	① **국채** : 국회의 의결을 거쳐 국가가 재정정책의 일환으로 발행하는 채권으로 정부가 원리 금의 지급을 보증하기 때문에 국가 신용도와 동일한 신용도를 가짐. 정부의 재정적자가 클수록 발행잔액과 유통시장이 커지며, 국고채권, 국민주택채권(1종, 2종), 외국환평형기 금채권, 재정증권 등이 있음 ② **지방채** : 지방정부 및 지방공공기관 등이 지방자치법과 지방재정법에 의거하여 특수목적 달성에 필요한 자금을 조달하기 위해 발행하는 채권임. 발행잔액 및 신용도가 국채에 미 치지 못하고 비교적 유동성이 낮은 편임. 지방채의 종류에는 서울도시철도공채, 지방도 시철도공채, 지역개발채권 등이 있음 ③ **특수채** : 특별한 법률에 의해서 설립된 기관이 특별법에 의하여 발행하는 채권으로서 공 채와 사채의 성격을 모두 지니고 있으며 정부가 원리금의 지급을 보증하는 것이 일반적 이어서 안정성과 수익성이 비교적 높음. 한국전력채권, 지하철공사채권, 토지주택채권, 도로공사채권, 예금보험공사채권, 증권금융채권 등이 있음 ④ **금융채** : 특별법에 의하여 설립된 금융회사가 발행하는 채권으로서 금융채의 발행은 특 정한 금융회사의 중요한 자금조달수단의 하나임. 통화조절을 위해 한국은행이 발행하는 통화안정증권, 산업자금 조달을 위한 산업금융채권, 중소기업 지원을 위한 중소기업금융 채권 및 각 시중은행이 발행하는 채권과 카드회사, 캐피탈회사, 리스회사, 할부금융회사 등이 발행하는 채권들이 여기에 속함 ⑤ **회사채** : 상법상의 주식회사가 발행하는 채권으로서 채권자는 주주들의 배당에 우선하여 이자를 지급받게 되며 기업이 도산하거나 청산할 경우 주주들에 우선하여 기업자산에 대한 청구권을 가짐. 일반적으로 매 3개월 후급으로 이자를 지급받고 원금은 만기에 일 시상환 받음

01

만기유형에 따른 분류	① 단기채 : 통상적으로 상환기간이 1년 이하인 채권을 단기채권이라 하며, 우리나라에는 통화안정증권, 양곡기금증권, 금융채 중 일부가 여기에 속함 ② 중기채 : 상환기간이 1년 초과 5년 이하인 채권을 말함. 우리나라에서는 대부분의 회사채 및 금융채가 만기 3년으로 발행되고 있음 ③ 장기채 : 상환기간이 5년 초과인 채권이며 우리나라에서는 주로 국채가 만기 5년 또는 10년으로 발행되고 있음 ④ 채권은 시간이 경과하면서 장기채권에서 중기채권으로 다시 단기채권으로 바뀌게 되며, 기간이 짧아져 감에 따라 다른 요인들이 모두 동일하다면 채권가격의 변동성은 감소함 ⑤ 일반적으로 만기가 긴 채권일수록 수익률은 높으나 유동성이 떨어지고 채무불이행 확률도 증가하므로 투자자는 자신의 투자기간을 고려하여 적절한 만기를 가진 채권에 투자해야 함
이자지급 방법별 분류	① 이표채 : 채권의 권면에 이표(coupon)가 붙어 있어 이자지급일에 이표를 떼어 이자를 지급받는 채권, 외국의 경우 6개월마다 이자를 지급하지만 우리나라는 보통 3개월 단위로 이자를 지급함. 대부분의 회사채가 이표채로 발행되고 있으며 국고채, 회사채, 금융채 중 일부가 이표채로 발행됨 ② 할인채 : 표면상 이자가 지급되지 않는 대신에 액면금액에서 상환일까지의 이자를 공제한 금액으로 매출되는 채권으로서 이자가 선급되는 효과가 있음. 이자를 지급하지 않기 때문에 무이표채(zero-coupon bond)라고 불리기도 함. 통화안정증권, 산금채 일부가 여기에 해당하며 대부분 1년 미만의 잔존만기를 가짐 ③ 복리채 : 정기적으로 이자가 지급되는 대신에 복리로 재투자되어 만기상환시에 원금과 이자를 동시에 지급하는 채권. 국민주택채권(1종, 2종), 지역개발채권, 금융채의 일부가 이런 방식으로 발행됨
발행유형별 분류	① 보증채 : 원리금의 상환을 발행회사 이외의 제3자가 보증하는 채권으로서 보증의 주체가 정부인 정부보증채와 신용보증기금, 보증보험회사, 시중은행 등이 지급을 보증하는 일반보증채로 구분됨 ② 무보증채 : 제3자의 보증 없이 발행회사의 자기신용에 의해 발행·유통되는 채권임. 우리나라에서는 과거 보증채가 많이 발행되었으나, 외환위기 이후부터 무보증채의 발행이 급속히 증가함 ③ 담보부채권 : 원리금 지급불능시 발행주체의 특정 재산에 대한 법적 청구권을 지키는 채권 ④ 무담보부채권 : 발행주체의 신용을 바탕으로 발행하는 채권 ⑤ 후순위채권 : 발행주체의 이익과 자산에 대한 청구권을 가지나 다른 무담보사채보다 우선권이 없는 채권

❷ 특수한 형태의 채권

전환사채	① 전환사채(CB; Convertible Bond) ② 순수한 회사채의 형태로 발행되지만 일정 기간이 경과된 후 보유자의 청구에 의하여 발행회사의 주식으로 전환될 수 있는 권리가 붙어 있는 사채 ③ 이에 따라 전환사채는 사실상 주식과 채권의 중간적 성격을 갖고 있음 ④ 전환사채에는 전환할 때 받게 되는 주식의 수를 나타내는 전환비율이 미리 정해져 있음 ⑤ 전환사채는 보유자가 자신에게 유리할 때만 전환권을 행사하여 추가적인 수익을 꾀할 수 있는 선택권이 주어지기 때문에 다른 조건이 동일하다면 일반사채에 비해 낮은 금리로 발행됨
신주인수권부사채	① 신주인수권부사채(BW; Bond with Warrant) ② 신주인수권부사채란 채권자에게 일정기간이 경과한 후에 일정한 가격(행사가격)으로 발행회사의 일정 수의 신주를 인수할 수 있는 권리, 즉 신주인수권이 부여된 사채 ③ 전환사채와 달리 발행된 채권은 그대로 존속하는 상태에서 부가적으로 신주인수권이라는 옵션이 부여되어 있으며 신주인수권은 정해진 기간 내에는 언제든지 행사할 수 있음 ④ 신주인수권부사채의 발행조건에는 몇 주를 어느 가격에 인수할 수 있는지가 미리 정해져 있음 ⑤ 신주인수권부사채는 보유자에게 유리한 선택권이 주어지기 때문에 다른 조건이 같다면 일반사채에 비해 낮은금리로 발행됨
교환사채	① 교환사채(EB; Exchangeable Bond) ② 교환사채란 회사채의 형태로 발행되지만 일정기간이 경과된 후 보유자의 청구에 의하여 발행회사가 보유 중인 다른 주식으로의 교환을 청구할 수 있는 권리가 부여된 사채 ③ 교환사채에는 발행 당시에 추후 교환할 때 받게 되는 주식의 수를 나타내는 교환비율이 미리 정해져 있음 ④ 이에 따라 교환권을 행사하게 되면 사채권자로서의 지위를 상실한다는 점에서는 전환사채와 동일하지만, 전환사채의 경우에는 전환을 통해 발행회사의 주식을 보유하게 되는 반면에 교환사채의 경우는 발행회사가 보유 중인 타 회사의 주식을 보유하게 된다는 점에서 차이가 있음
옵션부사채	① **옵션부사채**: 발행 당시에 제시된 일정한 조건이 성립되면 만기 전이라도 발행회사가 채권자에게 채권의 매도를 청구할 수 있는 권리, 즉 조기상환권이 있거나, 채권자가 발행회사에게 채권의 매입을 요구할 수 있는 권리, 즉 조기변제요구권이 부여되는 사채 ② **조기상환권부채권(callable bond)**: 발행 당시에 비해 금리가 하락한 경우에 발행회사가 기존의 고금리 채권을 상환하고 새로 저금리로 채권을 발행할 목적으로 주로 활용 → 낮은 금리로 자금을 재조달할 수 있는 발행회사에게는 유리한 반면 기존의 고금리 채권 상품을 더 이상 보유할 수 없게 된 채권투자자는 불리하게 됨. 따라서 조기상환권부채권은 그런 조건이 없는 채권에 비해 높은 금리로 발행됨 ③ **조기변제요구권부채권(puttable bond)**: 발행 당시에 비해 금리가 상승하거나 발행회사의 재무상태 악화로 채권 회수가 힘들어질 것으로 예상되는 경우 채권투자자가 만기 전에 채권을 회수할 목적으로 주로 활용 → 즉, 조기변제요구권은 채권투자자에게 유리한 조건이기 때문에 이러한 옵션이 부가된 조기변제요구권부채권은 그렇지 않은 채권에 비해 낮은 금리로 발행될 수 있음

변동금리부 채권	① 변동금리부채권(FRN; Floating Rate Note) ② 지급이자율이 대표성을 갖는 시장금리에 연동하여 매 이자지급 기간마다 재조정되는 채권변동금리부채권 ③ 변동금리부채권은 일반적으로 채권발행시에 지급이자율의 결정방식이 약정되며 매번 이자지급기간 개시 전에 차기 지급이자율이 결정됨 ④ 변동금리부채권의 지급이자율은 대표성을 갖는 시장금리에 연동되는 기준금리와 발행기업의 특수성에 따라 발행시점에 확정된 가산금리를 더하여 결정 ⑤ 지급이자율＝기준금리(reference rate)＋가산금리(spread) ⑥ 기준금리 : 시장의 실세금리를 정확히 반영하고 신용도가 우수한 금융시장의 대표적인 금리가 주로 사용 　**예** 우리나라에서는 CD금리, 국고채 수익률, KORIBOR(Korea inter－bank offered rate) 등이 있음 ⑦ 가산금리 : 기준금리에 가산되어 지급이자율을 결정하는 가산금리는 발행자의 신용도와 발행시장의 상황을 반영하여 결정됨 ⑧ 일반적으로 가산금리는 발행 당시에 확정되어 고정되므로 발행 이후 신용도와 시장상황의 변화에 따라 변동금리부채권의 가격을 변동시키는 주된 요인이 됨
자산유동화 증권	① 자산유동화증권(ABS; Asset Backed Securities) ② 금융회사가 보유 중인 자산을 표준화하고 특정 조건별로 집합(Pooling)하여 이를 바탕으로 증권을 발행한 후 유동화자산으로부터 발생하는 현금흐름으로 원리금을 상환하는 증권 ③ 즉, 유동화 대상자산을 집합하여 특수목적회사(SPV; Special Purpose Vehicle)에 양도하고 그 자산을 기초로 자금을 조달하는 구조 ④ 발행과정에서 증권의 신용도를 높이기 위해 후순위채권이나 보증 등의 방법을 활용하기도 함 ⑤ 유동화 대상자산이 회사채이면 CBO(Collateralized Bond Obligation), 대출채권이면 CLO(Collateralized Loan Obligation), 주택저당채권(mortgage)이면 주택저당증권(MBS; Mortgage Backed Securities)이라고 함 ⑥ ABS 발행회사는 재무구조를 개선할 수 있으며, 신용보강을 통해 발행사 신용등급보다 높은 신용등급의 사채 발행으로 자금조달비용을 절감할 수 있어 현금흐름 및 리스크 관리 차원에서 유용함 ⑦ 투자자 측면에서는 높은 신용도를 지닌 증권에 상대적으로 높은 수익률로 투자할 수 있다는 장점이 있음
지수연계 채권	① 주가지수연계채권(ELN; Equity Linked Note) ② 채권의 이자나 만기상환액이 주가나 주가지수에 연동되어 있는 채권 ③ 우리나라에서 주로 발행되는 원금보장형 주가지수연계채권은 투자금액의 대부분을 일반 채권에 투자하고 나머지를 파생상품(주로 옵션)에 투자하는 방식으로 운용됨 ④ 은행이 발행하는 주가지수연동정기예금(ELD; Equity Linked Deposit)이나 증권회사가 발행하는 주가지수연계증권(ELS; Equity Linked Securities)도 ELN과 유사한 구조로 발행되고 있음

물가연동 채권	① 물가연동채권(KTBi; Inflation-Linked Korean Treasury Bond) ② 정부가 발행하는 국채로 원금 및 이자지급액을 물가에 연동시켜 물가상승에 따른 실질 구매력을 보장하는 채권 ③ 장점 : 투자자입장에서는 이자 및 원금이 소비자물가지수(CPI)에 연동되어 물가상승률 이 높아질수록 투자수익률도 높아져 인플레이션 헤지 기능이 있으며, 정부의 원리금 지 급보증으로 최고의 안전성이 보장됨. 정부의 입장에서는 물가가 안정적으로 관리되면 고정금리국채보다 싼 이자로 발행할 수 있음 ④ 단점 : 물가가 지속적으로 하락하는 디플레이션 상황에서는 원금손실 위험도 있고 발행 물량과 거래량이 적어 유동성이 떨어진다는 단점이 있음
신종자본 증권	① 신종자본증권 : 일정 수준 이상의 자본요건을 충족할 경우 자본으로 인정되는 채무증권 으로 하이브리드채권으로 불리기도 함 ② 초기에는 국제결제은행(BIS)의 건전성 감독지표인 자기자본비율 제고를 위해 은행의 자본확충 목적으로 발행되었으나 점차 일반 기업의 발행도 증가하고 있음 ③ 채권의 성격 : 통상 30년 만기의 장기채로 고정금리를 제공하고 청산 시 주식보다 변제 가 앞선다는 점(후순위채 보다는 후 순위) ④ 주식의 성격 : 만기 도래 시 자동적인 만기연장을 통해 원금상환부담이 없어진다는 점에 서 영구자본인 주식과 유사함 ⑤ 변제 시 일반 후순위채권보다 늦은 후순위채라는 점에서 투자자에게 높은 금리를 제공 하는 반면에 대부분의 경우 발행후 5년이 지나면 발행기업이 채권을 회수할 수 있는 콜 옵션(조기상환권)이 부여되어 있음

❸ 소액채권거래제도

첨가소화채권	① 첨가소화채권 : 정부나 지방자치단체 등이 공공사업 추진을 위해 재원을 조달하고자 할 때 관련 국민들에게 법률에 의해 강제로 매입하게 하는 준조세로서의 성격을 가 지고 있음 예 주택이나 자동차를 구입하거나 금융회사에서 부동산을 담보로 대출을 받을 때 의 무적으로 구입해야 하는 첨가소화채권 ② 첨가소화채권은 표면이자율이 확정되어 있고 만기는 5년 이상 장기채권으로 발행됨 ③ 대부분 매입과 동시에 현장에서 매도되는 게 일반적
소액국공채 거래제도	① 정부는 이러한 의무매입국공채의 환금성을 높여서 채권시장의 공신력을 높이고, 첨 가소화채권을 통해 채권이라는 것을 처음 가지게 된 일반 대다수국민의 채권시장에 대한 신뢰도를 높이기 위해 소액국공채거래제도를 운영하고 있음 ② 소액국공채 매매거래제도를 적용받는 거래대상 채권은 제1종 국민주택채권, 서울도 시철도 채권 및 서울특별시 지역개발채권, 지방공기업법에 의하여 특별시, 광역시 및 도가 발행한 지역개발공채증권, 주요 광역시 발행 도시철도채권 등이 있음

❹ 주식과 채권의 비교

구분	주식	채권
발행자	주식회사	정부, 지자체, 특수법인, 주식회사
자본조달 방법	자기자본	타인자본
증권소유자의 지위	주주	채권자
소유로부터의 권리	결산 시 사업이익금에 따른 배당을 받을 권리	확정이자 수령 권리
증권 존속기간	발행회사와 존속을 같이 하는 영구증권	기한부증권(영구채권 제외)
원금상환	없음	만기시 상환
가격변동위험	크다	작다

주식과 채권의 비교

우선주와 채권의 비교

유사점	차이점
• 정해진 현금흐름의 정기적 지급(채권의 이자, 우선주의 배당금) • 회사경영에 대한 의결권 미부여 • 회사 순이익을 공유하지 않음 • 조기상환(채권) or 상환(우선주) 가능 • 감채기금 적립 가능 • 발행주체의 파산시 보통주보다 우선	• 우선주 배당금 지급시 법인 비용처리 불가 • 우선주 배당금의 일부는 기관투자가에게 익금불산입 • 우선주 투자자에게 배당금 미지급시에도 발행주체는 파산하지 않음 • 회계처리가 다름 • 우선주는 보통주로 전환 가능한 경우 있음 • 우선주 배당금은 회계기간 종료 후 지급, 채권의 이자는 3개월마다 지급

TOPIC 08 확인문제 채권투자

01 주식투자와 채권투자에 대한 설명으로 옳은 것은? 24. 계리직

① 유상증자는 기업의 자기 자본이 확대되기 때문에 기업의 재무구조를 개선하고 타인 자본에 대한 의존도를 낮춘다.

② 우선주는 배당이나 잔여재산분배에 있어 사채권자보다 우선순위가 높은 주식을 말하며 의결권이 제한되는 특징이 있다.

③ 교환사채는 회사채의 형태로 발행되지만 일정 기간이 경과된 후 보유자의 청구에 의하여 발행 회사의 주식으로 교환할 수 있다.

④ 주식 분할은 현금 대신 주식으로 배당을 실시하여 이익을 자본으로 전입하는 것을 의미하며 기업이 재무적으로 어렵거나 현금을 아껴야 할 필요가 있을 때 이루어진다.

02 주식투자 및 채권투자의 주요 내용에 대한 설명으로 옳은 것을 모두 고른 것은? 21. 계리직

> ㄱ. 신종자본증권은 대부분 발행 후 5년이 지나면 투자자가 채권에 대해 상환을 요구할 수 있는 풋옵션이 부여되어 있다.
>
> ㄴ. 채권의 가격은 시장금리 및 발행기관의 신용 변화에 영향을 받아 변동하게 되며, 다른 요인들이 모두 동일하다면 채권은 잔존기간이 짧아질수록 가격의 변동성이 증가한다.
>
> ㄷ. 유상증자는 기업의 재무구조를 개선하고 타인자본에 대한 의존도를 낮출 수 있는 반면, 무상증자는 회사와 주주의 실질재산에는 변동이 없다. 유·무상증자 권리락일에는 신주인수권 가치 만큼 기준 주가가 하락한 상태에서 시작하게 된다.
>
> ㄹ. 2021.3.9.(화)에 유가증권시장에서 매입한 주식(전일종가 75,000원)의 당일 중 최소 호가 단위는 100원이며, 주중에 다른 휴장일이 없다면 2021.3.11.(목) 개장 시점에 증권계좌에서 매입대금은 출금되고 주식은 입고된다.

① ㄱ, ㄴ   ② ㄱ, ㄹ   ③ ㄴ, ㄷ   ④ ㄷ, ㄹ

03 다음 채권에 대한 설명으로 옳지 않은 것은?

① 채권은 주식처럼 유통시장에서 자유롭게 매매할 수 있다.

② 채권은 발행 시에 발행자가 지급하여야 할 약정이자와 만기 시 상환해야 할 금액이 사전에 확정되며, 발행자의 영업실적과 무관하게 이자와 원금을 상환해야 한다.

③ 채권의 수익성이란 투자자가 채권을 보유함으로써 얻을 수 있는 수익으로서 이자소득과 자본소득, 배당소득이 있다.

④ 채권은 정부, 지방자치단체, 금융회사 또는 신용도가 높은 주식회사 등이 발행하므로 채무불이행 위험이 상대적으로 낮다.

04 다음은 특수한 형태의 채권에 대한 설명이다. 옳은 것을 모두 고르시오.

─── 〈보기〉 ───

ㄱ. 전환사채는 보유자가 자신에게 유리할 때만 전환권을 행사하여 추가적인 수익을 꾀할 수 있는 선택권이 주어지기 때문에 다른 조건이 동일하다면 일반사채에 비해 낮은 금리로 발행된다.

ㄴ. 신주인수권부 사채는 전환사채와 동일하게 권리를 행사할 경우 채권은 존속하지 않는다.

ㄷ. 조기변제요구권부채권(puttable bond)은 발행 당시에 비해 금리가 하락한 경우에 발행회사가 기존의 고금리 채권을 상환하고 새로 저금리로 채권을 발행할 목적으로 주로 활용한다.

ㄹ. 자산유동화증권(ABS; Asset Backed Securities)은 재무구조를 개선할 수 있으며, 신용보강을 통해 발행사 신용등급보다 높은 신용등급의 사채 발행으로 자금조달비용을 절감할 수 있어 현금흐름 및 리스크 관리 차원에서 유용하다.

① ㄱ, ㄴ   ② ㄱ, ㄹ   ③ ㄴ, ㄷ   ④ ㄷ, ㄹ

정답찾기

01 ④ 주식 배당에 대한 설명이다. 주식분할은 주식의 가격이 너무 높을 때 분할하여 가격을 낮추려는 것을 의미한다.

02 ㄱ. 신종자본증권은 대부분 발행 후 5년이 지나면 투자자가 채권에 대해 상환을 요구할 수 있는 콜옵션(조기상환권)이 부여되어 있다.
ㄴ. 채권의 가격은 시장금리 및 발행기관의 신용 변화에 영향을 받아 변동하게 되며, 다른 요인들이 모두 동일하다면 <u>채권은 잔존기간이 짧아질수록 가격의 변동성이 감소한다.</u>

03 ③ 채권의 수익성이란 투자자가 채권을 보유함으로써 얻을 수 있는 수익으로서 이자소득과 자본소득이 있다. 배당소득은 주식에 대한 설명이다.

04 ㄴ. 신주인수권부 사채는 전환사채와 달리 발행된 채권은 그대로 존속하는 상태에서 부가적으로 신주인수권이라는 옵션이 부여되어 있으며 신주인수권은 정해진 기간 내에는 언제든지 행사할 수 있다.
ㄷ. 조기상환권부채권(callable bond)은 발행 당시에 비해 금리가 하락한 경우에 발행회사가 기존의 고금리 채권을 상환하고 새로 저금리로 채권을 발행할 목적으로 주로 활용한다.

정답   **01** ④   **02** ④   **03** ③   **04** ②

TOPIC 09 증권분석

❶ 기본적 분석

개요	① 기본적 분석 : 시장에서 증권에 대한 수요와 공급에 의해서 결정되는 시장가격이 그 증권의 내재가치(intrinsic value)와 동일하지 않을 수 있다는 전제하에 증권의 내재가치를 중점적으로 분석하는 방법 ② 내재가치가 추정되면 이를 시장가격과 비교함으로써 과소 또는 과대평가된 증권을 발견하고, 이에 따라 매입 또는 매도 투자결정을 하여 초과수익을 추구함 ③ 기본적 분석에는 경제분석, 산업분석, 기업분석으로 이어지는 환경적 분석과 재무제표를 중심으로 기업의 재무상태와 경영성과를 평가하는 재무적 분석이 포함됨
하향식 (Top-down) 분석	① 일반 경제 → 특정산업 → 최종적으로는 기업자체를 검토하는 분석방법 ② 호황기에는 강한 기업이나 약한 기업 모두 높은 실적을 거두지만 불황기에는 강한 기업까지도 번창하기 어렵기 마련임
상향식 (Bottom-up) 분석	① 투자 가망 회사에 초점을 두고 개별 기업의 사업, 재무, 가치 등 투자자가 선호할 만한 것들을 보유한 기업을 선택 → 산업과 시장에 대해 그 기업을 비교함 ② 내재가치보다 저평가된 주식을 찾아 장기적으로 보유하고 있으면 언젠가는 적정가치를 찾아가리라는 믿음을 갖고 투자하는 방법

❷ 기술적 분석

의미	① 기술적 분석은 과거의 증권가격 및 거래량의 추세와 변동패턴에 관한 역사적인 정보를 이용하여 미래 증권가격의 움직임을 예측하는 분석기법 ② 주로 과거 주가흐름을 보여주는 주가 차트(chart)를 분석하여 단기적인 매매 타이밍을 잡는 데 이용
특징	① 기술적 분석은 과거 증권가격 움직임의 모습이 미래에도 반복된다고 가정 ② 증권가격의 패턴을 결정짓는 증권의 수요와 공급이 이성적인 요인뿐만 아니라 비이성적인 요인이나 심리적 요인에 의해서도 결정된다는 것을 전제함

❸ 기업정보

기업공시 정보	① 상장기업은 기업공시제도(corporate disclosure system)에 따라 자사 증권에 대한 투자판단에 중대한 영향을 미칠 수 있는 중요한 기업 정보를 반드시 공시하도록 되어 있음 ② 투자자가 기업의 실체를 정확히 파악하여 투자결정을 할 수 있도록 함으로써 증권시장 내의 정보의 불균형을 해소하고 증권거래의 공정성을 확보하여 투자자를 보호하는 기능을 하게 됨 ③ 투자자 입장에서는 기업공시 내용이 중요한 투자정보가 되고, 공시내용의 중요성에 따라 증권의 가격에도 적지 않은 영향을 미치게 됨 ④ 그러나 공시정보를 사전에 유출하는 것은 불법이기 때문에 사전정보를 이용한 투자는 사실상 어려우며, 발표된 공시정보는 비교적 효율적으로 증권가격에 반영되어 사후적으로 공시정보를 활용한 투자는 별로 도움이 되지 못한다는 견해도 있음
경영실적 정보	① 주식시장에서 가장 중요한 정보는 기업의 실적임 ② 일반적으로 상장기업의 경우에는 매 분기마다 매출액, 영업이익, 당기순이익 등의 주요한 재무정보를 발표하도록 되어 있음 ③ 이러한 실적 발표는 실제로 주가에 커다란 영향을 미치므로 증권회사 애널리스트를 비롯한 수많은 전문가들이 사전에 주요 기업의 실적을 예측하여 발표하게 됨 ④ 실적 예상치가 어느 정도 주가에 미리 반영되기 때문에 실제로 발표일의 주가는 절대적인 실적의 증감보다는 예상을 상회 또는 하회하는지에 따라 변동하게 됨 ⑤ 예상을 크게 상회하는 경우는 '어닝 서프라이즈(earning surprise)'라고 하여 주가가 크게 상승하고, 예상에 크게 못 미칠 때에는 '어닝 쇼크(earning shock)'라고 하여 주가가 폭락하는 경우도 있음
지배구조 및 경영권 정보	① 투자자 입장에서는 자신이 투자한 기업의 가치가 해당 기업의 영업이익뿐 아니라 같은 그룹 내 계열회사의 실적과도 밀접하게 연관되게 됨 ② 자회사에 대한 지분보유를 목적으로 설립된 지주회사(holding company)의 경우는 자회사의 실적이 특히 중요함 ③ 기업의 경영권과 관련된 정보도 주가에 상당한 영향을 미치는데, 우선 기업 인수합병(M&A)은 인수기업 및 피인수기업의 주가를 크게 움직이는 대표적인 테마임 ④ 특히 적대적 M&A 시도로 인한 지분경쟁의 경우에는 피인수기업의 주가가 급등하지만 실패로 끝나면 주가가 폭락할 수도 있음 ⑤ 대주주 사이에 경영권 분쟁이 발생하면 지분확보를 위한 경쟁으로 주가가 급등하게 되지만 기업 가치와 무관하게 변동한 주가는 결국 제자리로 되돌아오거나 분쟁으로 인해 오히려 기업가치가 훼손될 수 있다는 점에서 투자에 유의해야 함
유행성 정보	① 주식시장에서는 갑자기 출현한 이슈나 재료에 따라 주가가 급등락하는 경우가 있음 ② 특히 비슷한 이슈를 가진 여러 종목의 주가가 동반 상승하는 '테마주'를 형성하기도 하는데, 이런 유행성 정보는 일시적 현상에 그치는 경우가 대부분이며 많은 경우 실적이 뒷받침되지 않으면서 루머에 따라 급등락하기 때문에 일반투자자는 조심해야 함 ③ 때로는 이러한 현상이 집단적 심리현상으로 특정 업종 전반에 널리 퍼지면서 거품(bubble)을 형성하기도 함

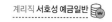

❹ 재무비율 분석

개요	① 기업의 재무상태와 경영성과를 객관적으로 파악할 수 있는 가장 중요한 자료는 재무상태표와 손익계산서로 대표되는 재무제표임 ② 모든 상장기업은 반드시 정기적으로 재무제표를 작성하고 회계감사를 받아 공개해야 함. 만약 고의나 실수로 잘못된 회계정보를 제공할 경우에는 법적인 책임을 지게 됨 ③ 일반인들이 기업의 재무제표를 면밀하게 분석하는 것은 어렵기 때문에 중요한 정보만을 정리하여 간결한 수치로 나타내어 분석하는것을 재무비율분석함 ④ 대표적인 재무비율 지표에는 레버리지비율, 유동성비율, 활동성비율, 수익성비율 등이 있음
레버리지 비율	① 레버리지비율(leverage measures) : 기업이 자산이나 자기자본에 비하여 부채를 얼마나 사용하고 있는가를 보여줌 ② 일반적인 부채비율은 총자산 대비 총부채로 측정하지만 종종 자기자본 대비 총부채의 비중으로 측정되기도 함 → 부채비율＝총부채÷자기자본 ③ 부채의 레버리지 효과는 기업이익을 증폭시키기 때문에 주주 이익을 높이는 데 기여할 수 있으나 이익의 변동성을 크게 하여 재무 리스크를 높임 ④ 특히 과도한 부채는 기업의 파산가능성을 높이게 되므로 부채비율이 지나치게 높은 주식은 투자를 피하는 것이 좋음 ⑤ 제조업의 경우에는 대략 자기자본 대비 2배 이내의 부채를 가이드라인으로 삼고 있음 ⑥ **이자보상배율** : 부채에서 발생하는 이자비용을 같은 기간의 영업이익에 의해 얼마만큼 커버할 수 있는지를 살펴보는 지표 ⑦ 이자보상배율＝영업이익÷이자비용 ⑧ 이자보상배율이 높으면 이자비용을 커버하기에 충분한 영업이익이 있다는 뜻이고 이자보상배율이 1보다 작다면 영업이익으로 이자비용도 감당하지 못한다는 의미로 기업이 심각한 재무적 곤경에 처해 있다고 볼 수 있음
유동성지표	① **유동성지표**(liquidity measures) : 기업이 부담하고 있는 단기부채를 충분하게 상환할 수 있는 능력을 살펴보는 지표 ② 유동비율＝유동자산÷유동부채 ③ 1년 이내에 만기가 돌아오는 유동부채 대비 현금성이 있는 유동자산의 비율로 측정 ④ 유동자산에 포함되는 재고자산의 경우는 기업이 정상적인 영업 활동을 하기 위해 항상 필요한 자산이므로 이를 제외한 나머지 유동자산인 당좌자산만으로 유동성을 측정하는 당좌비율을 사용하기도 함 ⑤ 당좌비율＝(유동자산－재고자산)÷유동부채 ⑥ 유동성지표가 높을수록 단기부채를 상환하기 위한 유동자산 또는 당좌자산이 충분하다는 것을 뜻하지만 이 비율이 지나치게 높으면 불필요하게 많은 자금을 수익성이 낮은 현금성 자산으로 운용하고 있다는 의미도 있음

활동성 지표	① 활동성 지표(activity measures) : 기업이 보유자산을 얼마나 잘 활용하고 있는가를 보여 주는 지표 ② 주로 총자산 대비 매출액으로 측정한 자산회전율로 측정 ③ 자산회전율＝매출액÷총자산 　→ 자산회전율이 낮다면 매출이 둔화되었거나 비효율적인 자산에 투자하여 자산의 활용도가 낮다는 의미가 됨. 다만 철강, 자동차, 조선과 같이 자본집약적 산업은 자산회전율이 낮은 경향이있어서 산업별 특성을 고려하여 지표를 평가할 필요가 있음 ④ 매출액 대비 외상매출금의 평균회수기간이나 재고자산 대비 매출액으로 측정한 재고자산회전율도 활동성지표의 하나로 활용됨 ⑤ 평균회수기간＝(매출채권×365일)÷매출액 　→ 평균회수기간이 길면 매출이 감소했거나 느슨한 신용정책으로 대금회수가 느리다는 뜻임 ⑥ 재고자산회전율＝매출액÷재고자산 　→ 재고자산회전율이 하락하고 있으면 매출이 둔화되고 있거나 재고가 누적되어 있다는 의미가 됨
수익성 지표	① 수익성 지표(earnings measures)는 기업의 경영성과를 나타내며 가장 중요한 재무비율지표로 평가 됨 ② 매출액순이익률(Ration of Net income to Sales)＝당기순이익÷매출액 ③ 매출액영업이익률(Ration of Operating profit to Sales)＝영업이익÷매출액 　→ 당기순이익은 기업 본연의 영업활동과 상관없이 발생한 영업외 수익과 이자비용과 같은 영업외 비용의 영향을 받기 때문에 영업이익만으로 측정한 매출액영업이익률이 더 많이 사용됨 ④ 총자산이익률(ROA; Return on Asset)＝순이익÷총자산 　→ 기업이 자산을 활용하여 이익을 창출하는 능력 ⑤ 자기자본이익률(ROE; Return on Equity)＝순이익÷자기자본 　→ 주주의 몫인 자기자본을 얼마나 효율적으로 활용하여 이익을 창출하였는지를 보여주는 지표로 주주의 부를 극대화한다는 측면에서 주식시장에서 가장 중요한 재무비율 지표로 인식됨
유의사항	① 재무제표에 나타난 장부가치(book value)는 미래의 경제적 이익을 반영하는 주식시장의 시장가치(market value)와 괴리될 수밖에 없다는 점을 인식해야 함 　→ 근본적으로 회계정보는 과거의 결과를 정리한 것이고 주가는 미래의 가능성을 반영하고 있기 때문 ② 재무제표에 표시된 값은 시가보다 보수적으로 평가되어 작성될 수밖에 없으며 특히 화폐단위로 표시할 수 없는 항목, 즉 경영자의 능력, 기술개발력, 브랜드 가치와 같은 질적 정보를 고려하지 못한다는 한계가 있음. ③ 우선 기업마다 회계처리방법이 달라 재무비율의 단순 비교가 부적절한 경우가 많음 ④ 비율분석의 기준이 되는 표준비율 선정이 어려움 　→ 산업평균을 비교 기준으로 삼고 있으나 많은 기업들이 다각화된 제품구조를 가지고 있어 산업군을 분류하기 애매한 경우가 많음

❺ 주가배수평가

주가이익비율	① 주가이익비율(PER; Price Earning Ratio)＝주가÷주당순이익(EPS) ② 주식가격을 1주당 순이익(EPS; Earning Per Share)으로 나눈 값으로 기업이 벌어들이는 주당이익에 대해 증권시장의 투자자들이 어느 정도의 가격을 지불하고 있는가를 뜻함 ③ 주식 1주당 수익에 대한 상대적 주가수준을 나타낸다고 볼 수 있음 ④ 주가이익비율이 상대적으로 높으면 주가가 고평가되어 있다는 것을 의미하며 낮으면 저평가되어 있다는 것을 의미함 ⑤ 이때 비교 기준은 주로 유사위험을 지닌 주식들의 PER를 이용하거나 동종 산업의 평균 PER를 이용하는 방법, 해당 기업의 과거 수년간의 평균 PER를 이용하는 방법 등이 있음
주가장부 가치비율	① 주가장부가치비율(PBR; Price Book－value Ratio)＝주가÷주당순자산(BPS)＝주당시장가격÷주당장부가치 ② 시장가치(market value)를 나타내는 주가를 장부가치(book value)를 보여주는 주당순자산(BPS; book－value per share)으로 나눈 비율로, 주당 가치 평가시 시장가격과 장부가치의 괴리 정도를 평가하는 지표임 ③ 주당순자산은 기업 청산 시 장부상으로 주주가 가져갈 수 있는 몫을 나타냄 ④ PBR이 낮을수록 투자자는 낮은 가격에 주당순자산을 확보하게 됨 　→ PBR이 1보다 작다면 해당 기업이 지금의 장부 가치로 청산한다고 해도 보통주 1주에 귀속되는 몫이 현재 주가보다 많다는 의미 ⑤ 그런데 회계원칙의 보수성 때문에 장부상 자산은 시장가격보다 낮은 가격으로 작성될 수밖에 없으며 경영자의 능력, 기술개발력, 브랜드 가치와 같이 질적인 항목은 순자산에 반영되지 못하고 있어 일반적으로 주식의 PBR은 1보다 큰 값을 가짐 ⑥ 물론 PBR이 지나치게 높으면 주가가 장부상의 기업 가치에 비해 고평가 되었다고 인식되지만 미래 성장성이 큰 기업의 주가는 PBR이 높은 경향이 있음 ⑦ 따라서 PER와 마찬가지로 PBR 역시 해당 기업의 과거 수년 동안 평균값이나 그 기업이 속한 산업의 평균값과 비교하여 자산 가치 대비 현재 주가수준의 적정여부를 판단하는 기준으로 사용하는 것이 좋음

TOPIC 09 확인문제 증권분석

01 〈보기〉에서 증권투자 또는 증권분석에 대한 설명으로 옳은 것을 모두 고른 것은? 22. 계리직

─────〈보기〉─────
ㄱ. 무상증자와 주식배당은 주주들의 보유 주식 수가 늘어나고, 주주의 실질 재산에는 변동이 없다는 점에서 유사하다.
ㄴ. 전환사채(CB)·신주인수권부사채(BW)는 보유자에게 유리한 선택권이 주어지기 때문에 다른 조건이 동일하다면 일반사채에 비해 높은 금리로 발행된다.
ㄷ. 우선주와 채권은 회사경영에 대한 의결권이 없고, 법인이 우선주 배당금 또는 채권 이자 지급 시 비용처리를 할 수 없다는 공통점이 있다.
ㄹ. 이자보상배율이 높으면 이자 비용을 충당하기에 충분한 영업이익이 있다는 뜻이고 이자보상배율이 1보다 작다면 기업이 심각한 재무적 곤경에 처해 있다고 볼 수 있다.

① ㄱ, ㄷ   ② ㄱ, ㄹ   ③ ㄴ, ㄷ   ④ ㄴ, ㄹ

02 기본적 분석에 대한 설명으로 옳지 않은 것은?

① 기본적 분석에는 경제분석, 산업분석, 기업분석으로 이어지는 환경적 분석과 재무제표를 중심으로 기업의 재무상태와 경영성과를 평가하는 재무적 분석이 포함된다.
② 기본적 분석에서 하향식(Top−down) 분석은 일반 경제 → 특정산업 → 최종적으로는 기업 자체를 검토하는 분석방법이다.
③ 기본적 분석은 시장에서 증권에 대한 수요와 공급에 의해서 결정되는 시장가격이 그 증권의 내재가치(intrinsic value)와 동일하지 않을 수 있다는 전제하에 증권의 내재가치를 중점적으로 분석하는 방법이다.
④ 기본적 분석은 과거 주가흐름을 보여주는 주가 차트(chart)를 분석하여 단기적인 매매 타이밍을 잡는 데 이용한다.

03 기업정보에 대한 설명으로 옳지 않은 것은?

① 상장기업은 기업공시제도(corporate disclosure system)에 따라 자사 증권에 대한 투자판단에 중대한 영향을 미칠 수 있는 중요한 기업 정보를 반드시 공시하도록 되어 있다.

② 예상을 크게 상회하는 경우는 '어닝 서프라이즈(earning surprise)', 예상에 크게 못 미칠 때에는 '어닝 쇼크(earning shock)'라고 한다.

③ 특히 적대적 M&A 시도로 인한 지분경쟁의 경우에는 피인수기업의 주가가 급락하는 경향이 있다.

④ 유행성 정보로 인해 비슷한 이슈를 가진 여러 종목의 주가가 동반 상승하는 '테마주'를 형성하기도 한다.

01

04 다음은 재무비율에 대한 설명이다. 옳은 것을 모두 고르시오.

───〈 보기 〉───

ㄱ. 부채비율＝총부채÷자기자본

ㄴ. 당좌비율＝(유동자산－재고자산)÷유동부채

ㄷ. 자산회전율＝당기순이익÷총자산

ㄹ. 주가이익비율＝주가÷주당순자산

① ㄱ, ㄴ   ② ㄱ, ㄹ   ③ ㄴ, ㄷ   ④ ㄷ, ㄹ

정답찾기

01 ㄴ. 전환사채(CB)·신주인수권부사채(BW)는 보유자에게 유리한 선택권이 주어지기 때문에 다른 조건이 동일하다면 일반사채에 비해 낮은 금리로 발행된다.
ㄷ. 법인이 채권의 이자를 지급하는 경우에는 비용처리를 할 수 있지만, 우선주 배당금을 지급하는 경우에는 법인의 비용처리가 불가하다.

02 ④ 기술적 분석은 과거 주가흐름을 보여주는 주가 차트(chart)를 분석하여 단기적인 매매 타이밍을 잡는 데 이용한다.

03 ③ 특히 적대적 M&A 시도로 인한 지분경쟁의 경우에는 피인수기업의 주가가 급등하지만 실패로 끝나면 주가가 폭락할 수도 있다.

04 ㄷ. 자산회전율＝매출액÷총자산
ㄹ. 주가이익비율(PER; Price Earning Ratio)＝주가÷주당순이익(EPS)

정답   **01** ②   **02** ④   **03** ③   **04** ①

Chapter
04 우체국 금융 일반현황

TOPIC
10 우체국 금융 일반현황

❶ 연혁

2000년 이전	① 1905년 우편저금과 우편환, 1929년 우편보험을 실시한 이후 ② 1977년 농업협동조합으로 이관 ③ 1982년 12월 제정된 「우체국예금·보험에 관한 법률」에 의거 1983년 1월부터 금융사업의 재개 ④ 1990년 6월에 전국 우체국의 온라인망이 구축 ⑤ 1995년에는 우체국 전산망과 은행전산망이 연결되어 전국을 하나로 연결하는 편리한 우체국 금융서비스를 제공할 수 있는 큰 틀을 갖춤
2000년 이후	① 2000년 7월부터는 우정사업의 책임경영체제 확립을 위해 정보통신부(현 과학기술정보통신부) 산하에 우정사업본부를 설치하여 우정사업을 총괄 ② 2007년 우체국금융의 내실화 있는 성장과 책임경영 강화를 위하여 우체국예금과 보험의 조직을 분리하여 운영 ③ 2011년부터 건전한 소비문화 조성을 위한 우체국 독자 체크카드 사업을 시작 ④ 2012년 스마트금융 시스템 오픈 ⑤ 2018년 농어촌 등 금융소외 지역 서민들의 금융편익 증진 및 자산형성 지원을 위한 대국민 우체국 펀드판매를 실시 ⑥ 2019년 우체국 스마트뱅킹 전면 개편 ⑦ 2023년 차세대 금융시스템 도입, 국가기관 최초로 마이데이터(본인신용정보관리업) 본허가를 획득

❷ 업무범위

우체국 금융 일반	① 우체국의 금융 업무 : 「우정사업운영에 관한 특례법」에서 고시하는 우체국예금, 우체국 보험, 우편환·대체, 외국환업무, 체크카드, 펀드판매, 전자금융서비스 등이 있음 ② 우체국금융의 경영주체는 국가 : 사업의 영리만을 목적으로 하지 아니하며, 우체국예금의 원금과 이자 그리고 우체국보험의 보험금 등은 국가가 법으로 전액 지급을 보장함 ③ 우체국금융은 은행법에 따른 은행업 인가를 받은 일반은행이나 보험업법에 따른 보험업 인가를 받은 보험회사와는 달리 「우체국예금·보험에 관한 법률」등 소관 특별법에 의해 운영되는 국영금융기관으로 대출, 신탁, 신용카드 등 일부 금융 업무에 제한을 받고 있음

우체국 예금	① 우체국예금 : 「우체국예금·보험에 관한 법률」에 따라 우체국에서 취급하는 예금
	② 우체국예금 상품은 크게 요구불예금과 저축성예금으로 구분할 수 있으며, 예금상품의 구체적인 종류 및 가입대상, 금리 등은 과학기술정보통신부장관이 정하여 고시하도록 하고 있음
	③ 예금 자체에 있어서는 타 금융기관 예금과 다를 바 없으나 일반법인 민법·상법에 의해 취급되는 타 금융기관 예금과는 달리 우체국예금은 소관법에 의하여 취급되어 특별법 우선 원칙에 따라 소멸시효 및 무능력자의 행위 등에 관하여 일반법과는 달리 특별 규정을 가짐
	④ 금융기관의 건전성관리를 기준으로 볼 때 우체국예금과 일반은행과의 주요 차이는 다음과 같음
	   – 주식 발행이 없으므로 자기자본에 자본금 및 주식발행 초과금이 없음
	   – 타인자본에는 예금을 통한 예수부채만 있고, 은행채의 발행 등을 통한 차입 혹은 금융기관 등으로 부터의 차입을 통한 차입부채는 없음
	   – 우편대체 계좌대월 등 일부 특수한 경우를 제외하고는 여신이 없음. 단, 환매조건부채권 매도 등을 통한 차입부채는 있을 수 있음

우체국 보험	① 우체국보험 : 「우체국예금·보험에 관한 법률」에 따라 우체국에서 피보험자의 생명·신체의 상해(傷害)를 보험사고로 하여 취급하는 보험 ② 우체국보험은 동법에 따라 계약 보험금 한도액이 보험종류별로 피보험자 1인당 4천만 원으로 제한됨 ③ 우체국보험의 종류는 보장성보험, 저축성보험, 연금보험이 있음 ④ 각 보험의 종류에 따른 상품별 명칭, 특약, 보험기간, 보험료납입 기간, 가입연령, 보장 내용 등은 우정사업본부장이 정하여 고시함
기타 금융업무	① 우체국에서 취급하는 금융 관련 업무로는 우편환, 우편대체, 체크카드, 집합투자증권(펀드) 판매, 외국환, 전자금융 업무가 있음 ② 또한, 전국 우체국 금융창구를 업무 제휴를 통해 민영금융기관에 개방하여 신용카드 발급, 증권계좌 개설, 결제대금 수납, 은행 입·출금서비스 제공 노란우산 공제 판매 대행, 건설근로자퇴직공제금 접수대행 등 타 금융기관 업무를 대리 수행하며 민영금융기관의 창구망 역할을 대행하고 있음 ③ 비대면 금융서비스의 확대에 따라 일반 금융기관들이 영업점을 줄이고 있는 추세를 감안할 때 우체국 금융 창구망을 통한 보편적 금융서비스 제공은 농·어촌지역에도 도시지역과 동일한 수준의 금융서비스를 제공하여 도시·농어촌간의 금융서비스 격차를 해소하는 데 크게 기여하고 있음

③ 역할

보편적 금융서비스의 제공	① 민간 금융기관에서 기피하는 농어촌 및 도서산간 지역과 같은 상대적 소외 지역의 국민들은 금융 접근성 부재에 직면해 있음 ② 우체국금융은 수익성과 관계없이 전국적으로 고르게 분포되어 있는 우체국 국사를 금융창구로 운영하며 기본적인 금융서비스를 제공할 뿐만 아니라 민간 금융기관과의 다양한 제휴를 통해 시중은행 수준의 금융상품 및 서비스를 제공함으로써 국민들에게 지역 차별 없는 금융 접근성을 제공하고 있음
우편사업의 안정적 운영 지원	① 우체국의 우편서비스는 정보통신 기술발달에 따른 우편 물량 감소 등의 어려운 사업 환경 변화에 직면해 있음 ② 이에 우체국은 금융 사업을 함께 영위하며 금융 사업에서 발생한 수익의 일부를 지원하는 등 우편서비스의 지속적인 운영에 이바지하고 있음
국가 재정 및 경제 회복 지원	① 우체국금융에서 발생하는 이익잉여금을 통해 일반회계 전출(국가 재정으로의 이익금 귀속)과 공적자금 상환기금 등을 지원하고 있음 ② 우체국은 「국가재정법」 및 「정부기업예산법」에 의거 IMF 외환 위기인 1998년부터 현재까지 사업상 이익 발생 시 이익금 중 일부를 국가 재정으로 귀속하고 있으며, 우체국이 공적자금을 지원받지 않음에도 불구하고 금융시장 안정과 타 금융기관 정상화 등 금융구조조정 지원을 위해 2004년부터 현재까지 매년 공적자금상환기금을 출연하여 지원하는 등 국가 재정 및 경제회복 지원을 위한 국영금융기관으로서의 역할을 충실히 수행 중에 있음 ③ 「공공자금관리기금법」에 의해 우체국 금융자금 중 일부를 공공자금관리기금에 예탁함으로써 국가의 재정 부담을 완화하고, 중소·벤처기업 지원 등 공적 목적의 투자를 수행함으로써 금융위기 등 급격한 경기침체 시에 기업의 연쇄 도산을 막는 역할에 기여하고 있음
서민경제 활성화 지원	① 우체국금융은 금융상품과 서비스 제공에 있어서 공공적 역할을 수행함 ② 서민경제 지원을 위하여 기초생활보호대상자, 장애인, 소년소녀가장, 다문화 가정 등 사회적 취약계층과 서민·소상공인을 대상으로 한 다양한 금융상품과 금융서비스를 출시하여 자산형성을 지원함 ③ 보험료 부담을 경감하고 금융 수수료 면제 혜택, 우체국 네트워크를 활용한 긴급재난지원금 등 각종 정부 지원금 사업 신청 대행접수, 사회공헌 활동 등을 통해 국영금융기관의 공익적 역할을 수행함 ④ 우체국공익재단에서는 전국의 우체국 네트워크를 활용한 민관협력 활동과 아동청소년의 건강한 성장 지원을 위한 미래세대 육성, 의료 사각지대에 놓인 소외된 이웃을 위한 의료복지 인프라 기반 조성, 자연 생태계 조성과 같은 지속가능친환경 활동을 수행 중에 있음

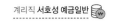

추가자료

◎ **국내 예금취급기관의 예금자보호 비교**

구분	주요내용
우체국예금	우체국예금·보험에 관한 법률에 의해 국가가 전액 지급 보장
은행, 저축은행	예금자보호법에 따라 1인당 최고 5천만 원(세전)까지 지급 보장
상호금융 (농·축협, 신협, 새마을금고 등)	소관 법률 내 예금자보호준비금을 통하여 5천만 원까지 지급 보장 - 2금융권은 각각 영업점이 독립 법인체로 운영되므로 거래하는 각 사업체별로 예금자보호 적용 - 각 지역 본점은 각각 5천만 원까지 보호되며, 해당 지역 본점과 지점의 예금은 합산하여 5천만 원까지 보호

◎ **우체국금융 관련 소관 법령**

법률	대통령령	부령
우정사업운영에 관한 특례법	우정사업운영에 관한 특례법 시행령	-
우체국예금·보험에 관한 법률	우체국예금·보험에 관한 법률 시행령	우체국예금·보험에 관한 법률 시행규칙 체신관서의 국채·공채 매도 등에 관한 규칙
우체국보험특별회계법	우체국보험특별회계법 시행령	우체국보험특별회계법 시행규칙
우체국창구업무의 위탁에 관한 법률	우체국창구업무의 위탁에 관한 법률 시행령	우체국창구업무의 위탁에 관한 법률 시행규칙
우편환법	우체국어음교환소 참가규정	우편환법 시행규칙 국제환 규칙
우편대체법	-	우편대체법 시행규칙
-	체신관서 현금출납 규정	체신관서의 국채·공채매도 등에 관한 규칙

TOPIC 10 확인문제 우체국 금융 일반현황

01 〈보기〉에서 우체국 금융의 업무 범위에 해당하는 것의 총 개수는? 24. 계리직

┌─────────────────〈 보기 〉─────────────────┐
ㄱ. 체크카드　　　　　　　　　ㄴ. 펀드판매
ㄷ. 증권계좌개설　　　　　　　ㄹ. 전자금융서비스
ㅁ. 우편환 · 대체　　　　　　　ㅂ. 신탁
└──────────────────────────────────────┘

① 2개　　　　　② 3개　　　　　③ 4개　　　　　④ 5개

02 우체국금융에 대한 설명으로 옳은 것은? 22. 계리직

① 1905년부터 우편저금, 우편환과 우편보험을 실시하였다.
② 1982년 12월 제정된 「우체국예금 · 보험에 관한 법률」에 의거하여 1983년 1월부터 금융사업이 재개되었다.
③ 우체국의 금융업무에는 우체국예금, 우체국보험, 주택청약저축, 신탁, 펀드판매 등이 있다.
④ 우체국예금의 타인자본에는 예금을 통한 예수부채와 채권의 발행 등을 통한 차입부채가 있다.

03 우체국금융의 업무범위에 대한 설명으로 옳지 않은 것은?

① 우체국의 금융 업무는 「우정사업운영에 관한 특례법」에서 고시하는 우체국예금, 우체국보험, 우편환 · 대체, 외국환업무, 신용카드와 체크카드 발급, 펀드판매, 전자금융서비스 등이 있다.
② 우체국금융의 경영주체는 국가로, 사업의 영리만을 목적으로 하지 아니하며, 우체국예금의 원금과 이자 그리고 우체국보험의 보험금 등은 국가가 법으로 전액 지급을 보장한다.
③ 우편대체 계좌대월 등 일부 특수한 경우를 제외하고는 여신이 없다. 단, 환매조건부채권 매도 등을 통한 차입부채는 있을 수 있다.
④ 우체국은 주식 발행이 없으므로 자기자본에 자본금 및 주식발행 초과금이 없다.

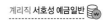

04 다음은 우체국금융의 역할에 대한 설명이다. 옳은 것을 모두 고르시오.

> ─── 〈 보기 〉 ───
>
> ㄱ. 우체국금융은 수익성과 관계없이 전국적으로 고르게 분포되어 있는 우체국 국사를 금융창구로 운영하며 기본적인 금융서비스를 제공한다.
>
> ㄴ. 민간 금융기관과의 다양한 제휴를 통해 시중은행 수준의 금융상품 및 서비스를 제공한다.
>
> ㄷ. 우체국금융에서 발생하는 자본잉여금을 통해 일반회계 전출(국가 재정으로의 이익금 귀속)과 공적자금 상환기금 등을 지원하고 있다.
>
> ㄹ. 우체국금융은 금융상품과 서비스 제공에 있어서 우체국의 이윤추구를 목적으로 한다.

① ㄱ, ㄴ   ② ㄱ, ㄹ   ③ ㄴ, ㄷ   ④ ㄷ, ㄹ

01

정답찾기

01 신탁, 신용카드 발행 등은 우체국 금융의 업무범위가 아니다.

02 ① 우체국금융은 1905년 우편저금과 우편환, 1929년 우편보험을 실시한 이후 전국 각지에 고루 분포되어 있는 우체국을 금융창구로 활용하여 국민들에게 각종 금융서비스를 제공하고 있다.
③ 우체국의 금융 업무는 「우정사업운영에 관한 특례법」에서 고시하는 우체국예금, 우체국보험, 우편환·대체, 외국환업무, 체크카드, 펀드판매, 전자금융서비스 등이 있다. 신탁, 신용카드 발행 등은 우체국 금융의 업무범위가 아니다.
④ 금융기관의 건전성 관리를 기준으로 볼 때 우체국예금은 일반은행과 달리 타인자본에는 예금을 통한 예수부채만 있고, 은행채의 발행 등을 통한 차입 혹은 금융기관 등으로부터의 차입을 통한 차입부채는 없다.

03 ① 우체국의 금융 업무는 「우정사업운영에 관한 특례법」에서 고시하는 우체국예금, 우체국보험, 우편환·대체, 외국환업무, 체크카드, 펀드판매, 전자금융서비스 등이 있다. 신용카드는 발급하지 않는다.

04 ㄷ. 우체국금융에서 발생하는 이익잉여금을 통해 일반회계 전출(국가 재정으로의 이익금 귀속)과 공적자금 상환기금 등을 지원하고 있다. 우체국은 주식을 발행하지 않으므로 자본잉여금은 존재하지 않는다.
ㄹ. 우체국금융은 사기업이 아니므로 금융상품과 서비스 제공에 있어서 공공적 역할을 수행한다.

서호성 계리직 예금일반

Part

02

우체국 금융제도

Chapter

05 예금업무개론

TOPIC

11 예금계약

❶ 예금거래의 법적 성질

소비임치계약	① 소비임치계약 : 수취인이 보관을 위탁받은 목적물의 소유권을 취득하여 이를 소비한 후 그와 같은 종류·품질 및 수량으로 반환할 수 있는 특약이 붙어 있는 것을 내용으로 하는 계약 ② 예금계약은 예금자가 금전의 보관을 위탁하고 금융회사가 이를 승낙하여 자유롭게 운용하다가 같은 금액의 금전을 반환하면 되는 소비임치계약임 ③ 그러나 당좌예금은 위임계약과 소비임치계약이 혼합된 계약임
상사계약	① 금융회사는 상인이므로 금융회사와 체결한 예금계약은 상사임치계약이므로 예금채권은 5년의 소멸시효에 걸림 ② 민사임치의 경우와는 달리 금융회사는 임치물에 대하여 주의의무가 가중되어 선량한 관리자의 주의의무를 부담 ③ 선량한 관리자의 주의의무란 그 사람이 종사하는 직업 및 그가 속하는 사회적인 지위 등에 따라 일반적으로 요구되는 주의의무를 말함 ④ 따라서 예금업무를 처리함에 있어서 금융회사 종사자에게 일반적으로 요구되는 정도의 상당한 주의를 다해야만 면책됨
부합계약	① 부합계약 : 계약당사자의 일방이 미리 작성하여 정형화해 둔 일반거래약관에 따라 체결되는 계약 ② 예금계약은 금융회사가 예금거래기본약관 등을 제정하고 이를 예금계약의 내용으로 삼는다는 점에서 부합계약임 ③ 따라서 예금거래기본약관은 그 내용이 공정하여야 하며, 거래처와 계약을 체결함에 있어 금융회사는 약관의 내용을 명시하고 중요내용을 설명하여야만 예금계약이 성립함
쌍무계약· 편무계약	① 쌍무계약 : 계약의 각 당사자가 서로 대가적 의미를 가지는 채무를 부담하는 계약 ② 편무계약 : 당사자의 일방만이 채무를 부담하거나 또는 쌍방이 채무를 부담하더라도 그 채무가 서로 대가적 의미를 갖지 않는 계약
낙성계약· 요물계약	① 낙성계약 : 계약당사자간의 합의만으로도 성립하는 계약 ② 요물계약 : 합의 이외에 물건의 인도 기타의 급부를 하여야만 성립하는 계약 ③ 오늘날에는 금융회사의 예금계약 체결 시에 그러한 금전의 인도를 요하지 않은 예금(0원으로 통장개설)이 늘어가고 있는 실정을 감안하면 낙성계약이 대두되고 있음

2 각종 예금계약의 법적구조

보통예금 · 저축 예금	① 보통예금 · 저축예금은 반환기간이 정하여지지 않아 언제든지 입 · 출금을 자유롭게 할 수 있음 ② 질권 설정이 금지되어 있으나 다만 금융회사가 승낙하면 양도는 가능 ③ 한편 최종 입금 또는 출금이 있으면 그 잔액에 대하여 하나의 새로운 예금채권이 성립하므로 그 예금채권의 소멸시효는 입금 또는 출금이 있는 때로부터 새로이 진행됨 〈우체국 예금거래 기본약관〉 제11조(지급시기) 입출금이 자유로운 예금은 예금주가 찾을 때에 지급한다. 제12조(양도 및 질권설정) ① 예금주가 예금을 양도하거나 질권설정하려면 사전에 우체국에 통지하고 동의를 받아야 한다. 다만, 법령으로 금지되는 경우에는 양도나 질권설정을 할 수 없다. ② 입출금이 자유로운 예금은 질권설정 할 수 없다.
정기예금	① 정기예금은 예치기간이 약정된 금전소비임치계약 ② 기한이 도래하지 않음으로써 그기간 동안 당사자가 받는 이익을 기한의 이익이라고 하는데, 거치식예금 약관 제2조는 이예금은 약정한 만기일 이후 거래처가 청구한 때에 지급한다고 규정하여 기한의 이익이 금융회사에 있음을 명확히 하고 있음 ③ 따라서 예금주는 원칙적으로 만기일 전에 예금의 반환을 청구할 수 없음. 다만, 거래처에게 부득이한 사유가 있는 때에는 만기 전이라도 지급할 수 있음
정기적금	① 정기적금 : 월부금을 정해진 회차에 따라 납입하면 만기일에 금융회사가 계약액을 지급하겠다는 계약 ② 또한 계약의 당사자 일방만이 채무를 부담하거나 또는 쌍방이 채무를 부담하더라도 그 채무가 서로 대가적 의미를 갖지 않는 편무계약으로 가입자는 월부금을 납입할 의무가 없음
별단예금	① 별단예금 : 각종 금융거래에 수반하여 발생하는 미정리예금 · 미결제예금 · 기타 다른 예금종목으로 처리가 곤란한 일시적인 보관금 등을 처리하는 예금계정 ② 각각의 대전별로 그 법적 성격이 다름
상호부금	① 상호부금은 일정한 기간을 정하여 부금을 납입하게 하고 기간의 중도 또는 만료 시에 부금자에게 일정한 금전을 급부할 것을 내용으로 하는 약정 ② 종래 실무계에서는 거래처가 부금을 납입할 의무를 부담하고 금융회사는 중도 또는 만기 시에 일정한 급부를 하여야 하는 쌍무계약의 성질을 지닌 것으로 보아왔으나 상호부금의 예금적 성격을 강조하여 정기적금과 동일하게 편무계약으로 보아야 한다는 견해도 현재 유력하게 주장되고 있음
당좌예금	① 당좌예금 어음 · 수표의 지급 사무처리의 위임을 목적으로 하는 위임계약과 금전소비임치계약이 혼합된 계약 ② 따라서 당좌거래계약에 있어서 무엇보다 중요한 것은 지급사무에 관하여 위임을 받은 금융회사는 당좌수표나 어음금의 지급 시 선량한 관리자의 주의의무를 다하여야 한다는 데 있음

❸ 예금계약의 성립 – 현금에 의한 입금

창구입금의 경우	① 예금계약을 요물소비임치계약으로 보는 견해에 의하면 예금의사의 합치와 요물성의 충족이 있으면 예금계약이 성립한다고 봄 ② 예금의사의 합치란 막연히 예금을 한다는 합의와 금전의 인도가 있었던 것으로는 부족하고, 어떤 종류·어떤 이율·어떤 기간으로 예금을 하겠다는 의사의 합치가 있는 경우를 말함 ③ 예금자가 예금계약의 의사를 표시하면 금융회사에 금전을 제공하고, 금융회사가 그 의사에 따라서 그 금전을 받아서 확인하면 요물성이 충족된 것으로 봄 ④ 예금거래기본약관도 현금입금의 경우, 예금계약은 금융회사가 금원을 받아 확인한 때에 성립하는 것으로 규정하고 있음 ⑤ 다만, 예금계약은 금융회사와 거래처와의 예금을 하기로 하는 합의에 의해 성립하며, 반드시 입금자원의 입금이 있어야 하는 것이 아니라는 낙성계약설에 의하면 위와 같은 예금의 성립시기 문제를 예금반환청구권의 성립시기 문제로 다루게 된다는 점에 유의하여야 함
점외수금의 경우	① 점외수금의 경우에는 그 수금직원이 영업점으로 돌아와 수납직원에게 금전을 넘겨주고 그 수납직원이 이를 확인한 때에 예금계약이 성립하는 것으로 보아야 함 ② 그러나 영업점 이외에서 예금을 수령할 수 있는 대리권을 가진 자, 예컨대 지점장(우체국장) 또는 대리권을 수여받은 자 등이 금전을 수령하고 이를 확인한 때에는 즉시 예금 계약이 성립하는 것으로 보아야 함
ATM에 의한 입금의 경우	① ATM(Automated Teller Machine)：현금자동입출금기 ② 고객이 ATM의 예입버튼을 누르면 예금신청이 있다고 봄 → 예금자가 ATM의 현금투입박스에 현금을 투입한 때에 현금의 점유이전이 있다고 보아야 함 → ATM이 현금계산을 종료하여 그 금액이 표시된 때에 예금계약이 성립한다고 보아야 할 것임 ③ 그러나 ATM의 조작은 예금주 자신에 의하여 이루어지고 최종적으로 그 현금이 금융회사에 인도되는 것은 예금주가 확인버튼을 누른 때이므로, 예금계약이 성립하는 시기는 고객이 확인버튼을 누른 때라고 보는 것이 통설임

④ 예금계약의 성립－증권류에 의한 입금

타점권 입금의 경우	① 추심위임설과 양도설이 대립하고 있음 ② 추심위임설: 타점권 입금에 의한 예금계약의 성립시기에 관하여는 종래 타점권의 입금과 동시에 그 타점권이 미결제통보와 부도실물이 반환되지 않는 것을 정지조건으로 하여 예금계약이 성립한다고 보는 견해 ③ 양도설: 타점권의 입금과 동시에 예금계약이 성립하고 다만 그 타점권이 부도반환되는 경우에는 소급하여 예금계약이 해제되는 것으로 보는 견해 ④ 예금거래기본약관은 추심위임설의 입장을 취하여 증권으로 입금했을 때 금융회사가 그 증권을 교환에 돌려 부도반환시한이 지나고 결제를 확인했을때에 예금계약이 성립한다고 규정함 ⑤ 다만 타점발행의 자기앞수표로 입금할 경우에는 발행 금융회사가 사고신고 된 사실이 없고 결제될 것이 틀림없음을 확인하여 예금원장에 입금기장을 마친 때에도 예금계약은 성립함
자점권 입금의 경우	① 자점권으로 당해 점포가 지급인으로 된 증권의 경우에는 발행인이 당좌예금잔액을 확인하여 당좌예금계좌에서 액면금 상당을 인출한 다음 예입자의 계좌에 입금처리하면 예금계약이 성립함 ② 또한 실무상 잔액을 확인하지 않고 일단 입금기장하고 잔액을 나중에 처리할 경우에도 발행인의 잔액에서 수표액면금액이 현실로 인출되어 예입자의 계좌에 입금되지 않으면 예금계약이 성립하지 않음 ③ 예금거래기본약관도 개설점에서 지급하여야 할 증권은 그 날 안에 결제를 확인했을 경우에 예금이 된다고 규정하고 있음. 다만 자점 발행의 자기앞수표의 경우에는 입금 즉시 예금계약이 성립함

⑤ 예금계약의 성립－계좌송금

진행	계좌송금은 계좌송금신청인의 수탁영업점에 대한 송금신청 → 수탁영업점의 수취인의 예금거래영업점에 대한 입금의뢰 → 수취인의 예금거래영업점의 입금처리 형식으로 업무처리과정이 진행됨
구분	① 현금에 의한 계좌송금: 예금원장에 입금기장을 마친 때에 예금계약이 성립 ② 증권류에 의한 계좌송금: 증권류의 입금과 같은 시기에 예금계약이 성립

⑥ 약관일반

개요	① 약관이 계약당사자에게 구속력을 갖게 되는 근거는 계약당사자가 이를 계약의 내용으로 하기로 하는 명시적 또는 묵시적 합의가 있기 때문임 ② 약관의 장점 : 기업에게는 계약체결에 소요되는 시간·노력·비용을 절약할 수 있고 그 내용을 완벽하게 구성할 수 있음 ③ 약관의 단점 : 고객에게는 일방적으로 불리한 경우가 많음 ④ 이러한 일반거래약관의 양면성을 고려하여 기업거래의 효율화 및 소비자의 권익을 보호한다는 차원에서 우리나라는 1984. 10. 20. 「독점규제 및 공정거래에 관한 법률」을 제정하고, 1986. 12. 31. 「약관의 규제에 관한 법률」을 제정하여 약관의 공정성을 기하도록 제도화함
약관의 계약편입 요건	① 약관을 계약의 내용으로 하기로 하는 합의가 있어야 함 ② 약관의 내용을 명시하여야 함. 명시의 정도는 고객이 인지할 가능성을 부여하면 족하므로 사업자의 영업소에서 계약을 체결하는 경우 사업자는 약관을 쉽게 보이는 장소에 게시하고, 고객에게 약관을 교부하거나 고객이 원할 경우 가져갈 수 있어야 함 ③ 중요한 내용을 고객에게 설명하여야 함. 중요한 내용이란 계약의 해지·기업의 면책사항·고객의 계약위반시의 책임가중 등 계약체결여부에 영향을 미치는 사항을 말하며, 약관 외에 설명문 예컨대 통장에 인쇄된 예금거래 유의사항에 의해 성실하게 설명한 경우에는 중요내용의 설명의무를 다한 것으로 봄. 다만 계약의 성질상 대량·신속하게 업무를 처리하여야 하는 경우 등 설명이 현저히 곤란한 때에는 설명의무를 생략할 수 있음 ④ 계약 시 약관을 고객이 원하는 수단(영업점 직접수령, 이메일·문자 등 비대면 수령 등) 중 하나로 선택 후 교부하여야 함 ⑤ 계약내용이 공정하여야 함. 「약관의 규제에 관한 법률」은 불공정약관조항 여부를 판단하는 일반원칙으로서 신의성실의 원칙에 반하여 공정을 잃은 약관조항은 무효라고 선언하고 공정을 잃은 약관조항의 판단기준으로 고객에 대하여 부당하게 불리한 조항, 고객이 계약의 거래행태 등 제반사정에 비추어 예상하기 어려운 조항, 계약의 목적을 달성할 수 없을 정도로 계약에 따르는 본질적 권리를 제한하는 조항을 구체적으로 규정하여 이에 해당하는 약관조항을 불공정한 약관으로 추정하고 있음
약관의 해석원칙	① 약관은 기업 측에는 유리하고 고객의 입장에서는 내용의 변경을 요구할 수 없는 등 불리한 경향이 있으므로 일반적인 계약의 해석과는 다르게 적용되고 있음 ② 객관적·통일적 해석의 원칙 : 이는 약관은 해석자의 주관이 아니라 객관적 합리성에 입각하여 해석되어야 하며 시간, 장소, 거래상대방에 따라 달리 해석되어서는 안 된다는 원칙 ③ 작성자불이익의 원칙 : 약관의 의미가 불명확한 때에는 작성자인 기업 측에 불이익이 되고 고객에게는 유리하게 해석되어야 한다는 원칙 ④ 개별약정우선의 원칙 : 기업과 고객이 약관에서 정하고 있는 사항에 대하여 명시적 또는 묵시적으로 약관의 내용과 다르게 합의한 사항이 있는 경우에는 당해 합의사항을 약관에 우선하여 적용하여야 한다는 원칙

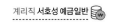

7 예금거래약관

개요	① 일반거래약관 : 계약당사자의 일방이 미리 작성하여 정형화시켜 놓은 계약조항 ② 부합계약 : 일반거래약관에 따라 체결되는 계약 ③ 금융회사의 예금계약은 대부분 부합계약의 형식을 가지며, 금융회사와 거래처 사이에 법률분쟁이 발생한 경우에, 그 해결은 예금거래약관의 해석에서 비롯됨
모든 금융회사의 통일적인 약관체계	① 각 금융회사가 독자적인 약관을 운영함으로써 거래처가 혼란에 빠지는 것을 방지하기 위하여 대한민국내의 모든 금융회사는 동일한 약관체계를 가지고 있음(단, 우체국의 경우 시중은행과의 근거법 및 제도운영상 차이로 인하여 일부분에 있어 차이가 존재) ② 우리나라는 금융회사 공동으로 예금거래에 관한 표준약관을 제정하고 그 채택과 시행은 각 금융회사가 자율적으로 하도록 하고 있음 ③ 다만 금융자율화의 진전으로 각 금융회사가 독립적인 상품을 개발함으로써 그 상품에 특유한 독자적인 약관을 보유하고 있음
단계별 약관체계	① 현행 예금거래약관은 모든 예금에 공통적으로 적용될 기본적인 사항을 통합 정리하여 규정한 예금거래기본약관 ② 각 예금종류별로 약관체계를 이원화하였다는 점에서 단계별 약관체계를 구성하고 있음
약관의 이원적 체계	① 현행 예금거래약관은 예금거래의 공통적인 사항을 정하고 있는 예금거래기본약관 ② 예금의 법적성질에 따라 입출금이 자유로운 예금약관과 거치식예금약관·적립식 예금약관의 이원적 체계로 구성 ③ 개별적인 예금상품의 특성에 따라 더 세부적인 내용을 약관이나 특약의 형식으로 정하고 있음 ④ 그러므로 예금계약에 대해서는 당해 예금상품의 약관이 우선적으로 적용되고 그 약관에 규정이 없는 경우에는 예금별 약관, 예금거래기본약관의 내용이 차례로 적용됨

02

TOPIC 11 확인문제 예금계약

01 예금거래의 법적성질 대한 설명으로 옳지 않은 것은?

① 예금계약은 예금자가 금전의 보관을 위탁하고 금융회사가 이를 승낙하여 자유롭게 운용하다가 같은 금액의 금전을 반환하면 되는 소비임치계약이다.

② 민사임치의 경우와는 달리 금융회사는 임치물에 대하여 주의의무가 가중되어 선량한 관리자의 주의의무를 부담한다.

③ 예금계약은 금융회사가 예금거래기본약관 등을 제정하고 이를 예금계약의 내용으로 삼는다는 점에서 부합계약이다.

④ 오늘날에는 금융회사의 예금계약 체결 시에 그러한 금전의 인도를 요하지 않은 예금이 늘어가고 있는 실정을 감안하면 요물계약이 대두되고 있다.

02 다음은 예금계약의 성립에 대한 설명이다. 옳은 것을 모두 고르시오.

〈보기〉

ㄱ. 창구입금의 경우 예금자가 예금계약의 의사를 표시하면 금융회사에 금전을 제공하고, 금융회사가 그 의사에 따라서 그 금전을 받아서 확인하면 요물성이 충족된 것으로 보아 예금계약이 성립한다.

ㄴ. 예금거래기본약관은 추심위임설의 입장을 취하여 증권으로 입금했을 때 금융회사가 그 증권을 교환에 돌려 부도반환시한이 지나고 결제를 확인했을때에 예금계약이 성립한다고 규정한다.

ㄷ. 점외수금의 경우에는 그 수금직원이 영업점으로 돌아와 수납직원에게 금전을 넘겨주고 그 수납직원이 이를 확인한 때에만 예금계약이 성립하는 것으로 본다.

ㄹ. ATM에 의한 입금의 경우 예금계약이 성립하는 시기는 고객이 확인버튼 후 바로 성립하지는 않는다고 본다.

① ㄱ, ㄴ   ② ㄱ, ㄷ   ③ ㄴ, ㄹ   ④ ㄷ, ㄹ

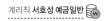

03 예금의 약관에 대한 설명으로 옳지 않은 것은?

① 약관의 장점은 기업에게는 계약체결에 소요되는 시간·노력·비용을 절약할 수 있고 그 내용을 완벽하게 구성할 수 있다는 것이다.

② 계약 시 약관을 반드시 서면으로 교부하여야 한다.

③ 「약관의 규제에 관한 법률」은 불공정약관조항 여부를 판단하는 일반원칙으로 계약의 내용이 공정해야 함을 명시하고 있다.

④ 개별약정우선의 원칙은 기업과 고객이 약관에서 정하고 있는 사항에 대하여 명시적 또는 묵시적으로 약관의 내용과 다르게 합의한 사항이 있는 경우에는 당해 합의사항을 약관에 우선하여 적용하여야 한다는 원칙이다.

02

04 다음은 예금거래 약관에 대한 설명이다. 옳은 것을 모두 고르시오.

─────────〈 보기 〉─────────

ㄱ. 예금거래 약관은 부합계약으로 특별거래약관에 따라 체결되는 계약이다.

ㄴ. 대한민국내의 모든 금융회사는 동일한 약관체계를 가지고 있다. 단, 우체국의 경우 시중은행과의 근거법 및 제도운영상 차이로 인하여 일부분에 있어 차이가 존재한다.

ㄷ. 기본거래약관과 예금종류별 약관체계는 통합되어 있다.

ㄹ. 예금계약에 대해서는 당해 예금상품의 약관이 우선적으로 적용되고 그 약관에 규정이 없는 경우에는 예금별 약관, 예금거래기본약관의 내용이 차례로 적용된다.

① ㄱ, ㄴ   ② ㄱ, ㄷ   ③ ㄴ, ㄹ   ④ ㄷ, ㄹ

정답찾기

01 ④ 오늘날에는 금융회사의 예금계약 체결 시에 그러한 금전의 인도를 요하지 않은 예금이 늘어가고 있는 실정을 감안하면 낙성계약이 대두되고 있다.

02 ㄷ. 영업점 이외에서 예금을 수령할 수 있는 대리권을 가진 자, 예컨대 지점장(우체국장) 또는 대리권을 수여받은 자 등이 금전을 수령하고 이를 확인한 때에는 즉시 예금계약이 성립하는 것으로 보아야 한다.

ㄹ. ATM에 의한 입금의 경우 예금계약이 성립하는 시기는 고객이 확인버튼을 누른 때라고 보는 것이 통설이다.

03 ② 계약 시 약관을 고객이 원하는 수단(영업점 직접수령, 이메일·문자 등 비대면 수령 등) 중 하나로 선택 후 교부하여야 한다.

04 ㄱ. 예금거래 약관은 부합계약으로 일반거래약관에 따라 체결되는 계약이다.

ㄷ. 기본거래약관과 각 예금종류별 약관체계로 단계별 약관체계로 구성되어 있다.

TOPIC 12 예금거래의 상대방

① 자연인과의 거래

자연인	① 사람은 살아있는 동안 권리 · 의무의 주체가 됨 ② 따라서 자연인인 개인과 예금거래를 함에 있어서 특별한 제한이 없는 것이 원칙이고, 단지 예금의 종류에 따라서 그 가입자격에 제한이 있는 경우가 있음 ③ 제한능력자는 단독으로 유효한 법률행위를 하는 것이 제한되는 자로서 이에는 미성년자 · 피성년후견인 · 피한정후견인이 있음
제한능력자— 미성년자	① 미성년자: 19세 미만의 자로서, 원칙적으로 행위능력이 없음 ② 법정대리인의 동의를 얻어 직접 법률행위를 하거나 법정대리인이 미성년자를 대리하여 그 행위를 할 수 있음 ③ 미성년자가 법정대리인의 동의 없이 법률행위를 한 때에는 법정대리인은 미성년자의 법률행위를 취소할 수 있다(민법 제5조) ④ 그러나 권리만을 얻거나 의무만을 면하는 행위는 취소사유가 아님
제한능력자— 피성년후견인	① 피성년후견인: 질병, 장애, 노령 등의 사유로 인한 정신적 제약으로 사무를 처리할 능력이 지속적으로 결여되어 성년후견개시의 심판을 받은 자로서, 원칙적으로 행위능력이 없음 ② 법정대리인인 후견인은 피성년후견인을 대리하여 법률행위를 할 수 있고, 피성년후견인이 직접 한 법률행위를 취소할 수 있음 ③ 다만 가정법원이 정한 범위 또는 일상생활에 필요하고 대가가 과도하지 않는 법률행위는 취소할 수 없음(일용품 구입 등 일상 행위 가능)(민법 제10조) ④ 가정법원은 본인, 배우자, 4촌 이내의 친족, 성년후견인, 성년후견감독인, 검사 또는 지방자치 단체의 장의 청구에 의하여 취소할 수 없는 행위의 범위를 변경할 수 있음
제한능력자— 피한정후견인	① 피한정후견인: 질병, 장애, 노령 등의 사유로 인한 정신적 제약으로 사무를 처리할 능력이 부족하여 한정후견개시의 심판을 받은 자로서, 원칙적으로 행위능력이 있음 ② 법원이 범위를 정하여 동의를 유보할 수 있는 바(가정법원이 정한 행위에만 후견인의 동의가 필요), 이 경우에 후견인의 동의 없이 한 법률행위는 취소할 수 있음(일용품 구입 등 일상 행위 가능)(민법 13조) ③ 가정법원은 본인, 배우자, 4촌 이내의 친족, 한정후견인, 한정후견감독인, 검사 또는 지방자치단체의 장의 청구에 의하여 한정후견인의 동의를 받아야만 할 수 있는 행위의 범위를 변경할 수 있음 ④ 한정후견인의 동의를 필요로 하는 행위에 대하여 한정후견인이 피한정후견인의 이익이 침해될 염려가 있음에도 그 동의를 하지 아니하는 때에는 가정법원은 피한정후견인의 청구에 의하여 한정후견인의 동의를 갈음하는 허가를 할 수 있음

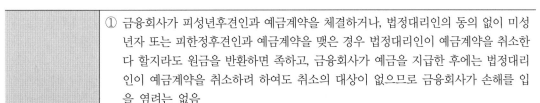

제한능력자의 예금	① 금융회사가 피성년후견인과 예금계약을 체결하거나, 법정대리인의 동의 없이 미성년자 또는 피한정후견인과 예금계약을 맺은 경우 법정대리인이 예금계약을 취소한다 할지라도 원금을 반환하면 족하고, 금융회사가 예금을 지급한 후에는 법정대리인이 예금계약을 취소하려 하여도 취소의 대상이 없으므로 금융회사가 손해를 입을 염려는 없음 ② 더구나 미성년자의 경우 그 법정대리인이 범위를 정하여 처분을 허락한 재산과 피성년후견인의 경우 일상생활에 필요하고 대가가 과도하지 않는 범위 내에서의 재산 및 피한정후견인의 경우 가정법원이 결정한 동의유보의 범위에 포함되지 않은 재산은 자유로이 처분할 수 있으므로 이들이 용돈·학비 등을 가지고 예금을 하는 경우에는 전혀 문제가 없음 ③ 그러나 당좌예금거래는 어음·수표의 지급사무를 위임하는 계약이므로 제한능력자의 단독거래는 허용하지 않는 것이 원칙임

02

❷ 대리인과의 거래

대리제도	① 대리란 타인이 본인의 이름으로 법률행위를 하거나 의사표시를 수령함으로써 그 법률효과가 직접 본인에 관하여 생기는 제도임(민법 제 114조) ② 대리권의 발생 원인으로는 본인의 수권행위에 의하여 생기는 임의대리와 법률의 규정에 의하여 생기는 법정대리가 있음 ③ 예금을 수입하는 경우에는 금융회사가 대리인의 권한 등을 확인하지 않았다 하더라도 금융회사가 손해를 볼 염려가 없으므로 대리권의 존부 등을 확인할 필요는 거의 없음. 그러나 예금을 지급할 경우에는 이중지급의 위험이 있으므로 정당한 대리권자인지 여부를 확인하여야 함 ④ 법정대리의 경우 대리관계의 확인

구분	대리인	확인서류
미성년자	친권자, 후견인	가족관계등록부, 기본증명서
피성년후견인 및 피한정후견인	후견인	후견등기부
부재자	부재자 재산관리인	법원의 선임심판서
사망	유언집행자, 상속재산관리인	사망자의 유언, 법원의 선임 심판서

대리인과의 거래 시 유의사항-임의대리	① 통장상의 인감이 날인되거나 인감증명서 또는 본인서명사실확인서가 붙어있는 본인의 위임장 및 대리인의 주민등록증에 의하여 진정한 대리인인지 여부 및 대리권의 범위를 확인하여야 함 ② 대리권의 범위 등을 확인하지 않아 발생하는 손해는 금융회사가 부담할 수밖에 없기 때문임

대리인과의 거래 시 유의사항-예금의 중도해지와 예금담보대출의 경우	① 예금거래기본약관상의 면책약관에 따라 통장 등을 제출받고 인감과 비밀번호가 일치하여 지급하였다는 사유만으로 항상 금융회사가 면책되는 것은 아님. 이러한 면책규정은 금융회사가 주의의무를 다한 경우에만 면책됨 ② 따라서 예금의 중도해지나 예금담보대출의 경우에는 예금약관상의 면책규정이나 채권의 준점유자에 대한 변제규정이 적용되지 아니하거나 적용된다 하더라도 주의의무가 가중된다 할 것이므로 위임장 이외에도 예금주 본인의 의사를 반드시 확인하여야 함

❸ 외국인과의 거래

관련법규	외국인과의 예금거래의 성립과 효력은 당사자 간에 준거법에 관한 합의가 없으면 행위지의 법률에 따름(국제사법 제22조)
현실	① 예금거래에 관하여 외국법에 따르기로 합의하는 일은 거의 없으므로 결국 우리나라법이 적용됨. 따라서 원칙적으로 내국인과의 예금거래와 다른 점이 없음 ② 다만 「외국환거래법」상의 외국인은 거주자와 비거주자를 구분하여 제한하고 있으나, 외국인이라도 거주자이면 금융회사와의 원화예금거래는 자유임 ③ 또한 비거주자라도 외국환은행과 일부 예금거래는 가능

❹ 법인과의 거래

법인의 개념	① 법인: 자연인이 아니면서 법에 의하여 권리능력이 부여되어 있는 사단 또는 재단 ② 자연인은 출생과 동시에 당연히 권리의무의 주체가 되는데 반하여, 법인은 법률의 규정에 의함이 아니면 성립하지 못함(민법 제31조) ③ 우리의 법제 아래에서는 자유설립주의가 배제되고 있음 ④ 법인은 그 설립의 근거가 되는 법률에 따라 권리능력이 제한되는 경우가 많음 　예 학교법인의 경우에 정기예금이 기본재산이라면 이를 담보로 제공하는 것이 원칙적으로 금지됨 ⑤ 법인은 관념적인 존재에 불과한 것이므로, 현실적인 법률 행위는 그 대표기관에 의하여 이루어짐. 따라서 법인과의 예금거래는 그 대표자 또는 그로부터 대리권을 수여받은 대리인과 하여야 함. 법 이론적으로 법인과 예금거래를 하려면, 진정한 대표자인지 여부와 대리인의 대리권의 존부나 대리권의 범위 등을 확인하여야 함 ⑥ 그러나 실무상 당좌거래의 경우를 제외하고, 이러한 확인을 하고 예금거래를 개시하는 경우는 거의 없음. 그 이유는 예금의 경우에 금융회사가 채무자로서 예금계약이 취소되더라도, 금전을 반환하면 될 뿐이기 때문임. 그리고 선의로 지급한 이상 약관상의 면책규정이나 민법상의 채권의 준점유자에 대한 변제에 의하여 구제받을 수 있기 때문임 ⑦ 그러나 이러한 면책규정만으로는 구제될 수 없는 경우가 있는 바, 이때에는 그대표권 또는 대리권의 존부와 범위가 문제될 수 있음

회사와의 거래	① 회사의 대표권은 각종 회사마다 각기 다름. 주식회사와 유한회사의 경우는 대표이사, 합명회사와 합자회사의 경우에는 업무집행사원이 회사를 대표하고 업무집행권을 가짐 ② 따라서 당좌거래와 같이 회사의 신용상태와 행위능력 등이 특히 문제되는 경우에는 등기사항 전부증명서과 인감증명 등을 징구하며 법인의 존재 여부와 대표자를 엄격하게 확인할 필요가 있음 ③ **공동대표이사제도를 채택하고 있는 경우의 거래** : 공동대표이사 제도는 회사의 대표자가 독단 또는 전횡으로 권한을 남용하는 것을 방지하기 위하여 여러 사람의 대표자가 공동으로서만 대표권을 행사할 수 있도록 하는 제도이므로 예금거래도 공동으로 하는 것이 원칙임 ④ **외국회사와의 거래** : 외국회사란 외국법에 의하여 설립된 법인. 그러나 외국법에 의하여 설립된 회사라 할지라도 국내에 본점을 두거나 대한민국 내에서 영업을 하는 것을 주목적으로 하는 회사는 내국회사와 동일한 규제에 따라야 함 또한 외국회사가 국내에서 영업을 하고자 하는 경우에는 한국에서의 대표자를 정하고 영업소를 설치하여야 하며, 회사설립의 준거법·한국에서의 대표자·회사명 등을 등기하여야 함. 외국회사의 대표자로 등기된 자는 회사의 영업에 관하여 재판상·재판외의 권한을 행사할 수 있음. 따라서 법인등기사항전부증명서를 징구하여 한국 내의 예금자와 예금거래를 하면 됨. 다만, 등기가 이루어지지 않은 외국회사는 계속적 거래를 할 수 없으므로(상법 제616조), 계속적 거래를 전제로 하는 당좌계좌 개설은 허용되지 않음
국가·자치단체와의 거래	① '국가나 지방자치단체가 공법인(公法人)인가'에 관하여는 학설의 대립이 있음 ② 공법인의 개념을 가장 넓게 해석할 경우에는 국가까지 포함하는 것으로 보며, 가장 좁은 의미로 볼 경우에는 국가나 지방자치단체를 제외한 공공단체만을 의미하기도 함 ③ 국가나 지방자치단체와의 예금 거래행위의 법적성질이 공법관계인가 사법관계인가에 관하여 이론이 있을 수 있음. 그러나 통설은 이를 사법관계로 봄 ④ 국고금은 법령 규정이 인정하는 예외적인 경우를 제외하고는 한국은행에 예탁하여야 함. 다만 국고대리점 또는 국고수납대리점 업무를 취급하는 일반은행에서도 이를 수납할 수 있음 ⑤ 지방자치단체는 그 재정을 「지방재정법」이 정하는 바에 따라 규율하며, 그 재정의 출납사무는 지방자치단체의 장 또는 그의 위임을 받은 공무원이 임명한 출납원이 담당 ⑥ 따라서 국가·지방자치단체 등과 예금거래를 할 때 예금주명의는 공공단체로 하되, 예금거래 입출금과 관련해서는 출납원을 거래상대방으로 거래하는 것이 타당함

❺ 법인격 없는 단체와의 거래

법인격 없는 사단	① 법인격 없는 사단: 아파트입주자대표회의·아파트부녀회·학회·교회·종중·동문회·노동조합 등 법인으로서의 실체를 가지고 있으면서도 주무관청의 허가를 받지 않아 법인격을 취득하지 않은 단체를 말하며, 민법은 법인격 없는 사단의 소유관계를 총유로 봄(민법 제275조) ② 법인격 없는 사단과 거래 시 「부가가치세법」에 의한 고유번호를 부여받은 경우에는 그 대표자와 예금거래를 하면 되고, 위와 같이 개설된 예금은 대표자 개인의 예금이 아니라 법인격 없는 사단에 총유적으로 귀속됨 ③ 그러나 고유번호를 부여받지 못한 경우에는 개인예금으로 처리되므로 사전에 고객에게 이를 고지, 설명해주는 것이 바람직함
법인격 없는 재단	① 법인격 없는 재단: 장학재단이나 종교재단 등과 같이 민법상 재단법인의 실체 즉 일정한 목적을 위해서 출연된 재산의 집단이되, 「민법」상 절차에 따라 법인격을 취득하지 아니한 것을 말함 ② 법인격 없는 재단은 권리능력이 없고, 법인격 없는 사단과 같은 구성원도 없으므로 그 예금의 귀속관계는 준총유나 준합유의 관계가 될 수 없음 ③ 이론상 법인격 없는 재단에 대해서도 등기에 관한 사항을 빼고는 재단법인에 관한 규정을 유추 적용할 수 있는 바, 대표자나 관리자와 예금거래를 할 수 있다. 하지만 법인격 없는 재단은 그 실체파악이 어려운 점, 「금융실명거래 및 비밀보장에 관한 법률」상 실명확인방법을 구체적으로 정하지 않은 점 등을 고려하면 대표자 개인명의로 거래할 수밖에는 없을 것임
조합	① 조합이란 2인 이상의 특정인이 서로 출자하여 공동의 사업을 영위함을 목적으로 결합된 단체 ② 그런데 「민법」은 조합에 대하여는 법인격을 인정하지 않고 구성원 사이의 계약관계로 보고 있음(민법 제703조). 따라서 금융회사가 이러한 조합과 예금거래를 하기 위해서는 조합원 전원의 이름으로 하는 것이 원칙이나 각 조합원의 위임을 받은 조합대표자와 거래할 수 있고 그 예금의 귀속관계는 조합원 전원의 준합유에 속하게 됨

TOPIC 12 확인문제 예금거래의 상대방

01 제한능력자에 대한 설명으로 옳지 않은 것은? 24. 계리직

① 민법 제13조에 따르면 가정법원은 피한정후견인이 한정후견인의 동의를 받아야 하는 행위의 범위를 정할 수 있다.

② 4촌 이내의 친족도 피한정후견인이 한정후견인의 동의를 받아야만 할 수 있는 행위의 범위 변경을 가정법원에 청구할 수 있다.

③ 피한정후견인은 질병, 노령, 장애 등의 사유로 인한 정신적 제약으로 사무를 처리할 능력이 부족하여 한정후견개시 심판을 받은 자이다.

④ 원칙적으로 행위능력이 없는 미성년자·피성년후견인·피한정후견인은 단독으로 유효한 법률 행위를 하는 것이 제한된 제한능력자이다.

02 현행 상속제도에 대한 설명으로 옳은 것은? 22. 계리직

① 상속은 사망한 시점이 아니라 사망한 사실이 가족관계등록부에 기재된 시점에서 개시된다.

② 피상속인에게 어머니, 배우자, 2명의 자녀, 2명의 손자녀가 있을 경우 배우자의 상속분은 1.5/3.5이다.

③ 친양자입양제도에 따라 2008년 1월 1일 이후에 입양된 친양자는 친생부모 및 양부모의 재산을 모두 상속받을 수 있다.

④ 유언의 방식 중 공정증서 또는 자필증서에 의한 경우에는 가정법원의 유언검인심판서를 징구하여 유언의 적법성 여부를 확인하여야 한다.

03 예금거래의 상대방에 대한 설명으로 옳지 않은 것은?

① 대리란 타인이 본인의 이름으로 법률행위를 하거나 의사표시를 수령함으로써 그 법률효과가 직접 본인에 관하여 생기는 제도이다.

② 예금을 지급하는 경우에는 금융회사가 대리인의 권한 등을 확인하지 않았다 하더라도 금융회사가 손해를 볼 염려가 없으므로 대리권의 존부 등을 확인할 필요는 거의 없다.

③ 대리권의 범위 등을 확인하지 않아 발생하는 손해는 금융회사가 부담할 수밖에 없다.

④ 외국인과의 예금거래의 성립과 효력은 당사자 간에 준거법에 관한 합의가 없으면 행위지의 법률에 따른다.

04 다음은 예금거래의 상대방에에 대한 설명이다. 옳은 것을 모두 고르시오.

〈 보기 〉

ㄱ. 법인은 관념적인 존재에 불과한 것이므로, 현실적인 법률 행위는 그 대표기관에 의하여 이루어진다. 따라서 법인과의 예금거래는 그 대표자 또는 그로부터 대리권을 수여받은 대리인과 하여야 한다.

ㄴ. 공동대표이사 제도는 회사의 대표자가 독단 또는 전횡으로 권한을 남용하는 것을 방지하기 위하여 여러 사람의 대표자가 공동으로서만 대표권을 행사할 수 있도록 하는 제도이므로 예금거래도 공동으로 하는 것이 원칙이다.

ㄷ. 등기가 이루어지지 않은 외국회사의 당좌계좌개설은 허용된다.

ㄹ. 법인격 없는 사단과 거래 시 「부가가치세법」에 의한 고유번호를 부여받은 경우에는 그 대표자와 예금거래를 하면 되고, 위와 같이 개설된 예금은 대표자 개인의 예금으로 귀속된다.

① ㄱ, ㄴ   ② ㄱ, ㄷ   ③ ㄴ, ㄹ   ④ ㄷ, ㄹ

정답찾기

01 미성년자, 피성년후견인은 원칙적으로 행위능력이 없지만 피한정후견인은 원칙적으로 행위능력이 존재하고 정해진 것에 대한 것만 취소사유가 존재한다.

02 법정상속은 배우자와 2명의 직계비속이므로 자녀들이 각각 1을 상속받는다면 배우자는 1.5를 상속받게 되므로 배우자의 상속분은 전체 상속분 1+1+1.5=3.5 중에서 1.5(1.5/3.5)가 된다.
[오답 체크]
① 상속은 사망한 시점에서 개시되며 사망한 사실이 가족관계등록부에 기재된 시점에서 개시되는 것은 아니다.
③ 양자는 법정혈족이므로 친생부모 및 양부모의 예금도 상속하지만, 2008.1.1.부터 시행된 친양자 입양제도에 따라 입양된 친양자는 친생부모와의 친족관계 및 상속관계가 모두 종료되므로 생가부모의 예금을 상속하지는 못한다.

④ 유언상속의 경우에는 유언서의 내용을 확인하되 자필증서·녹음·비밀증서에 의한 경우에는 법원의 유언검인심판을 받은 유언검인심판서를 징구하여야 한다.

03 ② 예금을 수입하는 경우에는 금융회사가 대리인의 권한 등을 확인하지 않았다 하더라도 금융회사가 손해를 볼 염려가 없으므로 대리권의 존부 등을 확인할 필요는 거의 없다. 그러나 예금을 지급할 경우에는 이중지급의 위험이 있으므로 정당한 대리권자인지 여부를 확인하여야 한다.

04 ㄷ. 등기가 이루어지지 않은 외국회사는 계속적 거래를 할 수 없으므로(상법 제616조), 계속적 거래를 전제로 하는 당좌계좌개설은 허용되지 않는다.
ㄹ. 법인격 없는 사단과 거래 시 「부가가치세법」에 의한 고유번호를 부여받은 경우에는 그 대표자와 예금거래를 하면 되고, 위와 같이 개설된 예금은 대표자 개인의 예금이 아니라 법인격 없는 사단에 총유적으로 귀속된다.

정답 **01** ④ **02** ② **03** ② **04** ①

TOPIC 13 예금의 입금과 지급

1 예금의 입금업무 – 현금입금

금액의 확인	① 입금인의 면전에서 입금액을 확인한 경우에는 문제될 것이 없으나, 입금인이 입회하지 않은 상태에서 입금 의뢰액과 확인액 사이에 차이가 발생한 경우에는 문제가 됨 ② 예컨대 입금 의뢰액 보다 실제 확인된 금액이 적은 경우에 입금 의뢰액 대로 예금계약이 성립함을 주장하기 위해서는 입금자가 그 입금 의뢰액을 입증할 책임을 부담함 → 왜냐하면 예금계약은 금융회사가 거래처로부터 교부받은 금전을 확인한 때에 성립하기 때문 ③ 그러나 현금의 확인을 유보하는 의사 없이 예금통장 등을 발행한 경우에 부족액이 발생한 경우에는 금융회사가 입증책임을 부담함 ④ 따라서 금융회사가 현금을 수납함에 있어서 입금자의 면전에서 확인하되, 그렇지 못한 경우에는 입금자에게 나중에 확인절차를 거쳐 확인된 금액으로 수납 처리하겠다는 것을 분명히 밝혀 둘 필요가 있음
과다입금	① 금융회사가 실제로 받은 금액보다 과다한 금액으로 통장 등을 발행한 경우, 실제로 입금한 금액에 한하여 예금계약이 성립하고 초과된 부분에 대하여는 예금계약이 성립하지 않으므로 따라서 예금주의 계좌에서 초과입금액을 인출하면 족함 ② 만약 예금주가 오류입금인 사실을 알면서 예금을 인출하였다면 부당이득으로 반환하여야 함 ③ 그러나 제3자가 그러한 사실을 모르고 그 예금에 대하여 질권을 취득하고 금전을 대부해 주었다거나 압류·전부명령을 받은 경우에는 그로 인한 손해를 금융회사가 배상하여야 함. 다만 그 배상의 범위는 예금액이 아니라 전부명령신청 등 그 절차를 취하는 과정에서 발생한 비용에 상응함
계좌상위 입금	① 직원이 입금조작을 잘못하여 착오계좌에 입금하고 정당계좌에 자금부족이 발생한 경우에는 금융회사의 과실에 의한 채무불이행으로 되어 그 손해를 배상하여야 함 (민법 제390조) ② 한편 잘못된 입금은 착오에 기인한 것이므로 착오계좌 예금주의 동의 없이 취소하여(민법 제109조) 정당계좌에 입금할 수 있음 ③ 잘못된 입금을 취소하기 전에 예금주가 동예금을 인출하였다면 이는 원인 없이 타인의 재산으로부터 부당하게 이득을 취한 것이므로 반환하여야 함

❷ 예금의 입금업무-증권류의 입금

타점권 입금의 법적 성격	① 타점권을 입금시키는 행위는 금융회사에 대하여 그 추심을 의뢰하고 그 추심이 완료되면 추심대전을 예금계좌에 입금시키도록 하는 위임계약이므로 금융회사는 선량한 관리자로서의 주의를 가지고 타점권 입금업무를 처리하여야 함(민법 제681조) ② 어음의 경우 • 입금 받은 어음을 지급제시기간 내에 제시할 수 있는지 확인함. 지급제시기간 내에 제시하지 못할 경우, 입금인은 배서인에 대하여 상환청구권을 상실하며 금융회사는 제시기일경과로 인한 어음교환업무규약상의 과태료를 부담함 • 어음요건을 완전히 충족하고 있는지를 확인함. 백지를 보충하지 않은 상태에서의 제시는 지급제시로서의 효력이 없으므로 입금인이 상환청구권을 상실하게 됨 ③ 수표의 경우 • 지급제시기간 내에 수표가 제시될 수 있는지 확인하여야 함. 지급제시기간 내에 수표가 제시되지 않을 경우에 입금인은 상환청구권을 상실하며 금융회사는 어음교환업무규약상의 과태료 제재를 받음 • 선일자 수표인지 여부도 확인하여야 함. 「수표법」상 수표는 일람출급증권이므로 제시기일 미도래로 부도되는 경우란 있을 수 없으나, 당사자 간에는 발행일자 이전에는 제시하지 않겠다는 명시적·묵시적인 합의가 있는 것이 통상적이므로 이에 반하여 교환에 회부함으로써 발행인이 손해를 보았다면 입금인은 채무불이행으로 인한 손해를 배상하여야 함 • 수표요건을 구비하였는지 여부를 확인해야 함 • 일반 횡선수표인 경우에는 입금인이 우체국과 계속적인 거래가 있는 거래처인지 여부를 확인하고, 특정횡선수표인 경우에는 그 특정된 금융회사가 우체국인지 여부를 확인해야 함. 금융회사가 이러한 확인을 소홀히 하여 제3자에게 손해가 발생하였다면 그로 인한 손해를 배상하여야 함. 횡선위배로 부도반환되면 어음교환업무규약상의 과태료 제재를 받음
선관주의 의무를 위반한 경우 금융회사의 책임	① 예컨대 금융회사가 과실로 지급제시기일에 제시하지 못하였거나 교환 회부할 수 없는 증권을 입금 받아 입금인이 소구권을 상실한 경우, 파출수납 시 증권류의 교환 회부를 부탁받고 당일에 교환에 회부하지 않아 입금인에게 손해가 발생한 경우, 부도사실을 추심의뢰인에게 상당한 기일이 지나도록 통지하지 않은 경우에 금융회사는 선량한 관리자로서의 주의의무를 다한 것으로 볼 수 없으므로 입금인에게 그 손해를 배상하여야 함 ② 그러나 입금인은 증권을 입금시키고자 하는 경우 백지를 보충하여야 하며 금융회사는 백지보충의무를 부담하지 않음(예금거래기본약관 제6조 제3항)

❸ 계좌송금

계좌송금의 의의	① 계좌송금 : 예금주가 개설점 이외에서 자기의 계좌에 입금하거나 제3자가 개설점·다른 영업점 또는 다른 금융회사에서 예금주의 계좌에 입금하는 것 ② 계좌송금은 입금의뢰인이 수납 금융회사에 대하여 송금할 금액을 입금하면서 예금주에게 입금하여 줄 것을 위탁하고 수납 금융회사가 이를 승낙함으로써 성립하는 위임계약임 ③ 「금융실명거래 및 비밀보장에 관한 법률」에 의거 일정한 계좌송금의 경우에는 실명확인을 하여야 함 ④ 그 외에 계좌송금은 법적 성질이 위임이므로 위임사무가 종료한 때에 금융회사는 위임인에게 위임사무 처리결과를 통지하여야 하는 바(민법 제683조), 입금 의뢰인의 주소·전화번호 등을 반드시 기재해 놓아야 함
계좌송금의 철회·취소	① 계좌송금은 위임계약이므로 입금의뢰인은 수임인인 수납 금융회사 및 수납 금융회사의 위임을 받은 예금 금융회사가 위임사무를 종료하기 전에는 언제든지 위임계약을 해지하고 계좌송금 철회를 할 수 있음(민법 제689조) ② 그러나 현금 계좌송금의 경우에는 입금기장을 마친 시점에서, 타점권 계좌송금의 경우에는 부도반환시한이 지나고 결제를 확인한 시점에서 예금계약은 성립하고(예금거래기본약관 제7조 제1항), 위임계약은 종료되므로 그 이후 입금의뢰인은 그 입금의 취소를 주장할 수 없게 됨 예 타행환입금 의뢰인 甲이 지정한 丙의 예금계좌에 입금을 마쳤으나 실제로는 乙에게 입금할 예금임을 주장하여 취소를 요청하더라도 丙과의 예금계약은 이미 성립한 것이므로 丙의 동의 없이 취소할 수 없음 ③ 다만 금융회사가 실수로 지정계좌 이외의 예금계좌에 입금하였다면 금융회사는 위임사무를 종료한 것으로 볼 수 없고 착오임이 명백하므로 그 입금을 취소할 수 있음
착오송금 시 법률관계	① 착오송금 : 송금인의 착오로 인해 송금금액, 수취금융회사, 수취인 계좌번호 등이 잘못 입력돼 이체된 거래로서, 착오송금액은 법적으로 수취인의 예금이기 때문에 송금인은 수취인의 동의 없이는 자금을 돌려받을 수 없음 ② 왜냐하면 계좌이체시 금융회사는 자금이동의 원인에 관여함이 없이 중개 기능을 수행할 뿐이므로, 잘못 입금된 돈이라도 수취인이 계좌에 들어온 금원 상당의 예금채권을 취득하게 되고, 금융회사는 수취인의 동의 없이 송금인에게 임의로 돈을 돌려줄 수 없기 때문임 ③ 그러나 일단 수취인이 예금채권을 취득하였더라도 법적으로는 자금이체의 원인인 법률관계가 존재하지 않으므로, 수취인은 금전을 돌려줄 민사상 반환의무가 발생하고, 송금인은 수취인에 대하여 착오이체 금액 상당의 부당이득반환청구권을 가지게 됨 ④ 따라서 송금인은 수취인에게 부당이득반환청구가 가능하고, 수취인이 반환을 거부할 경우 송금인은 부당이득반환청구의 소를 제기할 수 있으며, 그 소송의 상대방은 송금오류로 예금채권을 취득한 수취인이 됨(수취 금융회사는 자금중개 기능을 담당할 뿐 이득을 얻은 바 없으므로 부당이득반환의 상대방이 되지 않음) ⑤ 그리고 수취인은 잘못 입금된 금원을 송금인에게 돌려줄 때까지 보관할 의무가 있으므로, 수취인이 착오입금된 돈을 임의로 인출하여 사용하는 경우 형사상 횡령죄에 해당될 수 있음

	⑥ '21년 7월 예금자보호법 개정에 따라 계좌번호 착오 등의 사유로 송금인 실수로 잘못 송금한 건에 대해 금융기관을 통해 반환 신청하였으나, 반환받지 못하는 경우 착오송금액을 예금보험공사가 대신 찾아주는 '착오송금 반환지원제도'가 신설됨

⑦ 착오송금 반환지원제도 개요

<table>
<tr><td rowspan="7">착오송금 시
법률관계</td><td>구분</td><td>주요내용</td></tr>
<tr><td>신청대상</td><td>• '21. 7. 6 이후 발생한 5만원 이상 1천만원 이하 착오송금
• '23. 12. 31 이후 발생한 5만원 이상 5천만원 이하 착오송금</td></tr>
<tr><td>대상조건</td><td>착오송금시 먼저 금융회사를 통해 수취인에게 반환을 요청하여야 하며, 미반환된 경우(금융회사의 반환청구절차 결과 '반환거절' 또는 '일부반환 종결')에만 예금보험공사에 반환지원 신청 가능</td></tr>
<tr><td>신청가능 기간</td><td>착오송금일로부터 1년 이내 신청(통상 접수일로부터 약 2개월 내외 반환 예상)</td></tr>
<tr><td>반환지원
신청절차</td><td>예금보험공사 홈페이지 내 착오송금 반환지원 사이트 접속 온라인 신청 또는 예금보험공사 본사 상담센터 방문 신청</td></tr>
</table>

❹ 통장증서의 교부

예금통장 예금증서 성질	① 예금의 경우 거래처로부터 금전을 입금받아 금액을 확인하고 입금기장을 마치면 금융회사는 거래처에게 예금통장이나 예금증서를 기장하여 교부함 ② 예금통장이나 예금증서는 단순한 증거증권이라는 점에 이론이 없음
예금통장 예금증서 유무	① 예금통장이나 증서를 소지하고 있다는 사실만으로 소지인이 금융회사에 예금의 반환을 청구할 수는 없음 ② 다만 금융회사가 과실 없이 예금통장이나 증서 소지자에게 예금을 지급한 경우에는 채권의 준점 유자에 대한 변제에 해당되어 면책이 됨 ③ 반면 예금통장이나 증서를 소지하고 있지 않다 하더라도 그 실질적 권리자임을 입증한 경우에는 예금의 반환을 청구할 수 있음 ④ 그러나 양도성 예금증서나 표지어음 등은 그 성격이 유가증권이므로 원칙적으로 그 증서 소지자에게만 발행대전을 지급할 수 있음

❺ 예금지급의 법적성질과 지급장소, 시기

법적성질	① 예금주의 청구에 의하여 금융회사가 예금을 지급함으로써 예금계약이 소멸함 ② 예금주가 금융회사에 대하여 예금의 지급을 청구하는 행위는 의사의 통지라는 것이 통설이고, 이에 따라 금융회사가 예금을 지급하는 행위는 채무의 변제인 것이므로 변제에 의하여 예금채무는 소멸함 ③ 기타 예금의 소멸원인으로는 변제공탁·상계·소멸시효의 완성 등이 있음

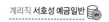

지급장소	① 지명채권은 원칙적으로 채무자가 채권자의 주소지에서 변제하는 지참채무가 원칙임 ② 그러나 예금채권은 예금주가 금융회사에 나와서 이를 수령한다는 점에서 추심채무임 ③ 예금거래기본약관 제3조도 거래처는 예금계좌를 개설한 영업점에서 모든 예금거래를 한다고 규정하여 예금채무가 추심채무임을 규정하고 있음 ④ 또한 무기명채권은 변제 장소의 정함이 없으면 채무자의 현영업소를 지급장소로 하며, 영업장소가 여러 곳인 때에는 거래를 한 영업소가 지급장소임. 그러므로 무기명예금을 지급하여야 할 장소는 원칙적으로 계좌개설 영업점임
지급시기	① 보통예금이나 당좌예금과 같이 기한의 정함이 없는 예금에 대하여는 예금주는 금융회사 영업시간 내에는 언제라도 예금을 청구할 수 있고 금융회사가 이에 응하지 않을 경우에는 채무불이행이 됨 ② 또한 금전채권의 성질상 채무자인 금융회사는 원칙적으로 불가항력을 주장할 수도 없음 ③ 정기예금 등과 같이 기한의 정함이 있는 예금은 약정한 지급기일에 지급을 하여야 하나 기한의 정함이 있는 예금도 추심채무이므로 예금의 기일이 도래하고 예금주의 청구가 있는 때에만 채무불이행으로 인한 책임을 부담함

❻ 예금의 지급과 면책

면책의 근거 개요	① 예금채권은 원칙적으로 지명채권(＝채권자가 특정되어 있는 채권)임 ② 진정한 예금주에게 변제한 때에 한하여 금융회사는 예금 채무를 면하게 되는 것이 원칙이므로 금융회사는 예금을 지급할 때마다 그 청구자가 진정한 예금주인지 또는 예금을 청구할 정당한 권리나 권한을 가지고 있는지를 면밀히 조사하여야 함 ③ 왜냐하면 예금계약은 소비임치계약이므로 수취인인 금융회사는 예금의 선량한 관리자로서의 주의의무를 다하여 임치물을 보관하였다가 이를 반환하여야 하기 때문임 ④ 만약 금융회사가 이러한 선관주의의무를 다하지 못함으로써 무권리자에게 지급한 때에는 예금주에 대하여 그 지급의 유효를 주장할 수 없게 됨 ⑤ 물론 양도성예금증서(CD)와 같은 유가증권은 그 증권의 점유자에게 지급하면 그 소지인이 정당한 권리자인지 여부에 관계없이 금융회사는 면책됨 ⑥ 금융회사가 채권의 준점유자에 대한 변제, 영수증 소지자에 대한 변제, 상관습, 예금거래기본약관의 면책의 요건을 구비한 자에게 예금을 지급한 경우에는 이를 수령한 자가 진정한 권리자인지 여부에 관계없이 그 지급이 유효하고 금융회사는 면책되는 것으로 규정하고 있음
면책의 근거	① 「민법」상 채권의 준점유자에 대한 변제 채권의 준점유자에 대한 변제는 변제자가 선의이며 과실이 없는 때에 효력이 있음. 채권의 준점유자란 거래의 관념상 진정한 채권자라고 믿게 할 만한 외관을 갖춘 자이며, 예금거래에서는 예금통장을 소지하고 그에 찍힌 인영과 같은 인장 및 신고된 비밀번호에 의하여 예금을 청구하는 자를 말함. 금융회사가 이러한 예금채권의 준점유자에 대하여 선의·무과실로 예금을 지급한 경우에는 설령 그 청구자가 무권리자라 하더라도 그 지급은 유효한 것으로 됨

면책의 근거	② 약관상의 면책규정 예금거래기본약관 제16조는 채권의 준점유자에 대한 변제에 관한 민법의 이론을 구체화하여 예금통장·증서를 소지하고 인감 또는 서명이 일치하며 비밀번호가 일치하면, 금융회사가 선의·무과실인 한 책임을 면하는 것으로 규정하고 있음
면책요건	① 채권의 준점유자에 대한 변제일 것 일반적으로 채권의 준점유자가 되기 위해서는 예금통장이나 증서 등을 소지하고 있어야 하나 표현상속인이나, 전부채권자 또는 추심채권자는 예금통장·증서를 소지하고 있지 않더라도 금융회사가 선의·무과실이면 면책됨. 예금통장·증서를 소지하고 신고인감 등을 절취하여 예금주의 대리인임을 주장하며 예금을 지급받은 자도 채권의 준점유자에 대한 변제규정의 취지가 선의의 변제자를 보호하기 위한 규정이므로 채권의 준점유자로 볼 수 있음 ② 인감 또는 서명이 일치할 것 인감 또는 서명은 육안으로 상당한 주의를 하여 일치한다고 인정되면 족함. 상당한 주의로 인감을 대조할 의무란 인감대조에 숙련된 금융회사 종사자로 하여금 그 직무수행상 필요로 하는 충분한 대조를 다하여 인감을 대조하여야 할 의무를 말함. 즉 인감대조의 정도는 필적감정가 수준보다는 낮고 일반인보다는 높은 수준을 말한다고 볼 수 있음. 그러나 서명 대조 시 요구되는 금융회사 종사자의 주의의무는 실무경험이 없는 금융회사 종사자가 육안으로 외형상 전체적으로 유사여부를 평면대조하면 족함. 서명이란 동일인이라 하더라도 경우에 따라서는 상당한 차이가 있기 때문임. 이처럼 서명대조의 정도는 인감대조의 정도보다는 약간 낮은 주의의무를 요구하고 있는 것으로 보이나, 실거래상으로는 본인임을 확인하고 거래하는 것이 통상적인 예임 ③ 비밀번호가 일치할 것 ④ 금융기관이 선의·무과실일 것 선의란 채권의 준점유자에게 변제수령의 권한이 없음을 알지 못한다는 것만으로는 부족하며, 적극적으로 채권의 준점유자에게 수령권한이 있다고 믿었어야 함. 그리고 무과실이란 그렇게 믿는데 즉, 선의인데 과실이 없음을 뜻함. 예금의 준점유자로서 청구서상의 인감 또는 서명이 일치한다 하더라도, 금융회사가 예금에 관하여 분쟁이 발생한 사실을 알고 있거나 예금주 회사에 경영권분쟁이 있음을 알면서 예금을 지급한 때에는 주의의무를 다한 것으로 볼 수 없음
유의사항	① 정당한 예금주에 의한 청구인지 여부 예금의 귀속에 관하여 다툼이 있는 경우에는 진정한 예금주가 누구인지에 관하여 소송의 결과 등을 통하여 확인한 후 지급하여야 함. 예금주 본인에게만 지급하겠다는 특약이 있는 예금을 제3자에게 지급할 경우 인감이나 비밀번호가 일치한다 할지라도 금융기관이 면책될 수 없으므로 주의를 요함. ② 예금청구서가 정정된 경우 예금청구서는 영수증의 역할을 하는 것이므로 예금청구서의 금액·비밀번호·청구일자 등이 정정된 경우에는 반드시 정정인을 받든가 또는 새로운 전표를 작성하도록 하여야 함. 그렇지 않으면 그 진정성이 의심될 뿐만 아니라 주의의무가 가중되어 선의·무과실로 면책될 가능성이 감소되기 때문

유의사항	③ 기한부예금의 중도해지의 경우 기한부예금이나 적금을 중도해지 하는 경우 이는 금융회사가 이익을 포기하여 중도해지청구에 응하는 것이고, 예금주로서는 만기까지 통장이나 인감보관, 그 상실의 경우 금융회사에 대한 신고에 있어 보통예금이나 기한도래후의 정기예금에 비하여 소홀히 할 가능성이 있으므로 금융회사의 예금주 본인, 사자 또는 대리인에 대한 확인의 주의의무가 가중됨. 따라서 반드시 본인의 의사를 확인하는 것이 필요함 ④ 사고신고 여부 등을 확인 전산등록 되므로 별 문제가 없음. 다만 사고신고를 지연하여 예금주에게 손해를 입혔다면 그 손해를 배상하여야 함 ⑤ 폰뱅킹에 의한 자금이체신청의 경우 판례는 자금이체가 기계에 의하여 순간적으로 이루어지는 폰뱅킹에 의한 자금이체신청이 채권의 준점유자에 대한 변제로서 금융회사의 주의의무를 다하였는지를 판단함에 있어서 는 자금이체시의 사정만을 고려할 것이 아니라 그 이전의 폰뱅킹 등록을 할 당시에 예금주의 주민등록증의 진정여부, 부착된 사진과 실물을 대조하고 본인이 폰뱅킹의 비밀번호를 직접 등록하였는지 여부의 확인과 같은 폰뱅킹 등록 당시의 제반사정을 고려하여야 한다고 판시함. 따라서 금융회사가 폰뱅킹신청 등록 시 거래상대방의 본인여부를 확인하는 때 그 상대방이 거래명의인의 주민등록증을 소지하고 있는지 여부를 확인하는 것만 으로는 부족하고, 그 직무수행상 필요로 하는 충분한 주의를 다하여 주민등록증의 진정여부 등을 확인함과 아울러 그에 부착된 사진과 실물을 대조하여야 함
편의지급	① 편의지급 : 무통장 지급·무인감지급 등과 같이 약관이 정하는 예금지급절차를 따르지 않은 지급을 말함 ② 예금주에게 지급한 경우에는 변제의 효과가 발생하나, 종업원 등과 같은 예금주 아닌 제3자에게 지급한 경우에는 면책될 수 없음 ③ 따라서 실무상 부득이 편의 취급할 경우에는 예금주에 한해서 취급하고, 평소 예금거래를 대신하는 종업원 등이 편의취급을 요구할 경우에도 본인의 의사를 확인하여야 함
과다지급	① 금융회사 직원의 착오 또는 실수로 예금주가 청구한 것보다 많은 금액을 지급하게 되면 금융회사는 부당이득의 법리에 따라 과다 지급된 금액에 대하여 예금주에게 부당이득반환 청구권을 행사하여 잘못 지급된 금액의 반환을 청구할 수 있음 ② 이때 거래처가 과다 지급된 사실을 부인하면서 지급에 응하지 않는 경우에는 금융회사는 부당이득반환청구소송을 통해서 동 금원은 물론 지연배상금까지 회수할 수 있음을 고지시키고, 형사적으로도 과다 지급된 금원을 부당수령하게 되는 경우 '점유이탈물횡령죄'에 해당할 수 있어 형사상 문제로 비화될 수 있음을 주지시키면서 즉시 반환하도록 설득시켜야 할 것임

TOPIC 13 확인문제 예금의 입금과 지급

01 예금의 입금과 지급에 대한 설명으로 옳지 않은 것은? 23. 계리직

① 금융회사는 예금청구서의 금액·비밀번호·청구일자 등이 정정된 경우, 반드시 정정인을 받거나 새로운 전표를 작성하도록 하여야 한다.

② 직원이 입금조작을 잘못하여 착오계좌에 입금한 경우, 금융회사는 착오계좌 예금주의 동의와 관계없이 취소 처리하고 정당계좌에 입금할 수 있다.

③ 금융회사는 실제로 받은 금액보다 과다한 금액으로 통장 등을 발행한 경우, 실제로 입금한 금액에 한하여 예금계약이 성립하므로 예금주의 계좌에서 초과입금액을 인출하면 된다.

④ 송금인이 착오송금한 경우, 송금인은 금융회사를 통해 수취인에게 반환요청할 수 있고, 반환이 거절된 경우에는 반환거절일로부터 1년 이내 예금보험공사에 반환지원 신청을 할 수 있다.

02 다음은 예금의 입금에 대한 설명이다. 옳은 것을 모두 고르시오.

〈 보기 〉
ㄱ. 현금의 확인을 유보하는 의사 없이 예금통장 등을 발행한 경우에 부족액이 발생한 경우에는 금융회사가 입증책임을 부담한다.
ㄴ. 예금주가 오류입금인 사실을 알면서 예금을 인출하였다고 해도 금융회사의 과실이 있으므로 해당 손해를 금융회사와 분담하여 진다.
ㄷ. 과다입금된 경우 제3자가 그러한 사실을 모르고 그 예금에 대하여 질권을 취득한 경우에는 그로 인한 손해를 금융회사가 배상할 필요는 없다.
ㄹ. 타점권을 입금시키는 행위는 금융회사에 대하여 그 추심을 의뢰하고 그 추심이 완료되면 추심대전을 예금계좌에 입금시키도록 하는 위임계약이다.

① ㄱ, ㄴ   ② ㄱ, ㄹ   ③ ㄴ, ㄷ   ④ ㄷ, ㄹ

03 계좌송금에 대한 설명으로 옳지 않은 것은?

① 계좌송금은 입금의뢰인이 수납 금융회사에 대하여 송금할 금액을 입금하면서 예금주에게 입금하여 줄 것을 위탁하고 수납 금융회사가 이를 승낙함으로써 성립하는 위임계약이다.

② 계좌송금은 위임계약이므로 입금의뢰인은 수임인인 수납 금융회사 및 수납 금융회사의 위임을 받은 예금 금융회사가 위임사무를 종료하기 전에는 언제든지 위임계약을 해지하고 계좌송금 철회를 할 수 있다.

③ 착오송금은 송금인의 착오로 인해 송금금액, 수취금융회사, 수취인 계좌번호 등이 잘못 입력돼 이체된 거래로서, 착오송금액은 법적으로 수취인의 예금이지만 수취인의 동의 없이는 자금을 돌려받을 수 있다.

④ 수취인은 잘못 입금된 금원을 송금인에게 돌려줄 때까지 보관할 의무가 있으므로, 수취인이 착오입금된 돈을 임의로 인출하여 사용하는 경우 형사상 횡령죄에 해당될 수 있다.

02

04 다음은 예금의 지급과 면책에 대한 설명이다. 옳은 것을 모두 고르시오.

─────〈 보기 〉─────
ㄱ. 예금채권은 원칙적으로 지명채권이다.
ㄴ. 양도성예금증서(CD)와 같은 유가증권은 그 증권의 점유자에게 지급하면 그 소지인이 정당한 권리자인지 여부에 따라 금융회사의 면책이 결정된다.
ㄷ. 채권의 준점유자에 대한 변제에 관한 민법의 이론을 구체화하여 예금통장·증서를 소지하고 인감 또는 서명이 일치하며 비밀번호가 일치하면, 금융회사가 선의·무과실인 한 책임을 면하는 것으로 규정하고 있다.
ㄹ. 편의지급시 예금주, 종업원 등과 같은 예금주 아닌 제3자에게 지급한 경우에 변제의 효과가 발생한다.

① ㄱ, ㄴ   ② ㄱ, ㄷ   ③ ㄴ, ㄹ   ④ ㄷ, ㄹ

정답찾기

01 ④ 송금인이 착오송금한 경우, 송금인은 금융회사를 통해 수취인에게 반환요청할 수 있고, 반환이 거절된 경우에는 착오송금일로부터 1년 이내 예금보험공사에 반환지원 신청을 할 수 있다.

02 ㄴ. 예금주가 오류입금인 사실을 알면서 예금을 인출하였다면 부당이득으로 반환하여야 한다.
ㄷ. 과다입금된 경우 제3자가 그러한 사실을 모르고 그 예금에 대하여 질권을 취득하고 금전을 대부해 주었다거나 압류·전부명령을 받은 경우에는 그로 인한 손해를 금융회사가 배상하여야 한다.

03 ③ 착오송금은 송금인의 착오로 인해 송금금액, 수취금융회사, 수취인 계좌번호 등이 잘못 입력돼 이체된 거래로서, 착오송금액은 법적으로 수취인의 예금이기 때문에 송금인은 수취인의 동의 없이는 자금을 돌려받을 수 없다.

04 ㄴ. 양도성예금증서(CD)와 같은 유가증권은 그 증권의 점유자에게 지급하면 그 소지인이 정당한 권리자인지 여부에 관계없이 금융회사는 면책된다.
ㄹ. 편의지급시 예금주에게 지급한 경우에는 변제의 효과가 발생하나, 종업원 등과 같은 예금주 아닌 제3자에게 지급한 경우에는 면책될 수 없다.

정답 **01** ④   **02** ②   **03** ③   **04** ②

TOPIC 14 예금의 관리

① 상속의 개요와 상속인의 확인

상속개요	① 상속 : 사망한 사람의 재산이 생존하고 있는 사람에게 승계되는 것 ② 피상속인 : 사망한 자, 상속인 : 승계하는 자 ③ 상속은 사망한 시점에서 개시되며 사망한 사실이 가족관계등록부에 기재된 시점에서 개시되는 것은 아님(민법 제997조) ④ 예금상속 : 재산권의 일종인 예금채권이 그 귀속주체인 예금주가 사망함에 따라 상속인에게 승계되는 것을 말한다. 상속이 개시되면 피상속인의 권리·의무가 포괄적으로 상속인에게 상속됨 ⑤ 상속인은 사망한 자의 유언에 따라 결정되며(유언상속), 유언이 없을 경우 법률에 정해진 바에 따라 상속인이 결정됨(법정상속) ⑥ 「민법」은 법정상속을 원칙으로 하고 유언상속은 유증의 형태로 인정하고 있음
상속인 확인방법	① 예금주가 유언 없이 사망한 경우에는 법정상속이 이루어지게 되는 바, 가족관계등록사항별 증명서를 징구하여(필요시 제적등본 징구) 상속인을 확인하면 족함 ② 유언상속의 경우에는 유언서의 내용을 확인하되 자필증서·녹음·비밀증서에 의한 경우에는 법원의 유언검인심판을 받은 유언검인심판서를 징구하여야 함 ③ 또한 유류분에 대한 상속인의 청구가 있을 수 있으므로 가족관계등록사항별 증명서를 징구하여 유류분권리자를 확인하여야 함

② 법적상속

혈족상속인	① 예금주가 사망한 경우 혈족상속의 순위는 혈연상의 근친에 따라 그 순위가 정하여짐 ② 혈족이란 자연혈족뿐만 아니라 법정혈족도 포함하며 만약 선순위 상속권자가 1인이라도 있으면 후순위권자는 전혀 상속권을 가지지 못함. 혈족 상속인의 상속 순위는 다음과 같음 • 제1순위 : 피상속인의 직계비속 및 피상속인의 배우자 양자는 법정혈족이므로 친생부모 및 양부모의 예금도 상속하나(다만 2008.1.1.부터 시행된 친양자입양제도에 따라 입양된 친양자는 친생부모와의 친족관계 및 상속관계가 모두 종료되므로 생가부모의 예금을 상속하지는 못한다), 서자와 적모 사이·적자와 계모 사이·부와 가봉자(의붓아들) 사이에는 혈연도 없고 법정혈족도 아니므로 상속인이 아님. 한편 태아는 상속순위에 있어 출생한 것으로 간주되므로 상속인이 됨 • 제2순위 : 피상속인의 직계존속 및 피상속인의 배우자 • 제3순위 : 피상속인의 형제자매 • 제4순위 : 피상속인의 4촌 이내의 방계혈족

대습상속	① 상속인이 될 직계비속 또는 형제자매가 상속개시 전에 사망하거나 결격자가 된 경우에 그 직계비속이 있는 때에는, 그 직계비속이 사망하거나 결격된 자의 지위를 순위에 갈음하여 상속권자가 됨(민법 제1001조). 배우자 상호간에도 대습상속이 인정됨 ② 남편이 사망한 후 남편의 부모가 사망한 경우에 처는 남편의 상속인의 지위를 상속함. 그러나 배우자가 타인과 재혼한 경우에는 인척관계가 소멸되므로 상속인이 될 수 없음
공동상속과 상속분	① 같은 순위의 상속인이 여러 사람인 경우에는 최근친을 선순위로 봄 ② 같은 직계비속이라도 아들이 손자보다 선순위로 상속받게 됨 ③ 같은 순위의 상속인이 두 사람 이상인 경우에는 공동상속을 함. 공동상속인 간의 상속분은 배우자에게는 1.5, 그 밖의 자녀에게는 1의 비율임
상속재산 공유의 성질	① 공동상속인은 각자의 상속분에 응하여 피상속인의 권리의무를 승계하나, 분할을 할 때까지는 상속재산을 공유로 함. 그런데 상속재산의 공유의 성질에 대하여는 공유설과 합유설의 대립이 있음 ② 공유설: 공동상속인이 상속분에 따라 각자의 지분을 가지며, 그 지분을 자유로이 처분할 수 있다는 견해 ③ 합유설: 공동상속인이 상속분에 따른 지분은 가지나, 상속재산을 분할하기까지는 그 공동상속재산의 지분에 대한 처분은 공동상속인 전원의 동의를 얻어야 한다는 견해 ④ 이에 대한 대법원의 판례는 없으나 공유설이 통설이며 법원의 실무처리도 공유설에 따르고 있음 ⑤ 은행(우체국)의 입장: 상속인 중 일부가 법정상속분을 청구하는 경우 상속결격사유의 발생, 유언 등이 있는지 여부를 확인할 방법이 없으므로 합유설에 따라 공동상속인 전원의 동의를 받아 지급하는 것이 합리적임 ⑥ 만약 상속인 중 일부가 다른 상속인의 동의 없이 자기의 지분을 청구하는 경우 은행(우체국)은 법원의 실무처리인 공유설에 따라 가족관계등록사항별 증명서 등을 징구하여 상속인의 범위와 자격을 확인한 다음 그에 따라 예금을 지급하였다면 문제가 없을 것으로 봄. 왜냐하면 이와 같이 지급하더라도 채권의 준점유자에 대한 면책규정에 의하여 면책될 수 있고, 오히려 지급에 응하지 아니하여 소송이 제기되는 경우에는 패소에 따른 소송비용 및 지연이자까지도 부담할 수 있기 때문임

02

❸ 유언상속(유증)

유증의 의의	① 유증: 유언에 따른 재산의 증여행위 ② 유증의 형태로는 상속재산의 전부 또는 일정비율로 자산과 부채를 함께 유증하는 포괄유증과 상속재산 가운데 특정한 재산을 지정하여 유증하는 특정(지정)유증이 있음
유언의 확인	① 수증자가 유언에 의하여 예금지급을 청구할 경우에는 유언의 형식 및 내용을 확인하여야 함 ② 유언의 방식 중 공정증서 또는 법원의 검인을 받은 구수증서에 의한 것이 아닌 경우에는 가정법원의 유언검인심판서를 징구하여 유언의 적법성 여부를 확인하여야 함
유언집행자의 확인	① 유언집행자가 선임되어 있는 경우에는 상속재산에 대한 관리권이 유언집행자에게 있으므로 그 유무를 확인하여야 함 ② 유언집행자를 확인하기 위하여는 유언서·법원의 선임공고 또는 상속인에 대한 조회로 할 수 있음 ③ 유언집행자는 유언의 내용대로 재산을 관리하고 기타 유언의 집행에 필요한 행위를 할 권리와 의무가 있고 그러한 권한에 따른 유언집행자의 행위의 효과가 상속인에게 귀속됨 ④ 유언집행자는 법정유언집행자, 지정유언집행자, 선임유언집행자로 구분
수증자의 예금청구가 있는 경우	① 포괄유증을 받은 자는 재산상속인과 동일한 권리의무가 있으므로, 적극재산뿐만 아니라 소극재산인 채무까지도 승계함 ② 특정유증의 경우에는 수증자(=유증받는자)가 상속인 또는 유언집행자에 대하여 채권적 청구권만 가지므로 은행(우체국)은 예금을 상속인이나 유언집행자에게 지급함이 원칙임 ③ 그러나 실무상으로는 수증자가 직접 지급하여 줄 것을 요구하는 경우가 많음. 이 경우에는 유언집행자 또는 법정상속인으로부터 유증을 원인으로 하는 명의변경신청서를 징구하여 예금주의 명의를 수증자로 변경한 후에 예금을 지급하면 됨 ④ 다만 상속인으로부터 유류분반환청구가 있는지 확인하여야 함 ⑤ 유류분: 유증에 의한 경우에 법정상속인 중 직계비속과 배우자는 법정상속의 2분의 1까지, 직계존속은 3분의 1까지 수증자에게 반환을 청구할 수 있는 권리 ⑥ 수증자의 예금청구에 대하여 상속인이 그 유류분을 주장하여 예금인출의 중지를 요청하는 경우에는 은행은 상속인으로부터 수증자에 대하여 유류분 침해분에 대한 반환을 청구하였음을 증명하는 서면을 징구하고, 수증자에 대하여는 유류분침해분에 해당하는 금액의 예금반환을 거절하여야 함

❹ 상속과 관련된 특수문제

상속인이 행방불명인 경우	① 상속재산이 공동상속인에게 합유적으로 귀속된다는 합유설에 따르면 행방불명인 자의 지분을 제외한 나머지 부분도 지급할 수 없음 ② 공유설을 취할 경우에는 행방불명자의 상속분을 제외한 나머지 부분은 각 상속 인에게 지급할 수 있음
상속인이 부존재하는 경우	① 상속권자나 수증인이 없는 경우에는 이해관계인 및 검사의 청구에 의하여 상속재 산관리인을 선임하고, 재산관리인은 채권신고기간을 정하여 공고하고 상속재산을 청산하는 절차를 밟음 ② 채권신고기간 종료 시까지 상속인이 나타나지 않으면 2년간의 상속인 수색절차를 거쳐 상속인이 없으면 특별연고권자에게 재산을 분여함 ③ 특별연고자도 없으면 국고에 귀속됨
피상속인이 외국인인 경우	① 국제사법상 상속은 피상속인의 본국법에 의하므로 외국인의 경우에는 예금주의 본 국법에 의하여 상속절차를 밟는 것이 원칙 ② 그러나 실무상 은행(우체국)으로서는 이러한 외국의 상속법에 정통할 수는 없음. 따라서 만기가 도래한 예금은 채권자의 지급청구가 있으면 변제자가 과실 없이 채 권자를 알 수 없는 경우를 사유로 변제 공탁하는 것이 최선의 방법임 ③ 만기가 도래하지 않은 예금의 경우에는 변제공탁이 불가능하므로 주한해당국 공관 의 확인을 받고 필요한 경우에는 내국인으로 하여금 보증을 하도록 한 후에 지급하 여야 할 것임
상속재산 분할방법	① 상속재산의 분할: 상속개시로 생긴 공동상속인 사이의 상속재산의 공유관계를 끝내 고 상속분 또는 상속인의 협의내용대로 그 배분관계를 확정시키는 것. 상속재산분 할의 방법으로는 다음의 세 가지가 있음 ② 유언에 의한 분할 피상속인은 유언으로 상속재산의 분할방법을 정하거나 이를 정할 것을 제3자에게 위탁할 수 있음 ③ 협의분할 협의분할이란 공동상속인 간의 협의에 의한 분할로 유언에 의한 분할방법의 지정 이 없거나, 피상속인이 5년을 넘지 않는 범위 내에서 상속재산의 분할을 금지하지 않는 한 공동상속인들은 언제든지 협의로 상속재산을 분할할 수 있음. 협의분할에 따른 예금지급을 위해서는 상속인의 범위를 확정하고 상속재산분할협의서 · 공동상 속인의 인감증명서 · 손해담보각서 등을 징구한 후 지급하면 됨. 다만 공동상속인 중 친권자와 미성년자가 있는 경우에 친권자가 미성년자를 대리하여 협의분할 하 는 것은 이해상반행위에 해당하므로 특별대리인의 선임증명을 첨부하여 특별대리 인이 동의권 또는 대리권을 행사하도록 하여야 함 ④ 심판분할 심판분할이란 공동상속인들 간에 상속재산의 분할협의가 이루어지지 않아 가정법 원의 심판에 의하여 상속재산을 분할하는 방법임. 상속재산을 분할한 경우에는 상 속 개시된 때에 그 효력이 생김

단순승인, 한정승인, 상속포기	① 상속인은 상속의 개시 있음을 안 날로부터 3개월 내에 단순승인이나 한정승인 또는 상속 포기를 할 수 있음 ② 상속의 포기는 엄격한 요식행위이므로 법원의 상속포기 심판서를 징구하여 확인하 여야 한함 ③ 한정승인이란 상속으로 인하여 취득할 재산의 범위 내에서 채무를 변제할 것을 조 건으로 상속을 승인하는 것을 말하는데 한정승인 또한 법원의 한정승인 심판서를 징구하여 확인하여야 함
은행(우체국)이 예금주 사망사실을 모르고 예금을 지급한 경우	① 은행(우체국)이 예금주의 사망사실을 모르는 상태에서 선의로 예금통장이나 증서 를 소지한 자에게 신고된 인감과 비밀번호에 의하여 예금을 지급한 경우에는 채권 의 준점유자에 대한 변제로서 면책됨 ② 다만, 예금주가 사망한 사실을 모르고 지급한 것에 대하여 은행(우체국)의 과실이 없어야 함 ③ 은행(우체국)이 그 예금약관으로 지급의 면책에 관하여 규정하고 있다 하더라도 은 행(우체국)의 주의의무를 경감시키거나 과실이 있는 경우까지 면책되는 것은 아님

❺ 상속예금의 지급

상속예금의 지급절차	① 상속인들로부터 가족관계등록사항별 증명서(필요시 제적등본) · 유언장 등을 징구 하여 상속인을 확인 ② 상속인의 지분에 영향을 미치는 상속의 포기 · 한정승인 · 유류분의 청구 등이 있는 지 확인 ③ 각종 증빙서류가 적법한 것인지를 확인(유언검인심판서 · 한정승인심판서 등) ④ 상속재산관리인 선임여부를 확인 ⑤ 상속재산의 분할여부를 확인 ⑥ 상속예금지급 시 상속인 전원의 동의서 및 손해담보약정을 받는 것이 바람직함. 그 러나 위 동의서 및 손해담보약정의 징구와 관련해서는 분쟁의 소지가 많고 이를 징 구하지 않더라도 정당한 절차에 따라 상속예금을 지급하였다면 상속채권의 준점유 자에대한 변제로서 유효할 수 있으므로 반드시 징구하여야 하는 것은 아님
당좌계정의 처리	당좌거래는 그 법적성질이 위임계약이고 당사자 일방의 사망으로 계약관계가 종료되 므로 당좌거래계약을 해지하고 상속인으로부터 미사용 어음 · 수표를 회수하여야 함
정기적금의 처리	① 예금주가 사망한 경우에는 상속인이 포괄적으로 예금주의 지위를 승계하므로, 일반 상속재산의 지급절차에 의하면 족함 ② 다만 적금 적립기간 중 예금주가 사망하고 공동상속인 중 1인이 적금계약을 승계하 기 위해서는 상속인 전원의 동의가 필요함

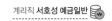

⑥ 예금채권의 양도

예금채권의 양도성	① 예금채권의 양도 : 예금주가 그 예금채권을 다른 사람에게 양도하는 것을 말하며, 기명식예금은 지명채권이므로 원칙적으로 그 양도성이 인정됨 ② 다만 당사자 사이의 특약으로 그 양도성을 배제할 수 있는데, 예금거래의 실무상으로는 증권적 예금을 제외하고는 대부분의 예금에 대해 양도금지특약을 하고 있음
양도금지특약	① 예금거래기본약관은 거래처가 예금을 양도하려면 사전에 은행(우체국)에 통지하고 동의를 받아야 함 ② 다만, 법령으로 금지된 경우에는 양도할 수 없다고 규정하여 양도를 제한하고 있음. 위 특약을 규정한 이유는 대량적·반복적 지급거래를 수반하는 예금거래에 있어서 은행(우체국)이 일일이 정당하게 양도된 것인지 여부를 확인하여야 하는 번거로움과 이중지급의 위험성을 배제하고 채권보전의 확실성을 도모하기 위함
양도금지특약의 효력	① 예금주가 양도금지 특약을 위반하여 예금을 다른 사람에게 양도한 경우, 그 양도는 무효이고 은행(우체국)에 대하여 대항할 수 없음 ② 비록 민법이 선의의 양수인에 대하여는 양도제한의 특약을 가지고 대항할 수 없다고 규정하고 있기는 하나 예금에 양도금지특약이 있다는 것은 공지의 사실이므로 양수인은 선의를 주장하기 어려움 ③ 다만 주의할 점은 양도금지의 특약에도 불구하고 전부채권자가 그 특약을 알고 있든 모르고 있든 관계없이 전부명령은 유효함
예금의 양도방법	① 예금을 양도하기 위해서는 양도인과 양수인 사이에 예금양도계약 및 은행(우체국)의 승낙이 있어야 함 ② 실무상 양도인인 예금주가 예금양도 통지만을 하는 경우가 있으나 이는 양도금지특약을 위반한 것이므로, 당사자 사이에는 유효하나 그 양도로 은행(우체국)에 대항할 수 없음 ③ 또한 제3자에게 예금양도로써 대항하기 위해서는 은행(우체국)의 승낙서에 확정일자를 받아 두어야 한다. 이는 예금채권에 대해 권리가 경합할 때에 누가 우선하는가를 결정하는 기준이 되는 것으로 제3자와의 관계에서 확정일자를 받지 않았으면 채권의 양수로 대항할 수 없으며, 확정일자를 받았으면 대항요건을 갖춘 시기의 앞뒤에 따라 그 우열관계가 결정됨 ④ 예금의 양도가 유효하면 그 예금은 동일성을 유지한 채로 양수인에게로 이전되므로 예금주의 명의를 양수인으로 변경하여야 함 ⑤ 예금이자의 귀속에 관하여 합의가 있는 경우에는 그 합의에 따르면 되며, 합의가 없는 경우에는 이자채권은 원본채권에 부종하므로 예금양도의 효력을 발생일을 기준으로 하여 그 이후 발생 이자분은 양수인에게 귀속하고, 그 이전 발생분은 양도인에게 귀속하는 것으로 해석하는 것이 통설임
은행(우체국) 실무처리 시 유의사항	은행(우체국)이 양도승낙의 신청을 받은 경우 ① 양도인인 예금주의 양도의사를 확인함. 이때 예금 중에는 그 성질상 예금양도가 금지되는 경우와 근로자장기저축 등 법령상 양도가 금지되는 예금이 있음에 유의하여야 함

02

은행(우체국) 실무처리 시 유의사항	② 예금양도승낙신청서를 징구함. 이때 예금양도승낙신청서에는 양도인과 양수인 연서로 하며 제3자에게 대항하기 위해서는 확정일자를 득한 것을 징구하는 것이 바람직함. 또한 승낙서는 2부를 작성하여 1부는 교부하고 1부는 은행(우체국)이 보관하여 향후 분쟁에 대비하여야 함. 구두에 의한 승낙도 유효하나 분쟁의 소지가 있으므로 서면에 의하도록 한함 ③ 당해 예금에 가압류·압류 등이 있는지 확인 ④ 예금주에 대하여 대출금채권 등을 가지고 있는 경우에는 상계권행사를 유보하고 승낙할지 여부를 결정함. 예금채권양도에 대한 승낙의 방법에는 이의를 유보한 승낙과 이의를 유보하지 않은 승낙이 있고, 이의를 유보하지 않고 승낙한 때에는 설사 은행(우체국)이 양도인에게 대항할 수 있는 사유가 있더라도 이로써 양수인에게 대항할 수 없음. 따라서 은행(우체국)이 예금채권 양도 승낙요청을 받은 경우에는 우선 양도인에게 대항할 수 있는 항변사유가 있는가를 검토할 필요가 있음. 이러한 항변사유 가운데는 특히 뒷날 상계할 가능성이나 필요성 등 채권보전에 지장은 없겠는가를 검토하는 것이 중요함 ⑤ 명의변경과 개인(改印)절차를 밟음. 물론 이때에도 실명확인절차를 거쳐야 함

❼ 예금채권의 질권설정

예금의 질권설정	① 예금은 그 예금을 받은 은행 또는 다른 금융회사나 일반인 등 제3자가 자기의 채권을 담보하기 위하여 질권설정을 하는 예가 적지 않음 ② 이 가운데 그 예금을 받은 은행(우체국)이 질권설정하는 경우에는 자기가 받은 예금에 질권설정하는 것이므로 승낙이라는 특별한 절차를 거치지 않아도 됨 ③ 제3자가 질권설정하는 경우에는 예금양도의 경우와 마찬가지 이유에서 질권설정금지특약을 두고 있어 은행(우체국)의 승낙을 필요로 함. 그 밖에도 기본적으로는 양도의 경우와 다를 바 없음
예금에 대한 질권의 효력	① 채권의 직접청구 질권자는 질권의 목적이 된 채권을 직접 청구할 수 있고, 채권의 목적이 금전인 때에는 자기의 채권액에 해당하는 부분을 직접 청구해서 자기 채권의 우선변제에 충당할 수 있음. 다만 질권자에게 직접청구권과 변제충당권이 인정되려면 피담보채권과 질권설정된 채권(예금채권)이 모두 변제기에 있어야 함 따라서 질권설정된 예금채권의 변제기는 이르렀으나 피담보채권의 변제기가 도래하지 않은 경우 질권자는 제3채무자에게 그 변제금액의 공탁을 청구할 수 있고, 이 경우 질권은 그 공탁금 위에 계속 존속함. 반대의 경우 즉, 피담보채권의 변제기는 도래했으나 질권설정된 예금채권의 변제기는 도래하지 않은 경우 질권자는 질권설정된 예금채권의 변제기까지 기다려야 함 ② 이자에 대한 효력 예금채권에 대한 질권의 효력은 그 예금의 이자에도 미침

예금에 대한 질권의 효력	③ 질권설정된 예금을 기한 갱신하는 경우 질권설정을 했는데 이자 등의 문제로 기한에 이른 정기예금의 원금과 이자를 그대로 종목을 동일하게 하는 새로운 정기예금으로 하는 경우 특별한 사정이 없는 한 두 예금채권 사이에는 동일성이 인정되므로 종전 예금채권에 설정한 담보권은 당연히 새로 성립하는 예금채권에도 미침 ④ 질권설정된 예금을 다른 종목의 예금으로 바꾼 경우 다른 종목의 예금으로 바꾼 경우 특정한 사정이 없는 한 원칙적으로 두 예금채권 사이에는 동일성이 인정되지 않으므로 종전 예금채권에 설정된 담보권은 새로이 성립하는 예금채권에 미치지 않음. 따라서 은행(우체국)은 그 예금종목을 바꾼 것으로 질권자에게는 대항할 수 없고, 질권의 지급금지 효력에 위반한 것이므로 손해배상 책임을 질 수도 있음
질권설정된 예금의 지급	① 예금주에 대한 지급 질권은 지급금지의 효력이 있으므로 피담보채권이 변제 등의 사유로 소멸하여 질권자로부터 질권해지의 통지를 받은 경우에는 그 예금을 예금주에게 지급할 수 있음. 또한 질권의 효력은 그 원금뿐만 아니라 이자에도 미치므로 예금주가 이자의 지급을 요청하는 경우에도 질권자의 동의하에서만 지급가능함 ② 질권자에 대한 지급 질권설정된 예금과 피담보채권의 변제기가 도래하여 질권자의 직접청구가 있는 경우 제3채무자인 은행(우체국)은 예금주에게 질권자에 대한 지급에 이의가 있는지의 여부를 조회하고, 승낙문언을 기재한 질권설정승낙의뢰서, 피담보채권에 관한 입증서류(대출계약서, 어음 등), 피담보채권액에 관한 입증서류(원장, 대출원리금계산서 등), 예금증서 및 질권자의 지급청구서 등을 징구한 후 지급하면 됨
실무상 유의사항	① 피담보채권의 변제기보다 예금의 변제기가 먼저 도래한 경우 피담보채권의 변제기보다 예금의 변제기가 먼저 도래한 경우 은행(우체국)이 예금주를 위해서 그 예금을 새로이 갱신하는 경우가 있음. 이때 주의할 점은 같은 종류의 예금으로 갱신하여야 하며, 다른 종목의 예금으로 바꾸지 않도록 하여야 함. 실무상 다툼의 염려가 있고 혹 이중지급의 우려도 있기 때문임. 기한갱신을 한 경우 새로운 통장이나 증서에도 질권설정의 뜻을 표시하고 예금거래신청서 및 전산원장에도 역시 같은 뜻의 표시를 하여 종전 예금과의 관계를 명백히 표시해 두어야 함 ② 예금의 변제기보다 피담보채권의 변제기가 먼저 도래한 경우 예금의 변제기보다 피담보채권의 변제기가 먼저 도래한 경우 질권자가 피담보채권의 변제기가 이르렀음을 이유로 그 예금을 중도해지하여 지급청구하는 경우가 있음. 이러한 경우 질권자는 그 예금에 대한 계약당사자가 아니므로 중도해지권이 없음. 따라서 이 예금을 중도해지해서 질권자에게 지급하려면 예금주의 동의가 있어야 함. 실무상으로는 질권자가 질권해지·중도해지 및 대리수령에 관한 위임장을 가지고 와서 중도해지하여 지급하여 줄 것을 요청하는 경우 질권자에게 지급할 수 있음

02

⑧ 예금에 대한 압류

예금에 대한 (가)압류 명령이 송달된 경우의 실무처리절차	① 압류명령의 송달연월일 및 접수시각을 명확히 기록하고, 송달보고서에 기재된 시각을 확인하여야 함 ② 어떠한 종류의 명령인가를 명백히 파악함. 압류에는 강제집행절차상의 압류와 국세징수법상의 체납처분에 의한 압류가 있음. 그리고 강제집행개시에 앞선 보전처분으로서의 가압류가 있고, 압류 이후의 환가처분으로서의 전부명령과 추심명령이 있음. 따라서 명령서의 내용을 조사하여 어떤 종류의 압류인가를 명백히 파악돼야 함 ③ 피압류채권에 해당되는 예금의 유무를 조사하고 피압류채권의 표시가 예금을 특정할 정도로 유효하게 기재되어 있는가를 확인함 ④ 압류명령상의 표시에 하자가 있는 경우에는 경정결정을 받아오도록 함 ⑤ 압류된 예금에 대하여는 즉시 ON-LINE에 주의사고 등록을 하고 원장 등에 압류사실을 기재하여 지급금지조치를 취함 ⑥ 해당 예금에 대한 질권설정의 유무 및 예금주에 대한 대출금의 유무를 조사하고 대출채권이 있는 경우 상계권 행사여부를 검토함 ⑦ 해당예금에 대한 압류경합여부를 확인하고, 공탁의 여부를 검토함 ⑧ 예금주, 질권자 등에게 압류사실을 통지 ⑨ 압류명령에 진술최고서가 첨부된 경우에는 송달일로부터 1주일 이내에 진술서를 작성하여 법원에 제출
압류명령의 접수	① 압류의 효력발생시기 압류명령은 채무자와 제3채무자에게 송달됨. 그러나 예금에 대한 압류명령의 효력이 발생하는 시기는 그 결정문이 제3채무자인 은행(우체국)에 송달된 때임. 이와 같이 은행(우체국)에 압류결정문이 송달된 때를 그 효력발생시기로 한 것은 제3채무자인 은행(우체국)이 그러한 결정이 있음을 안 때에 집행채무자인 예금주에 대하여 현실로 예금의 지급을 금지할 수 있기 때문임. 압류명령은 본점에 송달되는 경우도 있고 해당 지점에 송달되는 경우도 있음. 본점에 송달되는 경우 압류명령의 효력이 발생하는 시점은 그 결정문이 본점에 접수된 때이며 해당 지점에 이첩된 때가 아님. 송달장소는 송달을 받을 자의 주소·거소·영업소 또는 사무소 어느 곳이라도 무방하기 때문임. 따라서 압류명령을 접수한 본점은 이를 신속하게 소관 영업점에 통지하여 예금이 지급되지 않도록 하여야 함 ② 접수시각의 기록 및 송달보고서에 기재된 시각의 확인 압류의 효력발생시기는 그 결정문이 은행(우체국)에 송달된 때이므로 은행(우체국)은 압류결정문의 송달연월일·접수시각을 정확히 기록하고, 송달보고서에 기재된 시각을 확인하여야 함. 왜냐하면 은행(우체국)이 예금주에게 예금을 지급한 시각과 압류의 효력발생 선후가 문제될 수 있고, 압류의 경합에 따른 예금의 공탁여부를 결정하여야 할 때 또는 전부명령과 다른 압류명령이 있는 경우 전부명령의 유효성 여부가 문제되는 경우엔 그 판단의 기준은 압류명령의 효력발생시기가 언제이냐에 따라 달라질 것이기 때문임 ③ 예금주 등에 대한 통지의 필요 예금에 대한 압류가 있는 경우에 은행(우체국)이 그 압류의 사실을 예금주에게 통지해 줄 법적인 의무는 없음. 왜냐하면 압류결정문은 이들에게도 송달되기 때문임. 그러나 예금주에 대한 송달이 주소불명 등으로 송달되지 않는 경우도 있을 수 있으

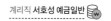

압류명령의 접수	며, 보통예금이나 당좌예금과 같이 운전자금이 필요한 경우에는 미리 예금주가 자금계획은 세울 수 있도록 알려줄 필요가 있음. 또한 예금에 대하여 질권이 설정되어 있는 경우에 은행(우체국)은 질권자에게도 통지할 필요가 있음
피압류예금의 특정	① 집행채권자는 압류를 신청할 때에 압류할 채권이 다른 채권과 구별하여 특정할 수 있도록 그 종류와 액수 즉, 예금종류와 피압류예금액을 명시하지 않으면 안 됨 ② 만일 피압류예금을 특정할 수 없으면 압류의 효력이 없음. 그러나 피압류예금을 반드시 기재할 필요는 없음 ③ 다만 이를 기재한 경우 실제의 예금액이 기재된 예금액보다 적을 때에는 실제의 예금액 전액에 압류의 효력이 미치고, 그 반대이면 기재된 예금액에 한하여 압류의 효력이 미침 ④ 판례는 압류 및 전부명령의 목적인 채권의 표시는 이해관계인 특히 제3채무자로 하여금 딴 채권과 구별할 수 있을 정도로 기재되어 그 동일성의 인식을 저해할 정도에 이르지 않은 이상 그 압류 및 전부명령은 유효하다고 함 ⑤ 예금장소의 특정 예금에 대한 압류결정문에는 제3채무자가 통상 소관 ○○지점이라고 표시되며 이 경우에 특정성이 인정됨은 물론임. 그러나 소관 예금개설점이 표시되지 않은 경우라 하더라도 모든 영업점에 대한 조사를 실시하여 피압류채권의 존재를 알아낼 수 있는 이상, 조사에 상당한 시간이 소요되어 그 사이에 예금이 지급되었다면 이는 은행(우체국)의 과실 없는 지급이 되어 면책이 되는 것은 별론으로 하고 본점 또는 다른 지점으로 송달된 압류명령도 유효하다고 봄 ⑥ 예금계좌의 특정 예금주에게 한 종류의 예금 1개 계좌만 있을 때에는 반드시 예금의 종류와 계좌를 명시하지 않더라도 특정된다고 볼 수 있음. 여러 종류의 예금이 여러 계좌로 있는 경우에도 집행채권의 총액이 예금총액을 상회하는 경우에는 압류명령이 유효하다고 봄. 그러나 집행채권의 총액이 예금채권을 하회하는 경우에는 그 압류명령이 어느 것을 목적으로 하는 것인지 특정할 수 없으므로 압류의 효력이 없다고 봄. 다만 압류명령이 채무자가 제3채무자에 대하여 가지는 동종의 예금에 관하여는 계약일이 오래된 순서로 청구채권에 달하기까지의 금액을 압류한다고 표시되어 있을 때에는 특정성이 인정되므로 그 압류명령은 유효함 ⑦ 특정성에 관하여 의문이 있는 경우의 실무상 처리방법 압류명령이 유효함에도 불구하고 무효로 보아 예금주에게 지급하거나 압류명령이 무효임에도 불구하고 유효한 것으로 보아 압류채권자에게 지급한 경우에 채권의 준점유자에 대한 변제에 관한 규정이 적용될 수 없는 것은 아니지만, 일반적으로 은행(우체국)의 과실이 인정되어 은행(우체국)이 이중지급을 하게 되는 경우가 있을 수 있음. 따라서 실무상으로는 예금의 특정성에 다소의 의문이 있는 경우에는 그 압류가 유효한 것으로 취급하여 지급정지 조치를 취한 후 예금주가 그 특정성을 인정하든가 또는 경정결정에 의하여 예금채권이 특정된 경우에 한하여 압류채권자에게 지급하되, 그렇지 않은 경우에는 소송의 결과에 따라 지급여부를 결정하는 것이 안전하다 할 것임. 그러나 이러한 기준에도 불구하고 실무상으로는 특정성에 의문이 가는 경우가 많음

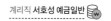

02

압류된 예금의 지급	① 예금채권의 압류만으로써는 압류채권자의 집행채권에 만족을 줄 수 없으므로 압류채권자는 자기 채권의 만족을 위하여 압류한 예금채권을 환가할 필요가 있음 ② 예금채권의 환가방법으로 추심명령과 전부명령이 이용됨. 실무상 압류와 환가처분으로서의 전부명령이나 추심명령을 따로 내리는 경우는 거의 없으며, 대체로 압류 및 전부명령이나 압류 및 추심명령의 형식으로 행해짐이 일반적임. 집행권원이 있으므로 특별히 이를 구분해서 신청 ③ 추심명령의 경우 추심명령이란 집행채무자(예금주)가 제3채무자(우체국)에 대하여 가지는 예금채권의 추심권을 압류채권자에게 부여하여 그가 직접 제3채무자에게 이행의 청구를 할 수 있도록 하는 집행법원의 명령을 말함. 추심명령은 전부명령의 경우와는 달리 제3채무자에 대한 송달로서 그 효력이 생김. 전부명령처럼 채권의 이전이 없으므로, 그 확정으로 효력이 생기게 할 필요가 없기 때문임. 따라서 추심채권자에게 지급함에 있어서는 그 확정여부의 확인이 필요 없음 ④ 전부명령의 경우 전부명령이란 집행채무자(예금주)가 제3채무자(우체국)에 대하여 가지는 예금채권을 집행채권과 집행비용청구권에 갈음하여 압류채권자에게 이전시키는 법원의 명령을 말함. 전부명령은 즉시 항고가 허용되므로 확정되어야 그 효력이 생김. 즉, 즉시항고 없이 법정기간이 지나거나 즉시항고가 각하 또는 기각되어야 즉시항고는 확정되고 전부명령은 그 효력이 생김. 다만, 전부명령의 실체적 효력인 전부채권자에 대한 채권이전 및 채무자의 채무변제효력은 그 전부명령이 확정되면 전부명령이 제3채무자에게 송달된 때 소급해서 생김. 따라서 전부채권자에게 지급하려면 우선 그 전부명령이 확정되었음을 확인하여야 함. 그 확인은 법원에서 발급한 확정증명원으로 함 ⑤ 전부채권자 · 추심채권자의 본인확인 전부명령이 있는 때 전부채권자는 종전채권자(집행채무자)에 갈음해서 새로운 채권자가 되고, 추심채권자는 집행법원에 갈음해서 추심권을 가지므로 은행(우체국)이 그 지급조건이 충족되었을 때 전부명령 또는 추심명령서로써 권리자를 확인하고, 주민등록증 등으로 수령권한을 확인한 후 영수증을 징구하고 전부채권자나 추심채권자에게 지급하여야 함
예금에 대한 체납처분압류	① 체납처분에 의한 압류의 의의 체납처분에 의한 압류란 세금 체납처분의 제1단계로서 세금체납자가 독촉을 받고서도 기한까지 세금을 완납하지 않을 경우에 체납자의 재산처분을 금하고 체납자를 대위하여 추심할 수 있는 행정기관의 명령을 말하는 것으로 세금의 강제징수방법임 ② 체납처분압류의 절차와 효력 세무서장이 체납자가 은행(우체국)에 대하여 가지고 있는 예금채권을 압류할 때에는 제3 채무자인 은행(우체국)에 압류통지서를 우편 또는 세무공무원편으로 송달함. 압류의 효력발생시기는 압류통지서가 은행(우체국)에 송달된 때임. 체납처분압류는 압류목적채권의 지급금지 · 처분금지 및 추심권의 효력까지 있으므로 마치 민사집행법상의 압류명령과 추심명령을 합한 것과 같음

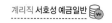

③ 체납처분압류와 민사집행법상 강제집행의 경합

- 민사집행법에 의한 압류(가압류)가 경합된 경우
  - 우선권이 없으므로 채권자의 추심요청시 경합사실을 안내하고 지급 거절
- 국세징수법에 의한 압류(체납처분절차)가 경합된 경우(압류선착주의)
  - 국세징수법에 의한 압류(체납처분절차)는 압류선착주의에 의해 먼저 송달된 기관에 우선권
  - 후순위 압류기관에서 추심요청시 지급 불가
- 민사집행법에 의한 압류와 국세징수법에 의한 압류(체납처분절차)가 경합된 경우
  - 우선권이 없으므로 채권자의 추심요청시 경합사실을 안내하고 지급 거절
- 민사집행법에 의한 압류와 국세징수법 준용기관의 압류가 경합된 경우
  - 우선권이 없으므로 채권자의 추심요청시 경합사실을 안내하고 지급 거절
- 국세징수법에 의한 압류(체납처분절차)와 국세징수법 준용기관의 압류가 경합된 경우
  - 국세징수법에 의한 압류(체납처분절차)와 국세징수법 준용기관의 압류가 경합된 경우, 국세우선원칙에 따라 송달 시점에 관계없이 체납처분압류가 우선
- 국세징수법 준용기관의 압류가 경합된 경우
  - 준용기관은 압류선착주의가 적용되지 않으므로, 압류가 경합된 경우 기관 간 협의하여 처리

구분	공탁 가능여부	업무기준
민사집행법 압류 vs 국세징수법 압류	집행공탁 가능	집행공탁(우선권 없음)
민사집행법 압류 vs 준용기관 압류	집행공탁 가능	집행공탁(우선권 없음)
국세징수법 압류 vs 국세징수법 압류	집행공탁 불가	압류선착주의
국세징수법 압류 vs 준용기관 압류	집행공탁 불가	국세청 지급(국세우선원칙)
준용기관 압류 vs 준용기관 압류	집행공탁 불가	기관간 협의처리

④ 체납처분에 의한 압류예금의 지급절차

체납처분에 의하여 압류된 예금을 지급할 때에는 은행(우체국)이 그 처분청에 스스로 납부하여야 하는 것은 아니며, 징수직원이 은행(우체국)에 나와 금전을 수령해 가도록 하면 됨

이때 신분증명서에 의하여 수령인의 권한을 확인하고 처분청장의 위임장·현금영수증 등을 받고 지급에 응하면 됨

그러나 최근 처분청은 압류통지서에 처분청의 예금계좌를 지정하고 그 지정된 계좌로 입금을 요청하는 경우가 많으며, 이러한 경우에는 처분청의 계좌번호 여부를 확인한 후 그 지시에 따라 입금하면 됨

예금에 대한 체납처분압류

예금에 대한 체납처분압류	그리고 연금·건강보험료 등을 체납하면 연금관리공단이나 국민건강보험공단 등은 자신의 권한으로 체납자의 재산을 압류할 수 있음. 이러한 채권들은 그 특수성이 인정되므로 납부의 지체가 있는 경우 조세체납처분절차를 준용하는 것이 통상적인 예임. 그러므로 실거래의 처리는 조세의 체납처분압류에 준하여 하면 됨

추가자료

◎ **판례 변경에 따른 압류 경합 기준 변경**

대법원 판례 변경*에 따라 법원 압류(민사집행법)와 체납처분 압류(국세징수법) 경합시 업무처리 기준 개선(´16.4월)

* 판결요지 : 국세징수법상 체납처분절차와 민사집행법의 압류가 경합한 경우 체납처분 절차가 우선할 수 없음(대법원 2015.7.9. 선고 2013다60982 판결)

TOPIC 14 확인문제 예금의 관리

01 예금채권의 양도에 대한 설명으로 옳지 않은 것은? 24. 계리직

① 기명식예금은 지명채권이므로 원칙적으로 그 양도성이 인정된다.

② 예금주가 양도금지특약을 위반하여 예금을 다른 사람에게 양도한 경우, 그 양도는 무효이다.

③ 은행(우체국)양도승낙서는 예금채권에 대해 권리가 경합한 때 누가 우선하는가를 결정하는 기준이 된다.

④ 실무상 양도인인 예금주가 예금양도 통지만을 하는 경우, 당사자 사이에는 유효하나 그 양도로 은행(우체국)에 대항할 수는 없다.

02

02 다음은 상속 가계도를 나타낸 것이다. C의 사망(그 외는 생존하고 있는 것으로 본다)으로 인한 상속에 대한 설명으로 옳은 것은? 23. 계리직

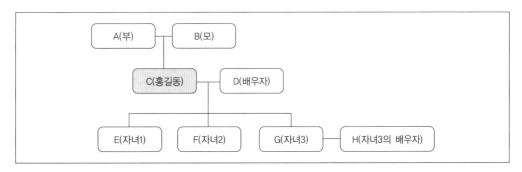

① C의 사망 당시 G가 상속결격자였다면 상속인은 총 3명이다.

② C가 정기적금 적립기간 중에 사망한 경우, E는 F와 G의 동의만으로도 C의 적금계약을 승계할 수 있다.

③ C가 사망 당시 유언으로 전 재산 9억 원을 사회단체에 기부하여 공동상속인 모두가 유류분 반환 청구를 한다면 E의 유류분 금액은 1억 원이다.

④ 합유설에 의하면 C의 사망 당시 F가 행방불명인 경우 F의 상속분을 제외한 나머지 상속분은 각 공동상속인 요청에 따라 분할하여 지급할 수 있다.

03 예금의 상속에 대한 설명으로 옳지 않은 것은?

① 상속재산이 공동상속시 공유설에 따르면 행방불명인 자의 지분을 제외한 나머지 부분도 지급할 수 없다.

② 채권신고기간 종료 시까지 상속인이 나타나지 않으면 2년간의 상속인 수색절차를 거쳐 상속인이 없으면 특별연고권자에게 재산을 상속하고, 특별연고자도 없으면 국고에 귀속된다.

③ 상속인은 상속의 개시 있음을 안 날로부터 3개월 내에 단순승인이나 한정승인 또는 상속포기를 할 수 있다.

④ 이에 대한 대법원의 판례는 없으나 공유설이 통설이며 법원의 실무처리도 공유설에 따르고 있다.

04 다음은 예금에 대한 설명이다. 옳은 것을 모두 고르시오.

─〈보기〉─

ㄱ. 예금거래의 실무상으로는 증권적 예금을 제외하고는 대부분의 예금에 대해 양도금지특약을 하고 있다.

ㄴ. 예금을 양도하기 위해서는 양도인과 양수인 사이에 예금양도계약 및 은행(우체국)의 승낙이 있어야 한다.

ㄷ. 제3자에게 예금양도로써 대항하기 위해서는 은행(우체국)의 승낙서에 확정일자를 받아 두어야 한다. 이는 예금채권에 대해 권리가 경합한 때에 누가 우선하는가를 결정하는 기준이 되는 것으로 제3자와의 관계에서 확정일자를 받지 않았으면 채권의 양수로 대항할 수 없다.

ㄹ. 질권설정된 예금을 다른 종목의 예금으로 바꾼 경우 특정한 사정이 없는 한 원칙적으로 두 예금채권 사이에는 동일성이 인정된다.

① ㄱ, ㄴ   ② ㄱ, ㄷ   ③ ㄴ, ㄷ   ④ ㄷ, ㄹ

정답찾기

01 ③ 제3자에게 예금양도로서 대항하기 위해서는 은행(우체국)의 승낙서에 확정일자를 받아 두어야 한다. 확정일자를 받았으면 대항요건을 갖춘 시기의 앞뒤에 따라 그 우열관계가 성립한다.

02 ③ E의 법정상속분은 배우자 1.5, 자녀 1씩 분할하여 총 $\frac{1}{1.5+1+1+1} = \frac{1}{4.5} = \frac{2}{9}$ 이다.

직계비속의 유류분은 법정상속분의 $\frac{1}{2}$ 이므로

총상속액 9억 $\times \frac{2}{9} \times \frac{1}{2}$ 로 1억이 된다.

[오답체크]

① C의 사망 당시 G가 상속결격자였다면 H의 대습상속이 인정되므로 상속인은 D, E, H 총 4명이다.

② 예금주가 사망한 경우에는 상속인이 포괄적으로 예금주의 지위를 승계하므로, 일반 상속재산의 지급절차에 의하면 족하다. 다만 적금 적립기간 중 예금주가 사망하고 공동상속인 중 1인이 적금계약을 승계하기 위해서는 상속인 전원의 동의가 필요하므로 H의 동의가 있어야 한다.

④ 합유설은 상속재산의 처분을 위해서는 모두 동의가 있어야 한다. 해당 내용은 공유설에 해당한다.

03 ① 상속재산이 공동상속인에게 합유적으로 귀속된다는 합유설에 따르면 행방불명인 자의 지분을 제외한 나머지 부분도 지급할 수 없다. 공유설에 따르면 지급 가능하다.

04 ㄱ. 예금거래의 실무상으로는 증권적 예금을 제외하고는 대부분의 예금에 대해 양도금지특약을 하고 있다.

ㄹ. 질권설정된 예금을 다른 종목의 예금으로 바꾼 경우 특정한 사정이 없는 한 원칙적으로 두 예금채권 사이에는 동일성이 인정되지 않으므로 종전 예금채권에 설정된 담보권은 새로이 성립하는 예금채권에 미치지 않는다.

정답   01 ③   02 ③   03 ①   04 ③

Chapter 06 내부통제 및 금융소비자보호

TOPIC 15 내부통제와 준법관리

① 내부통제와 준법감시 개요

의의	① 내부통제(Internal Control) : 조직이 효율적인 업무 운영(운영의 목적), 정확하고 신뢰성 있는 재무보고 체계의 유지(보고의 목적), 관련 법규 및 내부정책·절차의 준수(준법의 목적) 등과 같은 내부통제 목적을 달성하는데 합리적인 확신(reasonable assurance)을 주기 위하여 조직 내부에서 자체적으로 마련하여 이사회, 경영진 및 직원 등 조직의 모든 구성원들이 지속적으로 실행·준수하도록 하는 일련의 통제 과정 ② 합리적 확신(reasonable assurance) : 아무리 잘 설계되고 운영되는 내부통제라도 회사의 목표를 달성하는 것을 100% 보장(guarantee)할 수 없다는 개념 ③ 내부통제는 3가지 목적(운영, 보고, 준법)을 각각의 부서가 달성함으로써 전체 조직의 목표를 달성하도록 하는 수단이며, 통제환경, 리스크평가, 통제활동, 정보 및 소통, 모니터링의 5가지 요소로 구성됨 ④ 준법감시(Compliance) : 일반적으로 임직원 모두가 고객재산의 선량한 관리자로서 제반 법규뿐만 아니라 내규까지 철저하게 준수하도록 사전 또는 상시적으로 통제·감독하는 것을 말하며, 조직의 자산보호, 회계자료의 정확성 및 신뢰성 체크, 조직운영의 효율적 증진, 경영방침의 준수를 위하여 채택한 조정수단 및 조치 등을 포함하는 경우 내부통제에 해당함 ⑤ 내부통제제도는 조직이 추구하는 최종목표를 달성하기 위한 과정 또는 수단이고, 금융회사 내 모든 구성원에 의해 수행되는 일련의 통제활동이며, 특정한 목표를 달성 하는 데 합리적인 확신을 주는 것임
법적 근거	① 「금융회사의 지배구조에 관한 법률」 : 금융회사가 효과적인 내부통제제도를 구축·운영해야 하는 법적인 근거를 제시 ② 같은 법 제24조에서 "금융회사는 법령을 준수하고 경영을 건전하게 하며 주주 및 이해관계자 등을 보호하기 위하여 금융회사의 임직원이 직무를 수행할 때 준수하여야 할 기준 및 절차(내부통제기준)를 마련하여야 한다."고 되어 있음

필요성	① IMF 이후 1999년에는 정부와 금융당국에서도 내부통제 수단으로 사외이사와 감사위원회, 준법감시인 및 선진화된 리스크관리 제도 등을 도입하게 됨 ② 내부통제제도의 운영을 통해 금융회사는 자산을 보전하고 신뢰성 있는 재무보고체계의 유지, 법규 준수 등을 효과적으로 하면서 회사의 목표를 달성할 수 있음 ③ 영업활동 시 중요한 오류 및 일탈행위 가능성을 감소시키고 오류 등이 실제 발생하는 경우 시의 적절하게 감지하여 시정조치를 할 수 있음

❷ 내부통제의 주요 내용

내부통제의 구성요소	① 통제환경(Control Environment) 내부통제에 적합한 조직구조, 효과적인 내부통제가 이루어지도록 유인하는 보상체계, 적절한 인사 및 연수정책, 이사회의 내부통제에 대한 관심 방향, 임직원의 성실성과 자질 등 환경적 요인임. 조직 내 모든 구성원이 내부통제시스템의 중요성을 인식하고, 내부통제기준 및 절차를 준수하겠다는 통제문화의 형성이 중요함 ② 리스크평가(Risk Assessment) 조직이 직면하고 있는 리스크를 종류별・업무별로 인식하고 측정, 분석하는 것임. 효과적인 내부통제시스템 구축을 위해 조직의 목표달성에 부정적인 영향을 미칠 수 있는 리스크를 정확히 인식하고 평가함 ③ 통제활동(Control Activities) 목표달성에 부정적인 영향을 미치는 리스크를 통제하기 위한 정책 및 절차 수립 등 제도의 구축과 운영을 말함. 적절한 직무분리, 각종 한도 설정, 예외 적용 시 특별승인절차 등의 방법이 있음 ④ 정보와 의사소통(Information & Communication) 구성원이 본연의 책임과 역할을 적절히 수행하기 위해서는 적절한 정보가 수집・관리되고, 필요한 사람에게 신속하게 제공될 수 있는 시스템을 갖추어야 함 ⑤ 모니터링(Monitoring Activities) 내부통제의 모든 과정은 모니터링되고 지속적으로 수정 및 보완되어야 함. 내부통제시스템을 상시 모니터링해야 하며, 중요한 리스크에 대한 모니터링은 내부감시기능에 의해 정기적으로 평가되고 일상적인 영업활동의 일부가 되어야 함
내부통제의 수단	① 내부통제의 주요 수단은 조직의 경영목표, 규모 및 영업활동의 특성 등에 따라 형태 및 강도의 차이가 있음 ② 일반적인 내부통제 수단은 권한의 적절한 배분 및 제한, 회사 자산 및 각종 기록에의 접근 제한, 직무분리 및 직무순환, 정기적인 점검 및 테스트, 불시 점검 및 테스트 등이 있음

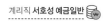

내부통제기준	① 금융회사는 법령을 준수하고 경영을 건전하게 하며 주주 및 이해관계자 등을 보호하기 위하여 금융회사의 임직원이 직무를 수행할 때 준수해야 할 기준 및 절차(내부통제기준)를 마련하여야 하며 내부통제기준에는 아래의 내용을 포함해야 함 ① 업무의 분장 및 조직구조 ② 임직원이 업무를 수행할 때 준수하여야 하는 절차 ③ 내부통제와 관련하여 이사회, 임원 및 준법감시인이 수행하여야 하는 역할 ④ 내부통제와 관련하여 이를 수행하는 전문성을 갖춘 인력과 지원조직 ⑤ 경영의사결정에 필요한 정보가 효율적으로 전달될 수 있는 체제의 구축 ⑥ 임직원의 내부통제기준 준수 여부를 확인하는 절차·방법과 내부통제기준을 위한 임직원의 처리 ⑦ 임직원의 금융관계법령 위반행위 등을 방지하기 위한 절차나 기준 ⑧ 내부통제기준의 제정 또는 변경 절차 ⑨ 준법감시인의 임면 절차 ⑩ 이해상충을 관리하는 방법 및 절차 등 ⑪ 상품 또는 서비스에 대한 광고의 제작 및 내용과 관련한 준수사항 ⑫ 「금융회사의 지배구조에 관한 법률」 제11조 제1항에 따른 임직원 겸직이 연대 손해배상 면제요건(제11조 제4항)을 충족하는지에 대한 평가·관리 ⑬ 그밖에 내부통제기준에서 정하여야 할 세부적인 사항으로서 금융위원회가 정하여 고시하는 사항 ② 내부통제에 포함되어야 하는 사항

③ 준법감시제도

준법감시인	① 준법감시(Compliance): 법령, 기업윤리, 사내규범 등의 법규범을 철저히 준수해 사업운영을 완전하게 하기 위한 것으로, 법규범 위반을 조직적으로 사전에 방지하는 것 ② 준법감시인(Compliance officer)이란 내부통제기준의 준수 여부를 점검하고 내부통제기준을 위반하는 경우 이를 조사하는 등 내부통제 관련 업무를 총괄하는 자 ③ 「금융회사의 지배구조에 관한 법률」 제25조에서는 "금융회사는 내부통제기준의 준수 여부를 점검하고 내부통제기준을 위반하는 경우 이를 조사하는 등 내부통제 관련 업무를 총괄하는 사람(준법감시인)을 1명 이상 두어야 하며, 준법감시인이 필요하다고 판단되는 경우 조사결과를 감사위원회 또는 감사에게 보고할 수 있다"고 규정하고 있음
우정사업본부 준법감시인	「우정사업본부 직제」(대통령령) 등에 따라 우정사업본부는 준법감시담당관을 준법감시인으로 정하고 있음

TOPIC 15 확인문제 내부통제와 준법관리

01 내부통제에 대한 설명으로 옳지 않은 것은?

① 내부통제는 3가지 목적(운영, 보고, 준법)을 각각의 부서가 달성함으로써 전체 조직의 목표를 달성하도록 하는 수단이다.

② 내부통제는 통제환경, 리스크평가, 통제활동, 정보 및 소통, 모니터링의 5가지 요소로 구성된다.

③ 「금융실명거래 및 비밀보장에 관한 법률」은 금융회사가 효과적인 내부통제제도를 구축·운영해야 하는 법적인 근거를 제시하였다.

④ 영업활동 시 중요한 오류 및 일탈행위 가능성을 감소시키고 오류 등이 실제 발생하는 경우 시의 적절하게 감지하여 시정조치를 할 수 있다.

02 다음 중 내부통제의 주요내용에 대한 내용은 몇 개인가?

─〈보기〉─

ㄱ. 통제환경(Control Environment)
ㄴ. 리스크평가(Risk Assessment)
ㄷ. 정보와 의사소통(Information & Communication)
ㄹ. 모니터링(Monitoring Activities)

① 1개　　　　② 2개　　　　③ 3개　　　　④ 4개

03 준법감시제도에 대한 설명으로 옳지 않은 것은?

① 일반적으로 임직원 모두가 아닌 권한을 일정부분 가진 관리자가 선량한 관리자로서 제반 법규뿐만 아니라 내규까지 철저하게 준수하도록 사전 또는 상시적으로 통제·감독하는 것을 의미한다.

② 조직의 자산보호, 회계자료의 정확성 및 신뢰성 체크, 조직운영의 효율적 증진, 경영방침의 준수를 위하여 채택한 조정수단 및 조치 등을 포함하는 경우 내부통제에 해당한다.

③ 준법감시인(Compliance officer)이란 내부통제기준의 준수 여부를 점검하고 내부통제기준을 위반하는 경우 이를 조사하는 등 내부통제 관련 업무를 총괄하는 자이다.

④ 「우정사업본부 직제」(대통령령) 등에 따라 우정사업본부는 준법감시담당관을 준법감시인으로 정하고 있다.

02

01 ③ 「금융회사의 지배구조에 관한 법률」은 금융회사가 효과적인 내부통제제도를 구축·운영해야 하는 법적인 근거를 제시하였다.

02 통제환경(Control Environment), 리스크평가(Risk Assessment), 정보와 의사소통(Information & Communication), 모니터링(Monitoring Activities), 통제활동(Control Activities)이 내부통제의 5대요소이다.

03 ① 일반적으로 임직원 모두가 고객재산의 선량한 관리자로서 제반 법규뿐만 아니라 내규까지 철저하게 준수하도록 사전 또는 상시적으로 통제·감독하는 것을 의미한다.

TOPIC 16 금융실명거래 및 금융거래에 대한 비밀보장

❶ 의의

연혁	① 1993년: 실지명의(實地名義)(이하 실명)에 의한 금융거래를 실시하고 그 비밀을 보장하여 금융거래의 정상화를 꾀함으로써 경제정의를 실현하고 국민경제의 건전한 발전을 도모할 목적으로 금융실명제가 실시됨 ② 1997년: 위 제도를 구체적으로 법규화한 「금융실명거래 및 비밀보장에 관한 법률(금융실명법)」이 제정됨
금융실명제	① 금융실명제: 금융회사 등이 실명에 의해 고객과 금융거래를 하도록 실명확인의무를 부여하는 제도 ② 실명이란 주민등록표상의 성명 및 주민등록번호, 사업자등록증에 기재된 법인명 및 등록번호 등을 의미함

❷ 실명확인방법

실명확인자	① 실명확인자: 실제로 고객의 실명을 확인한 금융회사의 직원 ② 실명확인자는 실명확인업무에 대한 권한·의무가 주어진 영업점(본부의 영업부서 포함) 직원(계약직, 시간제 근무자, 도급직 포함)임 ③ 후선부서 직원(본부직원, 서무원, 청원경찰 등)은 실명 확인할 수 없으나 본부부서 근무직원이 실명확인 관련 업무를 처리하도록 지시 또는 명령받은 경우는 실명확인을 할 수 있음 ④ 금융회사 등의 임원 및 직원이 아닌 업무수탁자(대출모집인, 카드모집인, 보험모집인, 공제모집인 등) 등은 실명확인을 할 수 없음
실명확인증표	① 실명확인은 고객의 성명과 주민등록번호의 확인뿐만 아니라 실명확인증표에 첨부된 사진등에 의하여 명의인 본인여부를 확인하는 것 ② 제시된 실명확인증표의 사진에 의하여 본인여부의 식별이 곤란한 경우에는 다른 실명확인증표를 보완적으로 사용 가능함 ③ 개인의 경우: 주민등록증이 원칙 ④ 다만, 국가기관, 지방자치단체, 유아교육법·초중등교육법·고등교육법에 의한 학교의 장이 발급한 것으로 성명, 주민등록번호가 기재되어 있고 부착된 사진에 의하여 본인임을 확인할 수 있는 유효한 증표(운전면허증, 여권, 청소년증, 경로우대증, 노인복지카드, 장애인복지카드, 학생증 등)도 실명확인증표가 될 수 있음 ⑤ 법인의 경우: 사업자등록증, 고유번호증, 사업자등록증명원이 실명확인증표가 됨

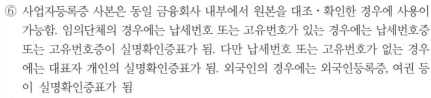

실명확인증표	⑥ 사업자등록증 사본은 동일 금융회사 내부에서 원본을 대조·확인한 경우에 사용이 가능함. 임의단체의 경우에는 납세번호 또는 고유번호가 있는 경우에는 납세번호증 또는 고유번호증이 실명확인증표가 됨. 다만 납세번호 또는 고유번호가 없는 경우에는 대표자 개인의 실명확인증표가 됨. 외국인의 경우에는 외국인등록증, 여권 등이 실명확인증표가 됨
	
	⑦ 계좌에 의한 실명확인원칙
	
	  ① 계좌개설시(신규 및 재예치)마다 실명확인증표 원본에 의하여 실명을 확인하여 거래원장, 거래신청서, 계약서 등에 "실명확인필"을 표시하고 확인자가 날인 또는 서명(동시에 다수의 계좌를 개설하는 경우 기 실명확인된 실명확인증표 재사용 가능)
	  ② 계좌개설시에는 실명확인증표 사본 등 실명확인에 필요한 관련 서류를 첨부·보관
	    ☞ 실명확인할 의무가 있는 금융회사 직원이 금융회사가 통제·관리할 수 있는 스캐너 또는 디지털카메라에 의해 스캔(촬영) 후 파일을 별도 보관하거나 사본 출력 후 거래신청서 등에 첨부·보관도 가능(기징구된 실명확인증표 사본 등 관련서류 재사용 금지)
	  ③ 대리인을 통하여 계좌개설을 할 경우 인감증명서가 첨부된 위임장 징구
	    ☞ 본인 및 대리인 모두의 실명확인증표와 첨부된 위임장의 진위여부 확인을 위한 인감증명서 및 본인서명사실확인서를 제시받아 실명 확인함
	    (이 경우 본인의 실명확인증표는 사본으로도 가능)
	    - 위임장: 인감날인 시 인감증명서, 서명날인 시 본인서명사실확인서 징구
	      ☞ 인감증명서상 인감과 거래인감이 상이할 경우에는 계좌개설신청서에 거래 인감 별도날인
	  ④ 가족대리시 가족관계확인서류(주민등록등본, 가족관계증명서, 가족관계등록부 등) 징구
	    ※ 인감증명서, 위임장, 가족관계확인서류 등 징구서류는 사유 발생일 이후 발급분을 징구하고, 해당 서류의 유효기간은 발행일로부터 3개월 이내로 제한

비대면 실명확인	① 비대면 실명확인: 거래자 본인 여부를 확인할 때 온라인 채널 등 대면 이외의 방식으로 실명확인하는 것 ② 비대면 실명확인 대상 금융거래는 계좌개설에 한정되는 것은 아니며 금융실명법상 실명확인 의무가 적용되는 모든 거래에 적용됨 ③ 비대면 실명확인 적용 대상자는 명의자 본인에 한정하고 대리인은 제외되며 인정 대상 실명확인증표는 주민등록증, 운전면허증(모바일운전면허증 포함), 여권 또는 외국인등록증, 국가보훈등록증(모바일국가보훈등록증 포함)임 ④ 비대면 실명확인의 적용 대상으로 개인뿐만 아니라 법인도 가능하지만, 법인의 경우 금융회사가 위임·대리 관계를 확인할 수 있는 각종 서류(위임장 및 인감증명서 등)의 검증을 위해 대면 확인을 하는 것이 바람직함

비대면 실명확인	⑤ 비대면 실명확인은 아래의 2가지 이상의 방식을 활용하여 가능함 ① 거래자의 실명확인증표 사본을 제출받아 확인 ② 거래자와의 영상통화 등(실시간 원격 얼굴인식 기술 등을 활용)을 통해 확인 ③ 전자금융거래법 제2조제10호에 따른 접근매체 전달업무 위탁기관 등을 통하여 실명확인증표 확인 ④ 금융실명법상 실명확인을 거쳐 거래자 명의로 금융회사에 이미 개설된 계좌와의 거래를 통한 확인 ⑤ 기타 ①~④에 준하는 새로운 방식을 통하여 확인 －금융회사가 금융실명법상 실명확인을 거쳐 거래자의 동의를 받아 전자금융거래법 제2조 제10호 라목에 따른 생체정보를 직접 등록 받은 후 이와 대조하여 확인하는 방식도 ⑤에 해당

실명확인 생략이 가능한 거래	「금융실명거래 및 비밀보장에 관한 법률」 시행령에서는 금융거래 중 실명확인의 생략이 가능한 거래를 규정하고 있음
	① 실명이 확인된 계좌에 의한 계속 거래
	   －실명이 확인된 계좌에 의한 계속거래라 하는 것은 실명확인 된 계좌의 입출금*, 해지 및이체 등을 말함. 재예치 등 계좌가 새로 개설되는 경우는 계속거래가 아님
	   * 통장, 거래카드(현금, 직불카드 포함) 등으로 입출금하는 경우를 의미하며 무통장 입금(송금)은 해당하지 않음
	② 각종 공과금 등의 수납
	③ 100만 원 이하의 원화 송금(무통장입금 포함) 또는 그에 상당하는 외국통화 매입·매각
	   ☞ 수표 및 어음 입금 시 금액 상관없이 실명확인 대상이며 수표·어음 뒷면에 입금계좌번호를 기재하는 것으로 실명확인에 갈음하고 무통장입금 의뢰서에 실명확인 날인
	   ☞ 동일 금융회사 등에서 본인 또는 그 대리인이 동일자 동일인에게 100만원을 초과하는 금액을 분할 입금하는 것을 금융회사가 인지한 경우에는 그 초과금액에 대하여 실명 확인
	   ※ 실명확인 대상 외국환거래의 종류 : 외화예금, 환전(100만원 초과), 해외로 외화 송금, 해외로부터 외화 송금, 외화수표 추심 등
	④ 보험 공제거래, 여신거래는 실명거래대상에서 제외

불법·탈법 차명거래 금지	① 「금융실명거래 및 비밀보장에 관한 법률」은 불법재산의 은닉, 자금세탁행위(조세포탈등), 공중협박자금조달행위, 강제집행의 면탈 또는 그 밖의 탈법행위를 목적으로 하는 차명거래를 금지하고 있음 ② 금융회사 종사자는 불법 차명거래를 알선·중개하는 행위를 금지하고, 금융회사 종사자에게 거래자를 대상으로 불법 차명거래가 금지된다는 사실을 설명해야 하며, 설명한 내용을 거래자가 이해하였음을 서명, 기명날인, 녹취 등의 방법으로 확인 받아야 함

❸ 비밀보장제도

비밀보장제도	① 「금융실명거래 및 비밀보장에 관한 법률」은 금융회사 종사자에게 명의인의 서면상 요구나 동의 없이는 금융거래정보 또는 자료를 타인에게 제공하거나 누설할 수 없도록 비밀보장의무를 규정하고 있음(법 제4조제1항) ② 금융회사 업무에 종사하면서 금융거래 정보를 알게 된 자는 본인이 취급하는 업무에 의하여 직접적으로 알게 된 경우뿐만 아니라 간접적으로 알게 된 경우에도 비밀보장의 의무를 지게 됨 ③ 비밀보장의 대상이 되는 금융거래정보 또는 자료 : 특정인의 금융거래사실(누가 어느 금융회사 등, 어느 점포와 금융거래를 하고 있다는 사실)과 금융회사가 보유하고 있는 금융거래 내용을 기록·관리하고 있는 모든 장표·전산기록 등의 원본·사본(금융거래자료) 및 그 기록으로부터 알게 된 것(금융거래정보), 당해 정보만으로 명의인의 정보 등을 직접 알 수 없으나 다른 정보와 용이하게 결합하여 식별할 수 있는 것이어야 함 ④ 비밀보장 의무가 있는 「금융회사등에 종사하는 자」 : 금융회사등의 임·직원, 대리인, 사용인 및 기타 종업원으로서, 금융거래 내용에 대한 정보 또는 자료를 취급·처리하는 업무에 사실상 종사하는 자는 모두 포함 ⑤ 용역직, 계약직, 아르바이트, 파트타임 등 고용형식이나 직위 등에 관계 없이 금융회사등의 업무에 종사하면서 금융거래 정보를 알게 된 자는 자기가 취급하는 업무에 의해서 직접적으로 알게 된 경우뿐만 아니라 간접적으로 알게 된 경우에도 비밀보장의 의무를 지게 됨(시행령 제5조)
비밀보장의 대상이 되는 예	① 특정 명의인이 전화번호, 주소, 근무처 등이 포함된 금융거래 자료 또는 정보 ② 정보 요구자가 특정인의 성명, 주민등록번호, 계좌번호 등을 삭제하는 조건으로 요구한 당해 특정인의 식별 가능한 금융거래 자료 또는 정보
비밀보장의 대상에서 제외되는 예	특정명의인의 금융거래 사실 또는 금융거래에 대한 정보를 알 수 없는 것은 비밀보장의 대상에서 제외 ① 금융거래에 관한 단순통계자료 ② 성명, 주민등록번호, 계좌번호, 증서번호 등이 삭제된 다수 거래자의 금융거래 자료로서 특정인에 대한 금융거래정보를 식별할 수 없는 자료 ③ '93. 8. 12 이전에 거래된 무기명, 가명의 금융거래 ④ 순수한 대출거래·보증·담보내역 등에 관한 정보 및 자료 ⑤ 신용카드 발급, 가맹점 가입, 카드를 이용한 매출, 현금서비스, 기타 회원, 가맹점 및 채무관리 등에 관한 정보 및 자료 ⑥ 대여금고 이용에 관한 정보 ⑦ CCTV화면 관련 정보 ※ CCTV관련 정보는 「개인정보 보호법」 등 타 법률에 따라 제한사항 여부 확인

02

❹ 금융거래 정보제공

금융거래정보 제공 흐름	※정보제공 요구자 또는 금융거래 내용에 따라 절차가 생략되거나 변경될 수 있음
금융거래 정보제공의 법률적 근거	① 「금융실명거래 및 비밀보장에 관한 법률」은 금융회사 종사자로 하여금 명의인의 서면상 요구나 동의 등 법률상 일정한 사유가 있는 경우에만 금융거래정보를 제3자에게 제공할 수 있게 하고, 제공하는 경우에도 사용목적에 필요한 최소한의 범위 내에서 인적사항을 명시하는 등 법령이 정하는 방법 및 절차에 의하여 정보를 제공하도록 하고 있음 ② 금융실명법상 정보제공이 가능한 경우(실명법 제4조 제1항) ① 명의인의 서면상의 요구나 동의를 받은 경우 ② 법원의 제출명령 또는 법관이 발부한 영장에 의한 경우 ③ 조세에 관한 법률의 규정에 의하여 소관관서장의 요구(상속·증여재산의 확인, 체납자의 재산조회 등)에 의한 거래정보 등을 제공하는 경우 ④ 동일 금융회사의 내부 또는 금융회사 상호간에 업무상 필요한 정보 등을 제공하는 경우 등이 있음 그 외에도 타법률의 규정에 의하여 정보제공이 가능함
정보제공 요구 방법	① 법률의 규정에 따라 금융거래정보 제공을 요구하는 자는 금융위원회가 정하는 표준양식에 의하여 금융회사의 특정 점포에 요구해야 함 ② 금융회사는 정보제공시 표준양식(금융거래의 정보제공 요구서)에 따라 확인사항은 다음과 같음 ① 명의인의 인적 사항(성명, 주민등록번호, 계좌번호, 수표·어음 등 유가증권의 증서번호 등 중 하나) ② 요구 대상 거래기간 ③ 요구의 법적근거 ④ 사용목적 ⑤ 요구하는 거래정보의 내용 ⑥ 요구하는 기관의 담당자 및 책임자의 성명과 직책 등 인적사항 ③ 정보제공요구는 특정점포에 요구하여야 하나 아래와 같은 경우에는 거래정보 등을 보관 또는 관리하는 부서에 일괄 조회요구를 할 수 있음 ① 명의인이 서면상의 요구나 동의에 의한 정보제공 ② 법원의 제출명령 또는 법관이 발부한 영장에 의하여 거래정보를 요구하는 경우 ③ 부동산거래와 관련한 소득세 또는 법인세의 탈루혐의가 인정되는 자의 필요한 거래정보를 세무관서의 장이 요구하는 경우

정보제공 요구 방법	④ 체납액 1천만원 이상인 체납자의 재산조회를 위하여 필요한 거래정보를 국세청장 등이 요구하는 경우 ⑤ 금융회사 내부 또는 금융회사 상호간에 업무상 필요한 정보를 요구하는 경우 등
정보제공 사실의 기록·관리 의무	① 금융회사가 명의인 이외의 자로부터 정보의 제공을 요구받았거나 명의인 이외의 자에게 정보 등을 제공하는 경우, 그 내용을 기록·관리하여야 함 ② 이는 정보 등의 제공에 대한 책임관계를 명확히 하고 금융거래 정보관리를 강화함으로써 부당한 정보 등의 제공이나 유출을 방지하기 위함임 ③ 다만 과세자료의 제공, 금융회사 내부 또는 금융회사 상호간의 정보제공의 경우에는 기록·관리의무가 면제됨 ④ 관련 서류의 보관기간은 정보제공일로부터 5년간이며 금융회사 등이 기록·관리하여야 하는 사항은 다음과 같음 ① 요구자의 인적사항, 요구하는 내용 및 요구일자 ② 제공자의 인적사항 및 제공일자 ③ 제공된 거래정보 등의 내용 ④ 제공의 법적근거 ⑤ 명의인에게 통보된 날
명의인에 대한 정보 등의 제공사실 통보	① 금융회사가 금융거래정보 등을 제공한 경우에는 정보 등을 제공한 날로부터 10일 이내에 제공한 거래정보 등의 주요 내용, 사용 목적, 제공받은 자 및 제공일자 등을 명의인에게 서면으로 통보하여야 함 ② 다만 정보 등의 요구자가 통보 유예를 요청하는 경우에는 통보를 유예할 수 있으며 통보유예 요청가능 사유는 다음과 같음 ① 사람의 생명이나 신체의 안전을 위협할 우려가 있는 경우 ② 증거인멸·증인위협 등 공정한 사법절차의 진행을 방해할 우려가 명백한 경우 ③ 질문·조사 등의 행정절차의 진행을 방해하거나 과도하게 지연시킬 우려가 있는 경우 ③ 통보유예기간이 종료되면 종료일로부터 10일 이내에 명의인에게 정보제공사실과 통보유예 사유 등을 통보해야 함

02

❺ 금융실명거래 위반에 대한 처벌 및 제재

근거	「금융실명거래 및 비밀보장에 관한 법률」은 실명거래의무 위반행위, 불법 차명거래 알선·중개행위, 설명의무 위반행위, 금융거래 비밀보장의무 위반행위, 금융거래정보의 제공사실 통보의무 위반행위, 금융거래 정보 제공 내용 기록·관리의무 위반행위에 대한 처벌로서 벌칙과 과태료에 대한 규정을 두고 있음
처벌	① 금융회사의 직원이 불법 차명거래 알선·중개행위를 하거나 금융거래 비밀보장의무 위반행위를 한 경우에는 5년 이하의 징역 또는 5천만 원 이하의 벌금에 처함 ② 실명거래의무 위반행위를 하거나 설명의무 위반행위, 금융거래정보의 제공사실 통보의무 위반행위, 금융거래 정보 제공 내용 기록·관리의무 위반행위를 한 경우에는 3천만 원 이하의 과태료를 부과하도록 규정하고 있음

TOPIC 16 확인문제 금융실명거래 및 금융거래에 대한 비밀보장

01 〈보기〉에서 「금융실명거래 및 비밀보장에 관한 법률」에 대한 설명으로 옳은 것을 모두 고른 것은? 24. 계리직

―――――――― 〈 보기 〉 ――――――――
ㄱ. 금융회사 등은 명의인의 서면상의 동의를 받아 명의인 외의 자에게 거래정보 등을 제공한 경우, 사용 목적은 기록·관리해야 할 대상이 아니다.
ㄴ. 금융회사 직원이 금융거래 비밀보장 의무위반행위를 한 경우, 3천만 원 이하의 과태료를 부과한다.
ㄷ. 특정인의 금융거래 사실 또는 금융거래정보를 식별할 수 없는 자료라도 비밀보장 대상이 된다.
ㄹ. 금융회사 업무 종사자는 본인이 취급하는 업무에 의하여 직접적 또는 간접적으로 금융거래 정보를 알게 된 경우에 비밀보장 의무가 있다.

① ㄱ, ㄷ   ② ㄱ, ㄹ   ③ ㄴ, ㄹ   ④ ㄷ, ㄹ

02 〈보기〉에서 금융거래 비밀보장에 대한 설명으로 옳은 것을 모두 고른 것은? 23. 계리직

―――――――― 〈 보기 〉 ――――――――
ㄱ. 금융거래정보제공 관련 서류의 보관기간은 정보제공일로부터 5년간이다.
ㄴ. 통보유예기간이 종료되면 즉시 명의인에게 정보제공사실과 통보유예 사유 등을 통보하여야 한다.
ㄷ. 과세자료의 제공, 금융회사 내부 또는 금융회사 상호 간에 정보를 제공한 경우에는 그 내용을 기록·관리하여야 한다.
ㄹ. 금융회사가 금융거래정보 등을 제공한 경우에는 정보 등을 제공한 날로부터 10일 이내에 명의인에게 서면으로 제공사실을 통보하여야 한다.

① ㄱ, ㄴ   ② ㄱ, ㄹ   ③ ㄴ, ㄷ   ④ ㄷ, ㄹ

03 금융실명거래에 대한 설명으로 옳지 않은 것은?

① 금융기관에서 근무하는 본부직원, 서무원, 청원경찰 등은 실명 확인이 가능하다.
② 개인의 경우 실명확인증표는 주민등록증이 원칙이다.
③ 법인의 경우: 사업자등록증, 고유번호증, 사업자등록증명원이 실명확인증표가 된다.
④ 비대면 실명확인 적용 대상자는 명의자 본인에 한정하고 대리인은 제외된다.

04 다음은 금융거래정보제공에 대한 설명이다. 옳은 것을 모두 고르시오.

───────── 〈보기〉 ─────────

ㄱ. 금융회사가 명의인 이외의 자로부터 정보의 제공을 요구받았거나 명의인 이외의 자에게 정보 등을 제공하는 경우, 그 내용을 기록·관리하여야 한다.
ㄴ. 과세자료의 제공, 금융회사 내부 또는 금융회사 상호간의 정보제공의 경우에는 기록·관리의무가 면제된다.
ㄷ. 금융회사가 금융거래정보 등을 제공한 경우에는 정보 등을 제공한 날로부터 15일 이내에 제공한 거래정보 등의 주요 내용, 사용 목적, 제공받은 자 및 제공일자 등을 명의인에게 서면으로 통보하여야 한다.
ㄹ. 금융회사의 직원이 불법 차명거래 알선·중개행위를 하거나 금융거래 비밀보장의무 위반행위를 한 경우에는 3년 이하의 징역 또는 3천만 원 이하의 벌금에 처한다.

① ㄱ, ㄴ   ② ㄱ, ㄷ   ③ ㄴ, ㄹ   ④ ㄷ, ㄹ

정답찾기

01 ㄴ. 금융회사의 직원이 불법 차명거래 알선·중개행위를 하거나 금융거래 비밀보장의무 위반행위를 한 경우에는 5년 이하의 징역 또는 5천만 원 이하의 벌금에 처함. 실명거래의무 위반행위를 하거나 설명의무 위반행위, 금융거래정보의 제공사실 통보의무 위반행위, 금융거래 정보 제공 내용 기록·관리의무 위반행위를 한 경우에는 3천만 원 이하의 과태료를 부과하도록 규정하고 있음
ㄷ. 특정인의 금융거래 사실 또는 금융거래정보를 식별할 수 없는 자료는 비밀보장 대상에서 제외한다.

02 ㄴ. 통보유예기간이 종료되면 종료일로부터 10일 이내에 명의인에게 정보제공사실과 통보유예 사유 등을 통보해야 한다.
ㄷ. 금융회사가 명의인 이외의 자로부터 정보의 제공을 요구받았거나 명의인 이외의 자에게 정보 등을 제공하는

경우, 그 내용을 기록·관리하여야 한다. 다만 과세자료의 제공, 금융회사 내부 또는 금융회사 상호 간의 정보제공의 경우에는 기록·관리의무가 면제된다.

03 ① 후선부서 직원(본부직원, 서무원, 청원경찰 등)은 실명 확인할 수 없으나 본부부서 근무직원이 실명확인 관련 업무를 처리하도록 지시 또는 명령받은 경우는 실명 확인을 할 수 있다.

04 ㄷ. 금융회사가 금융거래정보 등을 제공한 경우에는 정보 등을 제공한 날로부터 10일 이내에 제공한 거래정보 등의 주요 내용, 사용 목적, 제공받은 자 및 제공일자 등을 명의인에게 서면으로 통보하여야 한다.
ㄹ. 금융회사의 직원이 불법 차명거래 알선·중개행위를 하거나 금융거래 비밀보장의무 위반행위를 한 경우에는 5년 이하의 징역 또는 5천만 원 이하의 벌금에 처한다.

정답   **01** ②   **02** ②   **03** ①   **04** ①

TOPIC 17 자금세탁방지제도와 고객확인제도

❶ 개요와 금융분석기구

개요	① 자금세탁방지제도 : 국내·국제적으로 이루어지는 불법자금의 세탁을 적발·예방하기 위한 법적·제도적 장치로서 사법제도, 금융제도, 국제협력을 연계하는 종합 관리시스템을 의미 ② 우리나라의 자금세탁 개념은 "불법재산의 취득·처분사실을 가장하거나 그 재산을 은닉하는 행위 및 탈세목적으로 재산의 취득·처분사실을 가장하거나 그 재산을 은닉하는 행위"로 규정(「특정 금융거래정보의 보고 및 이용 등에 관한 법률」 제2조 제4호 및 제5호, 「범죄수익은닉의 규제 및 처벌 등에 관한 법률」 제3조 참조)하고 있음
자금세탁 방지체계	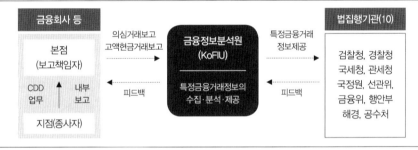
금융정보 분석기구(FIU)	① 금융정보분석기구(Financial Intelligence Unit, FIU) : 금융기관으로부터 자금세탁 관련 의심거래보고 등 금융정보를 수집·분석하여, 이를 법집행기관에 제공하는 중앙 국가기관으로 각 국가별로 FIU를 두고 있음 ② 우리나라의 금융정보분석기구(＝자금세탁방지기구)는 「특정 금융거래정보의 보고 및 이용 등에 관한 법률」(이하 "특정금융정보법"이라 한다)에 따라 설립된 금융정보분석원(Korea Financial Intelligence Unit, KoFIU)임 ③ 금융정보분석원 : 법무부·금융위원회·국세청·관세청·경찰청·금융감독원 등 관계기관의 전문인력으로 구성되어 있으며, 금융기관 등으로부터 자금세탁 관련 의심거래를 수집·분석하여 불법거래, 자금세탁행위 또는 공중협박자금조달행위와 관련된다고 판단되는 금융거래자료를 법 집행기관(검찰청·경찰청·국세청·관세청·금융위·중앙선관위 등)에 제공하는 업무를 주 업무로 하고, 금융기관 등의 의심거래 보고업무에 대한 감독 및 검사, 외국의 FIU와의 협조 및 정보교류 등을 담당함

❷ 의심거래보고제도(Suspicious Transaction Report, STR)

정의	① 의심거래보고제도(Suspicious Transaction Report, STR): 금융거래(카지노에서의 칩 교환 포함)와 관련하여 수수한 재산이 불법재산이라고 의심되는 합당한 근거가 있거나 금융거래의 상대방이 자금세탁행위를 하고 있다고 의심되는 합당한 근거가 있는 경우 이를 금융정보분석원장에게 보고토록 한 제도 ② 불법재산 또는 자금세탁행위를 하고 있다고 의심되는 합당한 근거의 판단주체는 금융회사 종사자이며, 그들의 주관적 판단에 의존하는 제도라는 특성이 있음
보고 대상	① 금융회사 등(우체국도 포함, 이하 같다)은 금융거래와 관련하여 수수한 재산이 불법재산이라고 의심되는 합당한 근거가 있거나 금융거래의 상대방이 자금세탁행위나 공중협박자금조달행위를 하고 있다고 의심되는 합당한 근거가 있는 경우 및 「범죄수익은닉의 규제 및 처벌 등에 관한 법률」 제5조 제1항 및 「공중 등 협박목적 및 대량살상무기확산을 위한 자금조달행위의 금지에 관한 법률」 제5조 제2항에 따라 관할 수사기관에 신고한 경우 지체없이 의무적으로 금융정보분석원에 의심거래보고를 하여야 함 ② 의심거래보고를 하지 않는 경우에는 관련 임직원에 대한 징계 및 기관에 대한 시정명령과 과태료 부과 등 제재처분이 가능 ③ 특히 금융회사가 금융거래의 상대방과 공모하여 의심거래보고를 하지 않거나 허위보고를 하는 경우에는 6개월의 범위 내에서 영업정지처분도 가능 ④ 의심거래보고를 허위보고 하는 경우 1년 이하의 징역 또는 1천만 원 이하의 벌금에 처하며, 미보고하는 경우 3천만 원 이하의 과태료 부과도 가능
보고 방법 및 절차	① 금융회사등의 영업점 직원: 업무지식과 전문성, 경험을 바탕으로 고객의 평소 거래 상황, 직업, 사업내용 등을 고려하여 취급한 금융거래가 의심거래로 판단되면 그 내용을 보고책임자에게 보고함. 또한 고객확인의무 이행을 위해 요청하는 정보에 대해 고객이 제공을 거부하거나 수집한 정보의 검토 결과 고객의 금융거래가 정상적이지 못하다고 판단하는 경우 의심스러운 거래로 보고함 ② 보고책임자: 「특정 금융거래정보 보고 및 감독규정」의 별지 서식에 의한 의심스러운 거래보고서에 보고기관, 의심스러운 거래자, 의심스러운 거래내역, 의심스러운 거래 관련계좌, 송금인/수취인 정보, 의심스러운 거래유형, 의심스러운 거래에 대한 서술부분(의심스러운 거래의 개요 및 보고 이유를 설명) 등을 기재하여 온라인으로 보고하거나 문서·전자기록매체로 제출하되, 긴급한 경우에는 우선 전화나 Fax로 보고하고 추후 보완할 수 있음
의심거래보고 정보의 법집행기관에 대한 제공	금융회사 등 보고기관이 의심스러운 거래의 내용에 대해 금융정보분석원(KoFIU)에 보고 → KoFIU는 ① 보고된 의심거래내용과 ② 외환전산망 자료, 신용정보, 외국 FIU의 정보 등 자체적으로 수집한 관련 자료를 종합·분석한 후 불법거래 또는 자금세탁행위와 관련된 거래라고 판단되는 때 해당 금융거래 자료를 검찰청·경찰청·해양경찰청·국세청·관세청·금융위원회·선거관리위원회 등 법집행기관에 제공 → 법집행기관은 거래내용을 조사·수사하여 기소 등의 법 조치를 하게 됨

❸ 고액현금거래보고(Currency Transaction Report, CTR)

개념	① 고액현금거래보고제도(Currency Transaction Report, CTR): 일정금액 이상의 현금거래를 KoFIU에 보고토록 한 제도 ② 1거래일 동안 1천만 원 이상의 현금을 입금하거나 출금한 경우 거래자의 신원과 거래일시, 거래금액 등 객관적 사실을 전산으로 자동 보고토록 하고 있음. 따라서 금융기관이 자금세탁의 의심이 있다고 주관적으로 판단하여 의심되는 합당한 사유를 적어 보고하는 의심거래보고제도(Suspicious Transaction Report, STR)와는 구별됨 ③ 우리나라는 2006년에 이 제도를 처음 도입하였으며(「특정 금융정보법」 제4조의2, 시행일자 : 2006.1.18.), 도입 당시는 보고 기준금액을 5천만 원으로 하였으나, 2008년부터는 3천만 원, 2010년부터는 2천만 원, 2019년 7월부터는 1천만 원으로 단계적으로 인하하여 운영하고 있음
도입 목적	① 고액현금거래보고제도는 객관적 기준에 의해 일정금액 이상의 현금거래를 보고토록 하여 불법자금의 유출입 또는 자금세탁이 의심되는 비정상적 금융거래를 효율적으로 차단하려는 데 목적이 있음 ② 현금거래를 보고토록 한 것은 1차적으로는 출처를 은닉·위장하려는 대부분의 자금세탁거래가 고액의 현금거래를 수반하기 때문이며, 또한 금융기관 직원의 주관적 판단에 의존하는 의심거래보고제도만으로는 금융기관의 보고가 없는 경우 불법자금을 적발하기가 사실상 불가능하다는 문제점을 해결하기 위한 것 ③ 국제적으로는 모든 국가가 이 제도를 도입하고 있는 것은 아니며, 각국이 사정에 맞게 도입·운영하고 있음

보고 기준 및
보고 기한
	① 고액현금거래보고의 기준금액은 「특정금융정보법」 제4조의2에서 정한 금액으로 동일인* 기준 1거래일 동안 지급하거나 영수한 현금액을 각각 합산하여 산정함
	  * 동일인 : 「금융실명법」 제2조 제4호의 실지명의가 동일한 경우(주민등록표상의 명의 등)
	② 고객이 고액현금거래보고를 회피할 목적으로 금액을 분할하여 금융거래를 하고 있다고 의심되는 합당한 근거가 있는 경우에는 의심거래보고(STR)를 해야 함
	
	① 기준금액 : 1천만 원 원화
	② 기준금액 산정 시 제외거래
	  −1백만 원 이하의 원화송금(무통장입금 포함) 금액
	  −1백만 원 이하에 해당하는 외국통화 매입·매각 금액
	  −「금융실명법」상 실명확인 생략 가능한 각종 공과금 등을 수납한 금액
	  −법원공탁금, 정부·법원보관금, 송달료를 지출한 금액
	  −은행지로장표에 의하여 수납한 금액
	  −1백만 원 이하의 선불카드 거래 금액
	③ 보고 기한 : 금융회사 등은 금융거래 등의 상대방에게 보고 기준금액 이상의 현금을 지급하거나 영수한 날로부터 30일 이내에 금융정보분석원장에게 보고

외국 사례	① 미국, 호주, 캐나다 등 주요국에서는 1만 달러(자국 화폐 기준)를 기준금액으로 하고 있음 ② 각국은 분할거래를 통해 고액현금거래보고제도를 회피하는 것을 방지하기 위해 일정 기간 동안의 다중거래는 단일거래로 판단하여 그 합이 보고기준금액을 넘을 경우에도 보고토록 하는 장치를 두고 있음 ③ 한편, 미국, 캐나다 등에서는 보고와 관련된 비용부담을 줄이고, 자료의 실효성을 제고하기 위해 자금세탁 위험성이 상대적으로 낮은 정부기관 또는 금융기관 등과 거래는 금융회사가 스스로 판단하여 보고대상에서 제외할 수 있도록 하는 보고면제제도를 운영하고 있음 ④ 반면 우리나라는 「특정금융정보법」에 따라 다른 금융회사 등과의 현금의 지급 또는 영수, 국가, 지방자치단체와의 현금의 지급 또는 영수에 해당하는 경우 보고를 면제토록 하는 '면제대상 법정 지정방식'을 채택하고 있음

❹ 고객확인제도

개념	① 고객확인제도(CDD : Customer Due Diligence) : 금융회사가 고객과 거래 시 고객의 실지명의(성명, 실명번호) 이외에 주소, 연락처, 실제 소유자 등을 확인하고, 자금세탁행위 등의 우려가 있는 경우 금융거래 목적 및 자금의 원천 등을 추가로 확인하는 제도 ② 금융회사가 고객에 대해 이렇게 적절한 주의를 기울이도록 한 것은 금융상품 또는 서비스가 자금세탁행위 등 불법행위에 이용되는 것을 방지하기 위한 것임. 우리나라 법률에서는 이를 '합당한 주의'로서 행하여야 하는 의무사항으로 규정하고 있음 ③ 고객확인 과정에서 정보의 제공 및 관련 서류의 제출을 거부하는 경우 금융거래를 거절할 수 있음 ④ 고객확인제도는 금융회사 입장에서는 금융회사가 고객의 수요에 맞는 금융서비스를 제공하면서도 정확한 고객확인을 통해 자금세탁의 위험성을 최소화하고 금융회사의 평판 위험을 줄일 수 있는 장치로서 인식되고 있음 ⑤ 고객확인제도는 자금세탁방지 측면에서는 금융회사가 평소 고객에 대한 정보를 파악·축적함으로써 고객의 의심거래 여부를 파악하는 토대를 제공함
연혁	① 1993년부터 시행하고 있는 금융실명제는 고객확인제도의 기초에 해당 ② 2003년부터 국제적으로 고객확인제도는 본격적으로 도입 ③ 2006년 1월 18일 우리나라는 금융실명제를 토대로 하되 금융실명제가 포함하지 않고 있는 사항을 보완하는 차원에서 「특정금융정보법」에 근거를 두고 부터 이 제도를 도입 ④ 2010년 7월 새롭게 제정·시행된 「자금세탁방지 및 공중협박자금조달금지에 관한 업무규정(금융정보분석원 고시)」에서는 고객확인제도의 이행사항을 상세하게 규정하고 있음 ⑤ 2014년 5월 「특정금융정보법」 개정을 통해 국제기준에 따른 실제 소유자의 정의와 고객확인업무 수행 시 실제 소유자를 확인하도록 의무사항이 추가되었음(2016.1.1. 시행)

고객확인대상	① 계좌의 신규 개설 고객이 금융기관에서 예금계좌, 위탁매매계좌 등을 개설하는 경우뿐만 아니라, 일반적으로 금융기관과 계속적인 금융거래를 개시할 목적으로 계약을 체결하는 것. 예를 들어 보험·공제계약, 대출·보증·팩토링 계약의 체결, 양도성 예금증서, 표지어음의 발행, 펀드 신규 가입, 대여금고 약정, 보관어음 수탁을 위한 계약 등도 "계좌의 신규개설"에 포함됨 ※ 계좌 신규개설의 경우는 거래금액에 상관없이 고객확인의무를 수행하여야 함 ② 1천만 원(미화 1만 불 상당액) 이상의 일회성 금융거래 금융기관 등과 계속하여 거래할 목적으로 계약을 체결하지 않은 고객에 의한 금융거래를 말함. 예를 들어, 무통장입금(송금), 외화송금·환전, 자기앞수표 발행 및 지급, 우편환 발행 및 지급, 보호예수, 선불카드 매매 등이 이에 해당함 ③ 1백만 원을 초과하는 전신송금 전신송금은 송금인의 계좌보유 여부를 불문하고, 금융회사 등을 이용하여 국내외의 다른 금융회사 등으로 자금을 이체하는 서비스를 말하는데, 흔히 타행 송금, 해외송금등이 이에 해당됨 ④ 금융거래의 실제 당사자 여부가 의심되는 등 자금세탁행위나 공중협박자금조달 행위를 할 우려가 있는 경우 ※ 고객확인의무 면제 대상 －「금융실명법」상 실명확인 생략 가능한 각종 공과금 등의 수납, 100만 원 이하의 원화 송금(무통장입금 포함), 100만 원 이하에 상당하는 외국통화의 매입·매각 －「금융실명법」제3조 제2항 제3호에서 정한 특정채권의 거래 －법원공탁금, 정부·법원 보관금, 송달료를 지출한 금액 －보험기간의 만료 시 보험계약자, 피보험자 또는 보험수익자에 대하여 만기환급금이 발생하지 아니하는 보험계약 등
고객확인내용	① 고객별 신원확인사항 | 구분	신원확인사항(특정금융정보법 시행령 제10조의4) | |---|---| | 개인 | 실지명의(금융실명법 제2조 제4호의 실지명의), 주소, 연락처 | | 영리법인 | 실지명의, 업종, 본점 및 사업장 소재지, 연락처, 대표자 성명, 생년월일 및 국적 | | 비영리법인 및 기타 단체 | 실지명의, 설립목적, 주된 사무소 소재지, 연락처, 대표자 성명, 생년월일 및 국적 | | 외국인 및 외국단체 | 위의 분류에 의한 각각의 해당 사항, 국적, 국내 거소 또는 사무소 소재지 | ② 실제 소유자 확인 실제소유자(Beneficial Owner)란 "고객을 최종적으로 지배하거나 통제하는 자연인"으로서 해당 금융거래를 통하여 궁극적으로 혜택을 보는 개인을 말함(국제자금세탁방지기구(FATF, Financial Action Task Force) 정의)

02

고객확인내용	㉮ 개인 고객 　　㉠ 타인을 위한 거래를 하고 있다고 의심되거나 고객이 실제소유자가 따로 　　　존재한다고 밝힌 경우에만 실제 소유자를 새로 파악* 　　　* 이 경우 외에는 '계좌 명의인＝실제소유자'로 간주 　　㉡ 파악된 실제소유자의 실지명의(성명, 주민등록번호)를 확인하고 기재 ㉯ 법인 또는 단체 고객 　　㉠ 다음과 같이 3단계로 실제소유자를 파악 　　┌─────────────────────────────────────┐ 　　│ (1단계) 100분의 25 이상의 지분증권을 소유한 사람 │ 　　└─────────────────────────────────────┘ 　　　⇩ (1단계에서 확인할 수 없는 경우) 　　┌─────────────────────────────────────┐ 　　│ (2단계) ①, ②, ③ 중 택일　　　　　　　　　　　　│ 　　│ ① 대표자 또는 임원·업무집행사원의 과반수를 선임한 주주(자연인) │ 　　│ ② 최대 지분증권을 소유한 사람　　　　　　　　　│ 　　│ ③ ①·② 외에 법인·단체를 사실상 지배하는 사람　│ 　　│ * 단, 최대 지분증권 소유자가 법인 또는 단체인 경우, 금융회사는 3단계로 바 　　│ 　로 가지 않고 최종적으로 지배하는 사람을 추적하는 것을 선택할 수 있음 │ 　　└─────────────────────────────────────┘ 　　　⇩ (2단계에서 확인할 수 없는 경우) 　　┌─────────────────────────────────────┐ 　　│ (3단계) 법인 또는 단체의 대표자　　　　　　　　　│ 　　└─────────────────────────────────────┘ 　　　* 금융회사는 주주, 대표자, 임원 등을 법인등기사항전부증명서, 주주명부 등을 통 　　　해 확인 가능 　　㉡ 파악된 실제소유자의 성명, 생년월일을 확인하고 기재 　　※ 투명성이 보장되거나 정보가 공개된 국가·지자체·공공단체·금융 　　　회사 및 사업보고서제출대상법인의 경우 확인의무 면제 가능
강화된 고객확인의무 (Enhanced Due Diligence, EDD)	① 강화된 고객확인제도 : 고객별·상품별 자금세탁 위험도를 분류하고 자금세탁위험이 큰 경우에는 더욱 엄격한 고객확인, 즉 실제 당사자 여부 및 금융거래 목적과 거래 자금의 원천 등을 확인하도록 하는 제도(2008.12.22. 시행) ② 금융회사는 고객과 거래유형에 따른 자금세탁 위험도를 평가하고 위험도에 따라 차 등화된 고객확인을 실시함으로써 자금세탁위험을 보다 효과적으로 관리할 수 있음 ③ 차등화된 고객확인 : 위험기반 접근법(Risk-based Approach)에 기초하여 위험이 낮은 고객에 대해서는 간소화된 고객확인으로 고객확인에 수반되는 비용과 시간을 절약하는 반면, 고위험 고객(또는 거래)에 대하여는 강화된 고객확인을 실시 ④ 2016년부터 강화된 FATF 국제기준을 반영하여 금융회사는 고객확인 시 실제 소유 자 여부를 확인하는 사항이 추가되었고, 고객확인을 거부하는 고객에 대해 신규거 래 거절 및 기존 거래 종료가 의무화되도록 하였음

TOPIC 17 확인문제 자금세탁방지제도와 고객확인제도

01 자금세탁방지제도에 대한 설명으로 옳지 않은 것은? 24. 계리직

① 이 제도는 「국제조세조정에 관한 법률」에 따라 금융거래 상대방의 금융정보 교환 의무, 인적 사항 확인 절차, 과태료 규정 등을 정의하고 있다.

② 의심거래보고(STR)를 허위로 하는 경우, 1년 이하의 징역 또는 1천만 원 이하의 벌금에 처한다.

③ 고객확인제도(CDD)는 금융회사가 고객과 거래 시 고객의 실지명의(성명, 실명번호) 이외에 주소, 연락처, 실제 소유자 등을 확인하는 제도이다.

④ 강화된 고객확인제도(EDD)는 차등화된 고객 확인을 실시하여 고객의 실지명의(성명, 실명번호) 및 CDD확인 이외에 금융거래 목적 · 거래자금의 원천 등까지 추가로 확인하는 제도이다.

02 다음 우체국 금융직원 중 가장 적절히 예금업무 처리를 한 직원으로 옳은 것은? 24. 계리직

① 연선 : 고객이 방금 실수로 다른 계좌에 송금했다고 해서 즉시 예금보험공사에 반환지원 신청을 하시라고 안내했어.

② 승재 : 고객이 대여금고를 약정하러 왔었는데 계속적 금융거래가 아니라서 고객확인제도(CDD)에서 말하는 고객 확인을 하지는 않았어.

③ 명은 : 고객이 전화로 기업인터넷뱅킹서비스를 인터넷 뱅킹으로 가입 가능한지 물어봤는데 무조건 우체국 방문신청해야 한다고 안내했어.

④ 민경 : 대리인(乙)이 우체국에 와서 본인(甲)의 신분증 사본으로 계좌 개설이 가능한지 물어보길래 사본으로는 불가능하다고 했어.

03 금융실명거래 시 실명확인 방법에 대한 설명으로 옳지 않은 것은? 22. 계리직

① 금융회사 본부의 비영업부서 근무직원이라도 실명확인 관련 업무를 처리하도록 지시받은 경우에는 실명확인을 할 수 있다.

② 금융회사의 임 · 직원이 아닌 대출모집인이나 보험모집인 등 업무 수탁자는 실명확인을 할 수 없다.

③ 대리인을 통하여 계좌개설을 할 경우 본인 및 대리인 모두의 실명확인증표와 본인의 인감증명서가 첨부된 위임장을 제시받아 실명확인을 하되 본인의 실명확인증표는 사본으로도 가능하다.

④ 재예치 계좌를 개설할 때에는 기존 계좌 개설 당시에 고객으로부터 징구하여 보관 중인 실명확인증표 사본을 재사용할 수 있다.

04 〈보기〉에서 자금세탁방지제도에 대한 설명으로 옳은 것을 모두 고른 것은? 22. 계리직

─〈보기〉─

ㄱ. 금융감독원은 금융기관 등으로부터 자금세탁관련 의심거래를 수집·분석하여 불법거래, 자금세탁행위 또는 공중협박 자금조달행위와 관련된다고 판단되는 금융거래 자료를 법 집행기관에 제공한다.

ㄴ. 고객확인제도는 금융회사가 고객과 거래 시 자금세탁행위 등의 우려가 있는 경우 실제 당사자 여부 및 금융거래 목적을 확인하는 제도로, 금융실명제가 포함하지 않고 있는 사항을 보완하는 차원에서 「금융실명거래 및 비밀보장에 관한 법률」을 개정하고 이 제도를 도입하였다.

ㄷ. 고액현금거래보고제도는 1일 거래일 동안 1천만 원 이상의 현금을 입금하거나 출금한 경우 거래자의 신원과 거래일시, 거래금액 등 객관적 사실을 전산으로 자동 보고하는 것이다.

ㄹ. 2010년 6월 30일부터 의심거래보고 기준금액이 2천만 원에서 1천만 원으로 하향 조정되고, 2013년 8월 13일부터 의심거래보고 기준금액이 삭제됨에 따라 의심거래보고 건수는 크게 증가되고 있는 추세이다.

① ㄱ, ㄴ   ② ㄱ, ㄹ   ③ ㄴ, ㄹ   ④ ㄷ, ㄹ

정답찾기

01 ① 「특정 금융거래정보의 보고 및 이용 등에 관한 법률」제2조 제4호 및 제5호, 「범죄수익은닉의 규제 및 처벌 등에 관한 법률」제3조 참조하여 우리나라의 자금세탁 개념은 "불법재산의 취득·처분사실을 가장하거나 그 재산을 은닉하는 행위 및 탈세목적으로 재산의 취득·처분 사실을 가장하거나 그 재산을 은닉하는 행위"로 규정하고 있다.

02 ① 착오송금이 발생한 경우 즉시 예금보험공사에 반환신청을 할 수는 없고, 우선 금융기관을 통해 반환신청을 해야 한다.
② 보험·공제계약, 대출·보증·팩토링 계약의 체결, 양도성 예금증서, 표지어음의 발행, 펀드 신규 가입, 대여금고 약정, 보관어음 수탁을 위한 계약 등도 "계좌의 신규개설"에 포함된다.
④ 대리인을 통한 계좌개설을 할 경우 본인과 대리인 모두의 실명 확인증표와 첨부된 위임장의 진위여부확인을 위한 인감증명서 및 본인서명사실확인서를 제시받아 실명 확인을 하여야 한다. 이 경우 본인의 실명확인증표는 사본으로 가능하다.

03 ④ 계좌개설시(신규 및 재예치)마다 실명확인증표 원본 (동시에 다수의 계좌를 개설하는 경우 기 실명확인된 실명확인증표 재사용 가능)에 의하여 실명을 확인하여 거래원장, 거래신청서, 계약서 등에 "실명확인필"을 표시하고 확인자가 날인 또는 서명하여야 한다

04 ㄱ. 우리나라의 자금세탁방지기구는 「특정금융거래정보의 보고 및 이용에 관한 법률」에 의거하여 설립된 금융정보분석원(Korea Financial Intelligence Unit, KoFIU)이다.
ㄴ. 2010년 7월 새롭게 제정·시행된 「자금세탁방지 및 공중협박자금조달금지 업무규정(FIU고시)」에서는 고객확인제도의 이행사항을 상세하게 규정하고 있다.

정답   **01** ①   **02** ③   **03** ④   **04** ④

TOPIC 18 금융소비자보호

❶ 금융소비자보호법

개요	① 2020년 3월 금융소비자의 권익 증진과 금융소비자 보호의 실효성을 높이고 금융상품판매업 및 금융상품자문업의 건전한 시장질서 구축을 위하여 금융상품판매업자 및 금융상품자문업자의 영업에 관한 준수사항과 금융소비자 권익 보호를 위한 금융소비자정책 및 금융분쟁조정절차 등에 관한 사항을 규정하는 「금융소비자보호에 관한 법률」이 제정(2021년 3월 시행)됨 ② 금융소비자보호법은 동일기능 동일규제 원칙아래 금융상품의 유형과 금융회사등의 업종 구분 등을 정의하고 금융소비자의 권리와 책무, 국가와 금융상품판매업자등의 책무, 금융상품판매업자등의 영업행위 준수사항, 금융소비자보호 감독 및 처분등에 대하여 규정하고 있음

관련개념

① 금융상품의 유형

구분	개념	대상(예시)
예금성	은행법상 예금 및 이와 유사한 것으로서 대통령령으로 정하는 것	예·적금
대출성	은행법상 대출 및 이와 유사한 것으로서 대통령령으로 정하는 것	주택대출, 신용대출 등
투자성	자본시장법상 금융투자상품 및 이와 유사한 것으로서 대통령령으로 정하는 것	펀드, 신탁 등
보장성	보험업법상 보험상품 및 이와 유사한 것으로서 대통령령으로 정하는 것	생명보험, 손해보험 등

② 금융회사등의 업종 구분

구분	개념	대상(예시)
직접 판매업자	자신이 직접 계약의 상대방으로서 금융상품에 관한 계약 체결을 영업으로 하는 자 (투자중개업자 포함)	은행, 보험사, 증권사, 여전사, 저축은행 등
판매대리 중개업자	금융회사와 금융소비자의 중간에서 금융상품 판매를 중개하거나 금융회사의 위탁을 받아 판매를 대리하는 자	투자권유대행인, 보험설계·중개사, 보험대리점, 카드·대출모집인 등
자문업자	금융소비자가 본인에게 적합한 상품을 구매할 수 있도록 자문을 제공	투자자문업자

② 금융상품판매업자등의 영업행위 준수사항

개요	「금융소비자보호법」은 개별 업법에서 일부 금융상품에 한정하여 적용하고 있는 금융상품 6대 판매원칙을 모든 금융상품에 확대 적용하여 업권에 따른 금융소비자보호 공백을 해소하기 위한 법적 근거를 마련함
6대 판매원칙	① 적합성의 원칙 　소비자의 재산상황, 금융상품 취득·처분 경험 등의 정보를 파악하고 이에 비추어 부적합한 금융상품 계약 체결의 권유를 금지 　금융투자상품, 변액보험 등 일부 상품에 도입되어 있던 해당 원칙을 모든 금융상품으로 확대 단, 예금성 상품의 경우 수익률 등 변동 가능성이 있는 상품에 한정 ② 적정성의 원칙 　소비자가 자발적으로 구매하려는 금융상품이 소비자의 재산상황, 투자경험, 신용 및 변제계획 등에 비추어 부적정할 경우 이를 고지하고 확인함. 단, 예금성 상품에 미적용 ③ 설명의무 　계약 체결을 권유하거나 소비자가 설명을 요청하는 경우 상품의 중요사항을 설명 ④ 불공정영업행위 금지 　판매업자등이 금융상품 판매 시 우월적 지위를 이용하여 소비자의 권익을 침해하는 행위 금지 ⑤ 부당권유행위 금지 　금융상품 계약 체결 권유 시 소비자가 오인할 우려가 있는 허위 사실 등을 알리는 행위를 금지 ⑥ 허위·과장광고 금지 　금융상품 또는 판매업자등의 업무에 관한 광고 시 필수 포함사항 및 금지행위 등

③ 금융소비자보호를 위한 장치

개념	① 「금융소비자보호법」은 금융상품 판매원칙 위반과 관련 위법계약해지권, 징벌적 과징금 도입, 과태료 부과, 판매제한명령, 손해배상 입증책임 전환 등 금융상품판매업자 등의 판매원칙 준수를 위한 다양한 실효성 확보 수단을 명시하고 위반 시 제재를 강화함 ② 특히 설명의무 위반에 따른 손해배상청구 소송 시 고의·과실에 대한 입증 책임을 소비자가 아닌 금융회사가 입증하도록 함 ③ 금융소비자보호법을 제정함으로써 소비자의 선택권 확대, 피해 방지, 사후구제 강화 등을 위한 제도 또한 새롭게 도입함 ④ 청약철회권을 도입하여 일정기간 내 소비자가 금융상품 계약을 철회하는 경우 금융상품 판매자는 이미 받은 금전·재화 등을 소비자에게 반환하여야 함

개념	⑤ 금융상품 유형별 청약 철회 숙려 기간

상품 구분	상품 유형별 숙려 기간
보장성	보험증권 수령일로부터 15일과 청약일로부터 30일 중 먼저 도래하는 기간 이내
투자성·금융상품자문	계약서류 제공일 또는 계약체결일로부터 7일 이내
대출성	계약서류 제공일, 계약체결일 또는 계약에 따른 금전·재화 등 제공일로부터 14일 이내

금융회사와 소비자간 분쟁조정	① 금융회사와 소비자 간 분쟁조정 과정 중 금융회사의 소 제기 시 조정절차가 중지되는 점을 들어 금융회사는 불리한 결정이 예상되면 소송을 제기하는 사례가 다수 발생함 ② 분쟁조정이 신청된 사건에 대하여 소송이 진행 중일 경우 법원이 그 소송을 중지할 수 있도록 소송중지제도를 도입함 ③ 소비자가 신청한 소액분쟁(권리·이익의 가액이 2천만원 이내)은 분쟁조정 완료 시까지 금융회사의 제소를 금지하는 조정이탈금지제도도 마련함 ④ 소비자가 분쟁조정·소송 등 대응 목적으로 금융회사 등이 유지·관리하는 자료 열람을 요구 시 금융회사등은 영업비밀의 현저한 침해 등의 경우가 아니라면 이를 수용할 의무를 법에서 명시하고 있음

02

❹ 우체국금융 소비자보호

예금자보호	① 우체국금융은 예금을 모집하고 관리하는 역할을 수행함. 예금자의 금융 자산을 안전하게 보호하기 위해 특별법인 「우체국예금·보험에 관한 법률」에 따라 예금자보호 제도를 운영함 ② 우체국예금의 경우 시중은행(금융상품의 원금과 이자를 합한 5,000만원까지)과는 달리, 예금자보호 한도에 제한이 없음
금융소비자보호 법체계	① 동일기능-동일규제 원칙 아래, 「금융소비자보호법(이하 금소법)」에서 적용되는 우체국 예금·보험법의 동일 상품에 대해서는 「금소법」을 최대한 준용함 ② 민간과는 다른 우체국금융의 조직특성(정부조직·감독제도)과 일부 영업행위에 관한사항은 소비자 권익의 영향이 없는 범위 내 반영하고 있음 ③ 「우체국예금·보험에 관한 법률(2023.3.21. 개정 2023.9.22. 시행)」 개정 및 자체 규정(고시 제정/훈령 개정) 마련을 통해 우체국금융 소비자의 사전정보제공 및 사후 구제 강화 등을 위한 제도 또한 새롭게 도입하였음. 이를 통해 청약철회권, 위법계약해지권, 자료열람요구권 등을 도입, 민간은행에 준하는 고객보호 및 서비스 품질을 제공함으로써 시장경쟁력을 확보하고, 동시에 국가금융 정책 목표 달성을 위해 노력하고 있음

	④ 금소법 대비 우체국금융 소비자 보호 적용상품 비교			
금융소비자보호 법체계	소비자 보호 관련 규정	금융소비자 보호법	우체국금융 소비자 보호	비고
	상품 관련 법률	은행법, 보험법, 자본시장법, 여신법 등	우체국 예금 · 보험법	
	예금성 상품	○	○	우체국 판매 상품 중 펀드, 하이브리드 체크카드는 금소법 준용
	대출성 상품	○	×	
	투자성 상품	○	×	
	보장성 상품	○	○	
민원처리제도	금융당국의 분쟁조정제도(금융감독원 금융분쟁조정위원회)를 준용한 우체국예금 · 보험분쟁조정위원회는 법적 절차(소송) 없이, 고객과 우체국간의 분쟁을 공정하고 신속하게 해결하여 소비자의 권익을 보호함			

추가자료

◎ **우체국금융 소비자보호 체계**

금융소비자와 판매업자 등 정의

- 금융상품판매업 유형
  ① 금융상품직접판매업 ② 금융상품판매대리 · 중개업
- 금융상품판매업자 유형
  ① 금융상품직접판매업자 ② 금융상품판매대리 · 중개업자
- 금융상품의 유형(예금성/보장성 상품)
- 금융소비자 유형(일반/전문 금융소비자)

6대 판매원칙에 따른 영업행위 규제

- 6대 판매행위 원칙
  ① 적합성, ② 적정성, ③ 설명의무, ④ 불공정영업행위, ⑤ 부당권유, ⑥ 광고규제
- 방문판매 및 전화권유 관련 준수사항
  ① 직원 등의 명부작성 및 관리, 신원확인 등
  ② 연락 금지 요구, 야간 방문판매 금지

우체국금융 소비자보호 체계

사전 정보제공 및 사후구제 강화

- 금융상품 비교공시 및 판매수수료 표기
- 금융교육 강화
- 권리구제를 위한 정보제공
- 분쟁조정 대상 확대(기존 보험만 대상)
- 청약철회권, 위법계약해지권

금융소비자보호 내부통제규정 정비

- 금융소비자보호 관련 내부통제기준 및 금융소비자보호기준에 대한 규정 수립
- 광고물 제작 및 광고물 내부 심의 운영
- 소비자에 대한 정보제공 강화(휴면 금융자산 등)

TOPIC 18 확인문제 금융소비자보호

01 다음 밑줄 친 내용에 대한 설명으로 옳은 것은? 24. 계리직

> 금융소비자보호법은 개별업법에서 일부 금융상품에 한정하여 적용하고 있는 금융상품 6대 판매원칙을 모든 금융상품으로 확대하여 적용하였다.

① 예금성 상품의 경우, 수익률 등 변동 가능성이 없는 상품에 한정하여 적합성의 원칙이 적용된다.

② 적정성의 원칙에 따르면 소비자에게 부적합한 금융상품 계약체결의 권유를 금지하여야 한다.

③ 소비자가 설명을 요청하는 경우뿐만 아니라 계약체결을 권유할 경우에도 상품의 중요사항을 설명하여야 한다.

④ 소비자가 오인할 우려가 있는 허위사실 등을 알리는 행위를 금지하는 것은 불공정 영업행위 금지에 해당한다.

02 다음은 금융소비자 보호를 위한 장치에 대한 설명이다. 옳은 것을 모두 고르시오.

> ── 〈보기〉 ──
> ㄱ. 「금융소비자보호법」은 금융상품 판매원칙 위반 등 금융상품판매업자등의 판매원칙 준수를 위한 다양한 실효성 확보 수단을 명시하고 위반 시 제재를 강화하였다.
> ㄴ. 설명의무 위반에 따른 손해배상청구 소송 시 고의·과실에 대한 입증 책임을 소비자가 입증하도록 하고 있다.
> ㄷ. 청약철회권을 도입하여 일정기간 내 소비자가 금융상품 계약을 철회하는 경우 금융상품 판매자는 이미 받은 받은 금전, 재화 중 비용을 제외하고 반환하여야 한다.
> ㄹ. 투자성 상품의 철회 숙려기간은 계약서류 제공일 또는 계약체결일로부터 7일 이내이다.

① ㄱ, ㄴ　　　② ㄱ, ㄹ　　　③ ㄴ, ㄹ　　　④ ㄷ, ㄹ

03 소비자가 자발적으로 구매하려는 금융상품이 소비자의 재산상황, 투자경험, 신용 및 변제계획 등에 비추어 부적정할 경우 이를 고지하고 확인하는 판매원칙은?

① 적합성의 원칙
② 적정성의 원칙
③ 부당권유행위 금지
④ 설명의무

04 다음은 우체국 금융 소비자보호에 대한 설명이다. 옳은 것을 모두 고르시오.

─────〈보기〉─────
ㄱ. 우체국예금의 경우 시중은행의 예금자 보호와 동일하게 금융상품의 원금과 이자를 합한 5,000만원까지 보호한다.
ㄴ. 우체국금융은 동일 기능이라도 특별법인 「우체국예금·보험에 관한 법률」을 적용할 뿐 「금융소비자보호법(이하 금소법)」은 적용하지 않는다.
ㄷ. 우체국 금융은 금융당국의 분쟁조정제도를 준용한 우체국예금·보험분쟁조정위원회를 운용하고 있다.
ㄹ. 우체국금융은 연락금지요구, 야간판매금지등을 준수사항으로 두고 있다.

① ㄱ, ㄴ   ② ㄱ, ㄷ   ③ ㄴ, ㄹ   ④ ㄷ, ㄹ

정답찾기

01 ① 예금성 상품의 경우, 수익률 등 변동 가능성이 있는 상품에 한정하여 적합성의 원칙이 적용된다.
② 적합성의 원칙에 따르면 소비자에게 부적합한 금융상품 계약체결의 권유를 금지하여야 한다.
적정성의 원칙은 소비자가 자발적으로 구매하려는 금융상품이 소비자의 재산상황, 투자경험, 신용 및 변제계획에 비추어 부적정할 경우 이를 고지하고 확인하도록 하는 것이다.
④ 소비자가 오인할 우려가 있는 허위사실 등을 알리는 행위를 금지하는 것은 부당권유행위 금지에 해당한다.

02 ㄴ. 설명의무 위반에 따른 손해배상청구 소송 시 고의·과실에 대한 입증 책임을 소비자가 아닌 금융회사가 입증하도록 한다.
ㄷ. 청약철회권을 도입하여 일정기간 내 소비자가 금융상품 계약을 철회하는 경우 금융상품 판매자는 이미 받은 금전·재화 등을 소비자에게 반환하여야 한다.

03 ① 적합성의 원칙: 소비자의 재산상황, 금융상품 취득·처분 경험 등의 정보를 파악하고 이에 비추어 부적합한 금융상품 계약 체결의 권유를 금지한다.
③ 부당권유행위 금지: 금융상품 계약 체결 권유 시 소비자가 오인할 우려가 있는 허위 사실 등을 알리는 행위를 금지한다.
④ 설명의무: 계약 체결을 권유하거나 소비자가 설명을 요청하는 경우 상품의 중요사항을 설명해야 한다.

04 ㄱ. 우체국예금의 경우 시중은행(금융상품의 원금과 이자를 합한 5,000만원까지)과는 달리, 예금자보호 한도에 제한이 없다.
ㄴ. 동일기능-동일규제 원칙 아래, 「금융소비자보호법(이하 금소법)」에서 적용되는 우체국 예금·보험법의 동일 상품에 대해서는 「금소법」을 최대한 준용한다.

정답   **01** ③   **02** ②   **03** ②   **04** ④

Chapter
07 예금관련법

TOPIC
19 예금자보호, 금융소득 종합과세, 금융정보자동교환협정

❶ 예금보험의 구조

예금 지급불능 사태 방지	① 금융회사가 영업정지나 파산 등으로 고객의 예금을 지급하지 못하게 될 경우 해당 예금자는 물론 전체 금융제도의 안정성도 큰 타격을 입게 되므로 예금자를 보호해야 함 ② 예금보험제도 : 우리나라에서 예금자보호법을 제정하여 고객들의 예금을 보호하는 제도
보험의 원리를 이용하여 예금자 보호	① 예금보험은 보험의 원리를 이용하여 예금자를 보호하는 제도 ② 예금자보호법에 의해 설립된 예금보험공사가 평소에 금융회사로부터 보험료(예금보험료)를 받아 기금(예금보험기금)을 적립한 후, 금융회사가 예금을 지급할 수 없게 되면 금융회사를 대신하여 예금(예금보험금)을 지급하게 됨
법에 의해 운영되는 공적 보험	① 예금보험은 예금자를 보호하기 위한 목적으로 법에 의해 운영되는 공적보험 ② 예금을 대신 지급할 재원이 금융회사가 납부한 예금 보험료만으로도 부족할 경우에는 예금보험공사가 직접 채권(예금보험기금채권)을 발행하는 등의 방법을 통해 재원을 조성하게 됨
보호대상 금융회사	① 보호대상 금융회사 : 은행, 보험회사(생명보험·손해보험회사), 투자매매업자·투자중개업자, 종합금융회사, 상호저축은행임. 농협은행, 수협은행 및 외국은행 국내지점은 보호대상 금융회사임 ② 농·수협 지역조합, 신용협동조합, 새마을금고는 현재 예금보험공사의 보호대상 금융회사는 아니며, 관련 법률에 따른 자체 기금에 의해 보호됨 ③ 우체국의 경우 예금보험공사의 보호대상 금융회사는 아니지만, 「우체국예금·보험에 관한 법률」 제4조(국가의 지급 책임)에 의거하여 우체국예금(이자 포함)과 우체국보험 계약에 따른 보험금 등 전액에 대하여 국가에서 지급을 책임지고 있음
보호대상 금융상품	① 예금보험공사는 예금보험 가입 금융회사가 취급하는 '예금' 등 만을 보호 ② 정부, 지방자치단체(국·공립학교 포함), 한국은행, 금융감독원, 예금보험공사, 부보 금융회사의 예금은 보호대상에서 제외함

보호한도	① 예금자보호제도는 다수의 소액예금자를 우선 보호하고 부실 금융회사를 선택한 예금자도 일정 부분 책임을 분담한다는 차원에서 예금의 전액을 보호하지 않고 일정액만을 보호하고 있음 ② 원금과 소정이자를 합하여 1인당 5천만 원(세전)까지만 보호되며 초과금액은 보호되지 않음, 지점별이 아니며 동일한 금융회사에 대한 총금액임 ③ '97년 말 IMF 사태 이후 2000년 말까지 한시적으로 예금전액을 보장 ④ 2001년부터는 예금부분보호제도로 전환 ⑤ 2015년 2월 26일부터는 예금보호대상 금융상품으로 운용되는 확정기여형퇴직연금제도 또는 개인퇴직연금제도의 적립금을 합하여 가입자 1인당 최고 5천만원(세전)까지 다른 예금과 별도로 보호 ⑥ 2023년 10월 17일부터는 추가로 예금보호대상 금융상품으로 운용되는 중소기업퇴직연금기금의 적립금(실예금자별 보호)과, 보험계약의 사고보험금 및 연금저축(신탁·보험)도 각각 1인당 5천만원(세전)까지 다른 예금과 별도로 보호하고 있음 ⑦ 예금보험공사로부터 보호받지 못한 나머지 예금은 파산한 금융회사가 선순위채권을 변제하고 남는 재산이 있는 경우 이를 다른 채권자들과 함께 채권액에 비례하여 분배받음으로써 그 전부 또는 일부를 돌려받을 수 있음 ⑧ 예금자 1인이라 함은 개인뿐만 아니라 법인도 대상이 됨 ⑨ 예금의 지급이 정지되거나 파산한 금융회사의 예금자가 해당 금융회사에 대출이 있는 경우에는 예금에서 대출금을 먼저 상환(상계)시키고 남은 예금을 기준으로 보호함

② 금융소득 종합과세 개요

연혁	① 1996년 「금융소득 종합과세제도」는 금융실명제 실시에 따른 후속조치로 실시 ② 1998년부터 일시 유보되었다가 2001년부터 다시 실시되고 있음
내용	① 개인별 연간 금융소득(이자·배당 소득)이 2천만 원 이하일 경우: 원천징수 ② 2천만 원을 초과하는 금융소득: 2천만 원에 대하여는 원천징수세율을 적용하고 2천만 원을 초과하는 금액은 다른 종합소득(근로소득·사업소득·연금소득 등)과 합산하여 누진세율을 적용하여 종합과세함

❸ 소득의 종류와 과세방법

소득 (소득금액)	① 소득(소득금액)이란 연간 총수입금액에서 필요경비를 공제한 금액 ② 소득구분(분류과세) : 종합소득, 퇴직소득, 양도소득
「소득세법」상 소득의 종류	① 종합소득 － 해당 과세기간에 발생하는 이자소득, 배당소득, 사업소득, 근로소득, 연금소득, 기타소득 － 개인별로 합산하여 종합소득세율에 의해 신고·납부 원칙 ② 퇴직소득 : 근로자가 퇴직함으로 인하여 지급받는 퇴직금 ③ 양도소득 : 자산을 양도함으로 인하여 발생하는 소득 (2010년부터 부동산 임대 소득은 종합소득 중 사업소득에 포함하여 과세한 침해 등의 경우가 아니라면 이를 수용할 의무를 법에서 명시하고 있음)
과세방법	① 종합과세 : 이자소득 등 종합소득 중 비과세소득과 분리과세소득을 제외한 소득을 합산하여 누진세율을 적용하는 방법 ② 분리과세 : 타소득과 합산되지 아니하고 분리과세 대상소득이 발생할 때에 건별로 단일세율에 의하여 원천징수의무자가 원천징수함으로써 당해 소득자는 납세의무가 종결되는 과세방식

❹ 금융소득에 대한 이해

금융소득	① 금융소득 : 금융자산의 저축이나 투자에 대한 대가를 말하며, 이자소득과 배당소득을 합하여 말함 ② 현행 소득세법 체계는 종합소득에 대해 종합과세하는 것이 원칙이나, 조세정책적 목적으로 금융소득에 대해서는 다양한 분리과세제도를 운용하고 있음
이자소득과 배당소득	① 이자 : 금전을 대여하고 받은 대가 ② 배당 : 영리법인 등이 영업활동에서 얻은 이익을 주주 등에게 분배하는 것 ③ 소득세법에서는 이자소득과 배당소득 둘 다 유형별 포괄주의에 의하여 과세범위를 규정 ④ 이자소득은 총수입금액이 되며 비과세되는 이자소득은 포함하지 않음 → 이자소득금액＝이자소득 총수입금액 ⑤ 배당소득도 마찬가지로 총수입금액이 되며 비과세되는 배당소득은 포함하지 않으나 배당소득이 종합소득에 합산되는 경우 법인단계에서 부담한 것으로 간주되는 귀속법인세를 배당소득 총수입금액에 가산하여 Gross-up제도를 적용 → 배당소득금액＝배당소득 총수입금액＋귀속법인세(Gross-up 금액)
민원처리제도	금융당국의 분쟁조정제도(금융감독원 금융분쟁조정위원회)를 준용한 우체국예금·보험분쟁조정위원회는 법적 절차(소송) 없이, 고객과 우체국간의 분쟁을 공정하고 신속하게 해결하여 소비자의 권익을 보호함

❺ 금융소득 종합과세 체계

① 금융소득(이자소득＋배당소득)	
(－) ② 비과세 금융소득	• 공익신탁의 이익, 장기저축성보험차익 • 장기주택마련저축 이자·배당, 개인연금저축 이자·배당, 비과세종합저축 이자·배당(1인당 5천만원 이하), 경과규정에 따른 국민주택채권 이자 • 우리사주조합원이 지급받는 배당, 재외동포 전용 투자신탁(1억원 이하) 등으로부터 받는 배당, 녹색투자신탁 등 배당, 저축지원을 위한 조특법에 따른 저축에서 발생하는 배당, 개인종합자산관리계좌(ISA)에서 발생하는 금융소득의 합계액 중 200만원 또는 400만원까지
(－) ③ 분리과세 금융소득	• 장기채권이자 분리과세 신청(30%), 비실명금융소득(45.90%), 직장공제회 초과반환금(기본세율) • 7년(15년) 이상 사회기반시설채권이자(14%), 영농·영어 조합법인(1천2백만원 초과분)으로부터 받는 배당(5%), 농업회사법인 출자 거주자의 식량작물재배업소득 외의 소득에서 발생한 배당(14%), 사회기반시설투융자집합투자기구의 배당(5%, 14%), 세금우대종합저축 이자·배당(9%), 개인종합자산관리계좌(ISA)에서 발생하는 금융소득의 비과세 한도(200만원, 400만원)를 초과하는 금액 등

(＝)
④ 종합과세 금융소득
	1) ①－(②＋③)의 금액 중 2천만원을 초과하는 금액이 종합과세됨
	2) ①－(②＋③)의 금액이 2천만원 이하인 경우에는
	  • 국내외 금융소득으로서 국내에서 원천징수되지 아니한 소득에 대해서는 종합과세
	  • 그 외 금융소득은 원천징수로 분리과세

❻ 종합과세되는 금융소득

기본공식	• 금융소득＝이자소득＋배당소득 • 종합과세 제외 금융소득＝비과세 되는 금융소득＋분리과세 되는 금융소득 • 종합과세 대상 금융소득＝금융소득－종합과세 제외 금융소득
비과세 금융소득	(1) 「소득세법」에 의한 비과세 금융소득 ① 「공익신탁법」에 의한 공익신탁의 이익 ② 장기저축성보험의 보험차익 (2) 「조세특례제한법」에 의한 비과세 금융소득 ① 개인연금저축의 이자·배당 ② 장기주택마련저축의 이자·배당 ③ 비과세종합저축의 이자·배당(1명당 저축원금 5천만 원 이하) ④ 조합 등 예탁금의 이자 및 출자금에 대한 배당 ⑤ 재형저축에 대한 이자·배당 ⑥ 농어가목돈마련저축의 이자 ⑦ 우리사주조합원이 지급 받는 배당

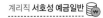

비과세 금융소득	⑧ 농업협동조합근로자의 자사출자지분 배당 ⑨ 영농·영어조합법인의 배당 ⑩ 농업회사법인 출자금의 배당 ⑪ 재외동포전용 투자신탁 등의 배당(1억 원 이하) ⑫ 녹색예금, 녹색채권의 이자와 녹색투자신탁등의 배당 ⑬ 경과규정에 의한 국민주택채권 등 이자 ⑭ 개인종합자산관리계좌(ISA)에서 발생하는 금융소득(이자소득과 배당소득)의 합계액 중 200만원 또는 400만원까지의 금액

분리과세 금융소득	**(1) 「소득세법」에 의한 분리과세 금융소득**
	① 부동산 경매입찰을 위하여 법원에 납부한 보증금 및 경락대금에서 발생하는 이자(14%)
	② 실지명의가 확인되지 아니하는 이자(45%)
	③ '17.12.31. 이전에 가입한 10년 이상 장기채권(3년 이상 계속하여 보유)으로 분리과세를 신청한 이자와 할인액(30%)
	④ 직장공제회 초과반환금(기본세율)
	⑤ 수익을 구성원에게 배분하지 아니하는 개인으로 보는 법인격 없는 단체로서 단체명을 표기하여 금융거래를 하는 단체가 금융회사 등으로부터 받는 이자·배당(14%)
	⑥ 금융소득(비과세 또는 분리과세분 제외)이 개인별로 연간 2천만원(종합과세기준금액) 이하인 경우(14% 또는 25%)
	
	(2) 「조세특례제한법」에 의한 분리과세 금융소득
	① 발행일부터 최종 상환일까지의 기간이 7년 이상인 사회기반시설에 대한 민간투자법 제58조제1항의 규정에 의한 사회기반시설채권으로서 '14년 말까지 발행된 채권의 이자(14%)
	  ☞ 2010.1.1. 이후 발행하는 사회기반시설채권은 최종 상환일까지의 기간이 7년 이상(15년→7년)으로 변경되었으며, '10년부터 수해방지채권은 분리과세 대상에서 제외되었음
	② 영농·영어조합법인의 배당(5%)
	③ 세금우대종합저축의 이자·배당(9%)
	④ 재외동포전용투자신탁 등의 배당(5%)
	⑤ 집합투자증권의 배당소득에 대한 과세특례(5%, 14%)
	⑥ 고위험고수익투자신탁 등에 대한 이자 배당(14%)
	⑦ 개인종합자산관리계좌(ISA)에서 발생하는 금융소득(이자소득과 배당소득)의 비과세한도(200만원, 400만원)를 초과하는 금액(9%)
	⑧ 특정사회기반시설(뉴딜 인프라) 집합투자기구 투자자 배당소득(9%)
	⑨ 투융자집합투자기구 투자자 배당소득(14%)
	※ 조건부 과세대상
	  ① 2016. 1.1. 이후 선박투자회사로부터 받은 배당소득
	  ② 2017. 1.1. 이후 해외자원개발투자회사·해외자원개발투자전문회사로부터 받은 배당소득

02

분리과세 금융소득	**(3)「금융실명거래 및 비밀보장에 관한 법률」에 의한 분리과세** ① 비실명금융자산으로서 금융회사 등을 통해 지급되는 이자·배당(90%) ②「금융실명거래 및 비밀보장에 관한 법률」에 의하여 발행된 비실명채권에서 발생된 이자(2000.12.31.까지 20%, 2001.1.1. 이후 15%)
종합과세 되는 금융소득	**(1) 금융소득이 2천만원(종합과세기준금액)을 초과하는 경우** ① 금융소득 중 비과세 및 분리과세 소득을 제외한 금융소득이 2천만 원을 초과하는 경우 금융소득 전체를 종합과세함. 다만, 종합과세 기준금액을 기점으로 한 급격한 세부담 증가 문제를 보완하고 금융소득 종합과세시 최소한 원천징수세율(14%)이상의 세부담이 되도록 하기 위해 2천만 원을 초과하는 금융소득만 다른 종합소득과 합산하여 산출세액을 계산하고 2천만 원 이하 금액은 원천징수세율(14%)을 적용하여 산출세액을 계산함 ② 산출세액 계산 시「소득세법」제62조의 규정에 따라 기준금액을 초과하는 금융소득을 다른 종합소득과 합산하여 계산하는 종합과세방식과 금융소득과 다른 종합소득을 구분하여 계산하는 분리과세방식에 의해 계산된 금액 중 큰 금액을 산출세액으로 함 ③ 종합과세기준금액(2천만 원)의 초과여부를 계산함에 있어서 배당소득에 대해 배당가산(Gross-up)하지 않은 금액으로 함 ☞ 금융소득이 2천만 원을 초과하는 경우로서 기준금액 이하 금액은 형식적으로 종합과세되나 원천징수세율에 의해 산출세액을 계산하므로 실질적으로는 분리과세되는 것과 동일함 ④ 금융소득이 2천만원을 초과하는 경우에는 배당가산(Gross-up)한 금액을 종합과세 금융소득으로 함 ⑤ 예외적으로 출자공동사업자로부터 받는 배당(원천징수세율 25%)은 종합과세기준금액(2천만 원)을 초과하지 않더라도 종합과세함 **(2) 국내에서 원천징수되지 않은 금융소득** ① 국내에서 원천징수되지 않은 국외에서 받는 금융소득 ② 국내에서 받는 2천만 원 이하의 금융소득으로서「소득세법」제127조에 따라 원천징수되지 않은 금융소득 ☞ 2천만 원(종합과세기준금액) 초과여부 판단 시 국내에서 원천징수되지 않은 금융소득도 합산함
금융소득의 세액계산 방법	종합소득에 합산되는 금융소득이 있는 경우 다음과 같이 종합소득산출세액을 계산함 ① 금융소득 중 2천만원까지는 원천징수세율(14%)을 적용하여 계산한 세액과 2천만 원을초과하는 금융소득에는 기본세율(6~45%)을 적용하여 계산한 세액을 합계하여 산출세액으로 하고, 산출세액=(금융소득 2천만원×14%)+(종합소득 과세표준×기본세율) ② 금융소득 전체 금액에 대하여 원천싱수된 세액 전부를 기납부세액(2천만원에 대한 원천징수세액을 포함)으로 공제하여 납부할 세액을 계산함 ─ 따라서 전체 금융소득 중 2천만 원까지는 원천징수세율로 납세의무가 종결되는 분리과세와 같은 결과가 됨

귀속연도 과세표준	2021~2022년		귀속연도 과세표준	2023년~	
	세율	누진공제액		세율	누진공제액
1,200만원 이하	6%	—	1,400만원 이하	6%	—
1,200만원 초과 ~ 4,600만원 이하	15%	108만원	1,400만원 초과 ~ 5,000만원 이하	15%	126만원
4,600만원 초과 ~ 8,800만원 이하	24%	522만원	5,000만원 초과 ~ 8,800만원 이하	24%	576만원
8,800만원 초과 ~ 1억5천만원 이하	35%	1,490만원	8,800만원 초과 ~ 1억5천만원 이하	35%	1,544만원
1억5천만원 초과 ~ 3억원 이하	38%	1,940만원	1억5천만원 초과 ~ 3억원 이하	38%	1,994만원
3억원 초과 ~ 5억원 이하	40%	2,540만원	3억원 초과 ~ 5억원 이하	40%	2,594만원
5억원 초과 ~ 10억원 이하	42%	3,540만원	5억원 초과 ~ 10억원 이하	42%	3,594만원
10억 초과	45%	6,540만원	10억 초과	45%	6,594만원

③ 종합소득세 기본세율 (금융소득의 세액계산 방법)

❼ 금융소득에 대한 이해

신고
① 종합과세대상 금융소득이 발생한 경우(1년간 금융소득이 2천만원을 초과한 경우 또는 국내에서 원천징수 되지 않는 금융소득이 있는 경우) 발생년도 다음해 5월 1일부터 5월 31일까지 주소지 관할세무서에 종합소득세 확정 신고·납부하여야 함
② 만약 5월 31일까지신고하지 않거나 불성실하게 신고하는 경우에는 신고불성실 가산세 또는 납부불성실 가산세를 부담하게 됨

금융소득 종합과세 비교과세 〈사례〉

【사례】 2천만원을 초과하는 이자소득이 있는 경우(14% 이자소득만 있음)

(1) 2023년도 종합소득 현황
　① 은행예금 이자 : 50,000,000원
　② 회 사 채 이자 : 50,000,000원
　③ 세금우대종합저축의 이자 : 5,000,000원
(2) 종합소득공제는 5,100,000원으로 가정

(1) 종합과세되는 금융소득금액
① 종합과세되는 금융소득금액 : 1억원(은행예금이자＋회사채이자)
　→ 세금우대종합저축의 이자는 분리과세되는 금융소득으로 종합과세되는 금융소득 금액에서 제외됨
② 기준금액초과 금융소득 : 100,000,000−20,000,000＝80,000,000

금융소득 종합과세 비교과세 〈사례〉	(2) **종합소득 산출세액의 계산** ① 금융소득을 기본세율로 과세 시 산출세액 　(2천만 원 초과금액−종합소득공제)×기본세율+2천만 원×14% 　=(80,000,000−5,100,000)×기본세율−누진공제+(20,000,000×14%) 　=(74,900,000×24%−5,760,000)+2,800,000 　=12,216,000+2,800,000=15,016,000원 ② 금융소득을 원천징수세율로 과세 시 산출세액 　금융소득×14%=100,000,000×14%=14,000,000원 ③ 종합소득산출세액은 ①과 ② 중 큰 금액인 15,016,000원

⑧ 금융정보자동교환을 위한 국제 협정

국가 간 자동 정보교환 방식	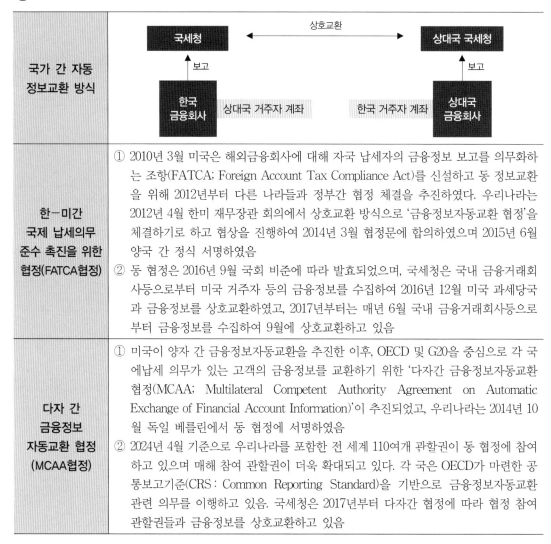
한－미간 국제 납세의무 준수 촉진을 위한 협정(FATCA협정)	① 2010년 3월 미국은 해외금융회사에 대해 자국 납세자의 금융정보 보고를 의무화하는 조항(FATCA; Foreign Account Tax Compliance Act)를 신설하고 동 정보교환을 위해 2012년부터 다른 나라들과 정부간 협정 체결을 추진하였다. 우리나라는 2012년 4월 한미 재무장관 회의에서 상호교환 방식으로 '금융정보자동교환 협정'을 체결하기로 하고 협상을 진행하여 2014년 3월 협정문에 합의하였으며 2015년 6월 양국 간 정식 서명하였음 ② 동 협정은 2016년 9월 국회 비준에 따라 발효되었으며, 국세청은 국내 금융거래회사등으로부터 미국 거주자 등의 금융정보를 수집하여 2016년 12월 미국 과세당국과 금융정보를 상호교환하였고, 2017년부터는 매년 6월 국내 금융거래회사등으로부터 금융정보를 수집하여 9월에 상호교환하고 있음
다자 간 금융정보 자동교환 협정 (MCAA협정)	① 미국이 양자 간 금융정보자동교환을 추진한 이후, OECD 및 G20을 중심으로 각 국에 납세 의무가 있는 고객의 금융정보를 교환하기 위한 '다자간 금융정보자동교환 협정(MCAA; Multilateral Competent Authority Agreement on Automatic Exchange of Financial Account Information)'이 추진되었고, 우리나라는 2014년 10월 독일 베를린에서 동 협정에 서명하였음 ② 2024년 4월 기준으로 우리나라를 포함한 전 세계 110여개 관할권이 동 협정에 참여하고 있으며 매해 참여 관할권이 더욱 확대되고 있다. 각 국은 OECD가 마련한 공통보고기준(CRS : Common Reporting Standard)을 기반으로 금융정보자동교환 관련 의무를 이행하고 있음. 국세청은 2017년부터 다자간 협정에 따라 협정 참여 관할권들과 금융정보를 상호교환하고 있음

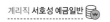

❾ 금융정보자동교환을 위한 국내 규정

국내규정	① 국제조세조정에 관한 법률 제36조, 제37조, 제89조 정기적인 금융정보 교환을 위한 금융거래회사등의 금융정보 보고 의무, 정보보안의무, 금융거래 상대방에게 자료 보고 요구 근거, 세무당국의 질문·확인권, 과태료 등 규정 ② 국제조세조정에 관한 법률 시행령 제75조, 제146조 금융정보 보고 방법, 금융거래 상대방에게 요청할 수 있는 인적사항의 종류, 보고된 정보의 시정요구 및 오류시정 절차, 과태료 부과 기준 등 규정 ③ 정보교환협정에 따른 금융정보자동교환 이행규정(기획재정부 고시) 국제조세조정에 관한 법률에서 위임을 받아 금융거래회사등이 금융거래 상대방의 인정사항 등을 확인하기 위한 실사절차, 자료보고방법, 비보고 금융회사와 제외계좌 등 규정

❿ 금융회사의 의무

① 금융정보 자동교환을 위한 국제 협정을 이행하기 위하여 국내 금융거래회사등은 관리하고 있는 금융계좌 중 계좌보유자가 보고대상 '해외 납세의무자'에 해당하는지 여부를 확인하는 실사 절차를 수행해야 함
② 실사 일반사항

구분			주요내용
실사의 의무	개인	기존계좌	소액	• 거주지 주소확인(미국 제외) • 전산기록 검토를 통해 추정정보 확인 → 확인되는 경우 본안확인서 및 증빙자료 수취 • 특정한 경우 마스터파일·문서기록 검토를 통해 추정정보 확인 → 확인되는 경우 본인확인서 및 증빙자료 수취
			고액*	• 전산·마스터파일·문서기록 검토 통해 추정정보 확인 → 확인되는 경우 본인확인서 및 증빙자료 수취 • 고객담당자 검토 * 고액계좌: 미화 100만 달러 초과 계좌
		신규계좌		본인확인서 및 증빙자료 수취
	단체	기존계좌		법령준수 또는 고객관계 목적으로 관리되는 정보를 검토하여 계좌보유자가 보고대상 관할권 거주자임을 나타내는 정보 확인 → 확인되는 경우 본인확인서 및 증빙자료 수취
		신규계좌		본인확인서 및 증빙자료 수취

정보수집 및 보고의 의무	① 금융거래회사등은 보고대상 금융계좌에 대한 정보를 수집하여 해당 정보를 국세청에 보고하여야 함 ② 보고대상 금융계좌의 종류(이행규정 제11조~제18조)

구분	개요
예금계좌	금융거래회사등이 은행업에 따른 은행업무 또는 이와 유사한 업무를 운영하는 과정에서 관리하는 예금·적금·부금 등 계좌, 예금증서 또는 이와 유사한 증서로 증명되는 계좌(보험 회사가 보유하는 투자보증계약 또는 보유금액에 대해 이자를 지급하거나 적립하는 유사계약 포함) -금융시장에서 거래되고 금융회사를 통해 유통·보유되는 양도성 채권상품(양도성 예금증서 등 증서식 예금상품을 포함)은 예금계좌에서 제외
수탁계좌	타인의 이익을 위해 투자 목적으로 금융상품을 보유하거나 금융계약을 체결하기 위해 개설된 계좌(자본시장법에 따른 신탁업자가 금융상품 또는 금융계약을 수탁하기 위해 체결한 신탁계약 포함) -보험계약 또는 연금계약인 경우에는 수탁계좌로 보지 않음
자본지분 채무지분	금융거래회사등인 조합의 경우에는 조합의 자본 또는 수익에 대한 지분 금융거래회사등인 신탁의 경우에는 신탁에 대한 통제권을 가지는 자 또는 수익자의 자본에 대한 지분
현금가치 보험계약*	위험보장을 목적으로 우연한 사건 발생에 관하여 발행인이 금전 또는 그 밖의 급여를 지급할 것을 약정하고 대가를 수수하는 현금가치가 있는 보험계약
연금계약	발행인이 1인 이상인 개인의 기대수명 전부 또는 일부에 기초하여 일정기간 동안 금전 또는 그 밖의 급여를 지급할 것을 약정하는 계약

* 현금가치보험계약에서 제외되는 보험계약(이행규정 제18조) : ① 보험업감독규정 제1-2조 제11호에 따른 일반손해보험계약, ② 제1호에 해당하지 않는 보험계약 중 순보험료가 위험보험료만으로 구성되는 보험계약, ③ 두 보험회사 간의 보장성 재보험계약

③ 제외계좌 : 개인퇴직계좌, 생명보험계약 등과 같이 해당 계좌가 세제혜택 대상이고 계좌에 관한 정보가 과세당국에 보고되는 등 이행규정(제31조 제외계좌)에서 규정한 특정 조건을 모두 충족하며 조세회피 등에 사용될 위험이 낮은 것으로 판단되는 특정 금융계좌

④ 금융계좌라 하더라도 제외계좌에 해당하는 계좌들은 보고뿐만 아니라 실사절차, 계좌잔액 합산 대상 금융계좌에서도 제외됨

추가자료

◎ **보호금융상품 vs. 비보호금융상품**

구분	보호금융상품	비보호금융상품
은행	• 보통예금, 기업자유예금, 별단예금, 당좌예금 등 요구불예금 • 정기예금, 저축예금, 주택청약예금, 표지어음 등 저축성예금 • 정기적금, 주택청약부금, 상호부금 등 적립식 예금 • 외화예금 • 예금보호대상 금융상품으로 운용되는 확정기여형 퇴직연금제도 및 개인형 퇴직연금제도의 적립금 • 중소기업퇴직연금기금에 편입된 금융상품 중 예금보호 대상으로 운용되는 금융상품[2] • 개인종합자산관리계좌(ISA)에 편입된 금융상품 중 예금보호 대상으로 운용되는 금융상품 • 원본이 보전되는 금전신탁 등	• 양도성예금증서(CD), 환매조건부채권(RP) • 금융투자상품(수익증권, 뮤추얼펀드, MMF 등) • 은행 발행채권 • 주택청약저축[1], 주택청약종합저축 등[1] • 확정급여형 퇴직연금제도의 적립금 • 특정금전신탁 등 실적배당형 신탁 • 개발신탁
투자매매업자·투자중개업자	• 증권의 매수 등에 사용되지 않고 고객계좌에 현금으로 남아 있는 금액 • 자기신용대주담보금, 신용거래계좌 설정보증금, 신용공여담보금 등의 현금 잔액 • 예금보호대상 금융상품으로 운용되는 확정기여형 퇴직연금제도 및 개인형퇴직연금제도의 적립금 • 개인종합자산관리계좌(ISA)에 편입된 금융상품 중 예금보호 대상으로 운용되는 금융상품 • 원본이 보전되는 금전신탁 등 증권금융회사가 「자본시장과 금융투자업에 관한 법률」 제330조 제1항에 따라 예탁받은 금전	• 금융투자상품(수익증권, 뮤추얼펀드, MMF 등) • 청약자예수금, 제세금예수금, 유통금융대주담보금 • 환매조건부채권(RP) • 금현물거래예탁금 등 • 확정급여형 퇴직연금제도의 적립금 • 랩어카운트, 주가지수연계증권(ELS), 주가연계 파생결합사채(ELB), 주식워런트증권(ELW) • 증권사 종합자산관리계좌(CMA) • 증권사 발행채권 • 「자본시장과 금융투자업에 관한 법률」 제117조의8에 따라 증권금융회사에 예탁되어 있는 금전 • 「자본시장과 금융투자업에 관한 법률 시행령」 제137조 제1항 제3호의2에 따라 증권금융회사에 예탁되어 있는 금전 • 종합금융투자사업자(초대형IB) 발행어음

02

보험회사	• 개인이 가입한 보험계약 • 퇴직보험 • 변액보험계약 특약 • 변액보험계약 최저사망보험금·최저연금 적립금·최저중도인출금·최저종신중도 인출금 등 최저보증 • 예금보호대상 금융상품으로 운용되는 확정기여형 퇴직연금제도 및 개인형 퇴직연금제도의 적립금 • 중소기억퇴직연금기금에 편입된 금융상품 중 예금보호 대상으로 운용되는 금융상품[2)] • 개인종합자산관리계좌(ISA)에 편입된 금융상품 중 예금보호 대상으로 운용되는 금융상품 • 원본이 보전되는 금전신탁 등	• 보험계약자 및 보험료납부자가 법인인 보험계약 • 보증보험계약, 재보험계약 • 변액보험계약 주계약(최저사망보험금·최저연금적립금·최저중도인출금·최저종신중도인출금 등 최저보증 제외) 등 • 확정급여형 퇴직연금제도의 적립금
종합금융회사	발행어음, 표지어음, 어음관리계좌(CMA) 등	• 금융투자상품(수익증권, 뮤추얼펀드, MMF 등) • 환매조건부채권(RP), 양도성예금증서(CD), 기업어음(CP), 종금사 발행채권 등
상호저축은행 및 상호저축은행중앙회	• 보통예금, 저축예금, 정기예금, 정기적금, 신용부금, 표지어음 • 예금보호대상 금융상품으로 운용되는 확정기여형 퇴직연금제도 및 개인형 퇴직연금제도의 적립금[3)] • 개인종합자산관리계좌(ISA)에 편입된 금융상품 중 예금보호 대상으로 운용되는 금융상품[3)] • 상호저축은행중앙회 발행 자기앞수표 등	• 저축은행 발행채권(후순위채권 등) 등 • 확정급여형 퇴직연금제도의 적립금

1) 주택도시기금에 의해 정부가 별도로 관리(주택도시기금법 제14조 제2항)
2) 확정기여형, 개인형 퇴직연금제도 및 중소기업퇴직연금기금 편입 금융상품 중 예금보호 대상으로 운용되는 금융상품은 합산하여 5천만원까지 별도 보호하며, 사고보험금과 연금저축(신탁·보험)은 각각 5천만원 한도로 별도 보호
3) 저축은행이 부보금융회사로부터 조달하여 예금보호대상 금융상품으로 운용하는 경우

TOPIC 19 확인문제 예금자보호, 금융소득 종합과세, 금융정보자동교환협정

01 예금자보호에 대한 설명으로 옳지 않은 것은? 23. 계리직

① 정부, 지방자치단체(국·공립학교 포함), 한국은행, 금융감독원, 예금보험공사, 부보금융회사의 예금은 보호대상에서 제외한다.

② 주택청약저축, 주택청약종합저축 상품은 보호금융상품이며, 주택청약예금, 주택청약부금은 비보호금융상품이다.

③ 보호금액 5천만 원은 예금의 종류별 또는 지점별 보호금액이 아니라 동일한 금융회사 내에서 예금자 1인이 보호받을 수 있는 총 금액이다.

④ 예금보험공사로부터 보호받지 못한 나머지 예금은 파산한 금융회사가 선순위채권을 변제하고 남는 재산이 있는 경우 이를 다른 채권자들과 함께 채권액에 비례하여 분배받는다.

02 다음은 예금보험에 대한 설명이다. 옳은 것을 모두 고르시오.

――――――――― 〈보기〉 ―――――――――

ㄱ. 예금보험은 예금자를 보호하기 위한 목적으로 법에 의해 운영되는 공적보험이다.

ㄴ. 예금을 대신 지급할 재원이 금융회사가 납부한 예금 보험료만으로도 부족할 경우에는 예금보험공사가 직접 채권(예금보험기금채권)을 발행하는 등의 방법을 통해 재원을 조성한다.

ㄷ. 지점별로 원금과 소정이자를 합하여 1인당 5천만 원(세전)까지만 보호되며 초과금액은 보호되지 않는다.

ㄹ. 예금자 1인이라 함은 개인만 해당할 뿐 법인은 해당하지 않는다.

① ㄱ, ㄴ   ② ㄱ, ㄷ   ③ ㄴ, ㄹ   ④ ㄷ, ㄹ

03 금융소득과세에 대한 설명으로 옳지 않은 것은?

① 개인별 연간 금융소득(이자·배당 소득)이 2천만 원 이하일 경우 원천징수한다.

② 2천만 원에 대하여는 원천징수세율을 적용하고 2천만 원을 초과하는 금액은 다른 종합소득 (근로소득·사업소득·연금소득 등)과 합산하여 누진세율을 적용하여 종합과세한다.

③ 금융소득이란 금융자산의 저축이나 투자에 대한 대가를 말하며, 이자소득과 배당소득을 합하여 말한다.

④ 배당소득이 종합소득에 합산되는 경우 법인단계에서 부담한 것으로 간주되는 귀속법인세를 배당소득 총수입금액에 차감하여 Gross−up제도를 적용한다.

04 다음은 금융정보자동교환에 대한 설명이다. 옳은 것을 모두 고르시오.

――― 〈보기〉 ―――

ㄱ. 국세청은 국내 금융거래회사등으로부터 미국 거주자 등의 금융정보를 수집하여 2017년부터는 매년 6월 국내 금융거래회사등으로부터 금융정보를 수집하여 9월에 상호교환하고 있다.

ㄴ. 금융계좌라 하더라도 개인퇴직계좌, 생명보험계약등 해당하는 계좌들은 보고뿐만 아니라 실사절차, 계좌잔액 합산 대상 금융계좌에서도 제외된다.

ㄷ. 한국금융회사는 한국거주자와 상대국거주자의 정보를 직접 조사하여 모두 교환할 수 있다.

ㄹ. 금융거래회사등은 보고대상 금융계좌에 대한 정보를 수집하여 해당 정보를 금융감독원에 보고하여야 한다.

① ㄱ, ㄴ   ② ㄱ, ㄷ   ③ ㄴ, ㄹ   ④ ㄷ, ㄹ

정답찾기

01 주택청약저축, 주택청약종합저축 상품은 비보호금융상품이고 주택청약예금, 주택청약부금은 보호금융상품이다.

02 ㄷ. 원금과 소정이자를 합하여 1인당 5천만 원(세전)까지만 보호되며 초과금액은 보호되지 않는다. 또한, 지점별이 아니며 동일한 금융회사에 대한 총금액이다.
ㄹ. 예금자 1인이라 함은 개인뿐만 아니라 법인도 대상이 된다.

03 ④ 배당소득이 종합소득에 합산되는 경우 법인단계에서 부담한 것으로 간주되는 귀속법인세를 배당소득 총수입금액에 가산하여 Gross−up제도를 적용한다.

04 ㄷ. 한국금융회사는 상대국거주자의 정보를 제공하여 교환할 수 있다.
ㄹ. 금융거래회사등은 보고대상 금융계좌에 대한 정보를 수집하여 해당 정보를 국세청에 보고하여야 한다.

정답 **01** ② **02** ① **03** ④ **04** ①

서호성 계리직 예금일반 ✦

합격까지 박문각

Part

03

우체국 금융상품

Chapter
08 우체국 금융상품

TOPIC
20 예금상품

❶ 예금상품개요

고려사항	① 우체국의 예금상품 개발 시 고려사항 : 수익성, 공공성, 안정성, 소비자보호 ② 수익성 : 우체국예금 상품은 예금사업의 영위를 위해 이익을 창출할 수 있어야 함 ③ 공공성 : 아니라 국민경제의 공익증진 및 금융시장 발전에 기여 ④ 안정성 : 예금이 전체 자산수익률 변동성과 손실 위험이 허용되는 범위 안에 있도록 하는 것
예금상품의 이자율	① 「우체국예금·보험에 관한 법률」에 따라 고시하는 기본이자율에 우대이자율을 더 하여 정함 ② 기본이자율 : 원금에 대한 이자의 비율(총 이자율) 중 우체국의 금리정책에 따라 예 금의 종류별로 기본적으로 부여되는 금리 ③ 우대이자율 : 원금에 대한 이자의 비율(총 이자율) 중 상품에서 특정 조건에 따라 선 택적으로 제공하는 금리
우체국 예금거래 기본약관	① 우체국과 예금주가 서로 믿음을 바탕으로 예금거래를 빠르고 틀림없이 처리하는 한편, 서로의 이해관계를 합리적으로 조정하기 위하여 기본적이고 일반적인 사항을 정한 것임 ② 우체국은 예금종류별 이율표를 창구 또는 인터넷 홈페이지에 비치·게시하고, 이율 을 바꾼 때는 그 바꾼 내용을 창구 또는 인터넷 홈페이지에 1개월 동안 게시함 ③ 우체국이 약관을 변경할 때에는 변경약관 시행일 1개월 전에 그 내용을 우체국과 인터넷 홈페이지에 게시하여 예금주에 알림. 다만, 법령의 개정이나 제도의 개선 등 으로 긴급히 약관을 변경할 때에는 즉시 이를 게시 또는 공고하여야 함 ④ 예금이율을 변경한 때에 거치식·적립식예금은 계약당시의 이율을 적용하되, 변동 금리가 적용되는 예금은 금리를 변경한 날로부터 변경이율을 적용함

❷ 수시입출식 예금(입출금이 자유로운 예금)

보통예금 저축예금	① 보통예금: 가입대상에 제한이 없고 예입과 지급에 있어서 특별한 조건을 붙이지 않고 입출금이 자유로운 예금 ② 저축예금: 개인고객을 대상으로 하여 입출금이 자유로운 예금
듬뿍우대저축 예금	개인고객을 대상으로 예치 금액별로 차등 금리를 적용하는 개인 MMDA(Money Market Deposit Account) 상품으로 입출금이 자유로운 예금
e-Postbank 예금	① 가입대상: 실명의 개인으로 인터넷뱅킹, 스마트뱅킹 또는 우체국 창구를 통해 가입하고 별도의 통장 발행 없이 전자금융 채널(인터넷뱅킹, 스마트뱅킹, 폰뱅킹, 자동화기기)을 통해 거래하는 입출금이 자유로운 예금 ② 이 예금의 상품 우대이율은 매 결산기간 중 특정 조건을 충족하는 경우 최고 연 0.5%p를 제공
기업든든 MMDA통장	① 가입대상: 법인, 고유번호증을 부여받은 단체, 사업자등록증을 가진 개인사업자 등을 대상 ② 예치금액 별로 차등 금리를 적용하는 기업 MMDA 상품으로 입출금이 자유로운 예금
우체국 행복지킴이통장	① 가입대상: 특정 국가에서 지급하는 각종 복지급여 수급자 ② 저소득층 생활안정 및 경제활동 지원 도모를 목적으로 기초생활보장, 기초(노령)연금, 장애인연금, 장애(아동)수당 등의 기초생활 수급권 보호를 위한 「압류방지 전용통장」으로 관련 법령에 따라 압류방지 수급금에 한해 입금이 가능한 예금
우체국 국민연금 안심통장	① 가입대상: 실명의 개인이며 국민연금 수급권자의 연금수급 권리를 보호하기 위한 「압류방지 전용 통장」으로 관련 법령에 따라 국민연금공단에서 입금하는 국민연금 급여에 한하여 입금이 가능한 예금 ② 이 예금의 상품 우대이율은 매 결산기간 중 평균잔액에 따라 최고 연 0.2%p를 제공
우체국 선거비 관리통장	① 가입대상: 선거관리위원회가 관리 운영하는 선거에 출마하는 입후보자 또는 입후보자가 지정하는 회계책임자 및 시·군·구 선거관리위원회 ② 선거관리위원회에서관리·운영하는 선거 입후보자의 선거비용과 선거관리위원회의 선거경비 관리를 위한 입출금 통장으로 선거기간을 전후로 일정기간 동안 거래수수료 면제 서비스를 제공하는 입출금이 자유로운 예금
우체국 하도급지킴이 통장	① 가입대상: 법인 및 사업자등록증을 소지한 개인사업자, 고유번호(또는 납세번호)를 부여받은 단체 ② 조달청에서 운영하는 '정부계약 하도급관리시스템'을 통해 발주한 공사대금 및 입금이 하도급자와 근로자에게 기간 내 집행될 수 있도록 관리, 감독하기 위한 전용통장 ③ 예금 출금은 '정부계약 하도급관리시스템'의 이체요청을 통해서만 가능하며 우체국 창구, 전자금융, 자동화기기 등을 통한 출금은 불가

우체국 다드림통장	① 가입대상: 다드림통장 패키지 구분별로 우체국에서 정하는 대상자로 구분
	<table><tr><td>**패키지**</td><td>가입대상자</td></tr><tr><td>**주니어**</td><td>19세 미만 실명의 개인</td></tr><tr><td>**직장인**</td><td>실명의 개인</td></tr><tr><td>**사업자**</td><td>개인사업자, 법인, 단체(금융기관 제외)</td></tr><tr><td>**실버**</td><td>50세 이상 실명의 개인</td></tr><tr><td>**베이직**</td><td>개인, 개인사업자, 법인, 단체(금융기관 제외)</td></tr></table> ② 예금, 보험, 우편 등 우체국 이용고객 모두에게 혜택을 제공하는 상품 ③ 거래 실적별포인트 제공과 패키지별 우대금리 및 수수료 면제 등 다양한 우대서비스를 제공하는 우체국 대표 입출금이 자유로운 예금
우체국 공무원연금평생 안심통장	① 가입대상: 실명의 개인 ② 공무원연금, 별정우체국연금 수급권자의 연금수급권리를 보호하기 위한 「압류방지 전용 통장」으로 관련 법령에 따라 공무원연금공단, 별정우체국연금관리단에서 입금하는 수급금에 한하여 입금이 가능한 예금 ③ 이 예금의 상품 우대이율은 매 결산기간 중 평균잔액에 따라 최고 연 0.2%p를 제공
우체국 호국보훈지킴이 통장	① 가입대상: 실명의 개인 ② 독립·국가유공자의 보훈급여금 등 수급 권리를 보호하기 위한 「압류방지 전용 통장」으로 관련 법령에 따라 가입자에게 지급되는 보훈급여금, 참전명예수당, 고엽제수당 등 정기 급여에 한하여 입금이 가능한 예금 ③ 이 예금의 상품 우대이율은 매 결산기간 중 평균잔액에 따라 최고 연 0.2%p를 제공
우체국 생활든든통장	① 가입대상: 50세 이상 실명의 개인 ② 50세 이상 고객의 기초연금, 급여, 용돈 수령 및 체크카드 이용 시 금융 수수료 면제, 우체국 보험료 자동이체 또는 공과금 자동이체 시 캐시백, 창구소포 할인쿠폰 등 다양한 서비스를 제공하는 시니어 특화 입출금이 자유로운 예금 ③ 이 예금의 상품 우대이율은 매 결산기간 중 평균잔액 200만원 이하의 금액에 대해 특정 조건을 충족하는 경우 최고 연 1.3%p를 제공
우체국 페이든든+ 통장	① 우체국예금 모바일 어플리케이션인 '우체국페이' 이용 실적 등에 따라 우대혜택을 제공하는 통장 ② 실명의 개인으로 가입하는 개인통장과 개인사업자, 법인으로 가입하는 사업자 통장으로 구분 ③ 우체국 페이든든+통장 개인통장의 상품 우대이율은 매 결산일 다음에서 정하는 특정 조건을 충족하는 경우 최고 연 0.9%를 제공
우체국 정부보관금 통장	① 가입대상: 출납공무원이 배치된 국가기관 ② 정부보관금의 효율적인 자금관리를 위한 전용통장
우체국 청년미래든든 통장	① 가입대상: 18세 이상~35세 이하 실명의 개인 ② 대학생·취업준비생·사회초년생의 안정적인 사회 진출 지원을 위해 금리우대, 수수료 면제, 창구소포 할인쿠폰 등 다양한 혜택을 제공하는 입출금이 자유로운 예금 ③ 이 예금의 상품 우대이율은 매 결산기간 중 평균잔액 100만원 이하의 금액에 대해 특정 조건 중 하나를 충족하는 경우 최고 연 1.0%p를 제공

우체국 건설 하나로 통장	① 가입대상: 자격확인 증빙서류를 통해 건설업 종사자임을 확인할 수 있는 실명의 개인 또는 개인사업자 ② 건설업에 종사하는 '우체국 건설 올패스 카드' 이용고객을 우대하는 전용통장 ③ 이 예금의 상품 우대이율은 매 결산기간 중 평균잔액 100만원 이하의 금액에 대해 특정 조건을 충족하는 경우 최고 연 0.8%p를 제공

③ 거치식 예금(목돈 굴리기 예금)

정기예금	① 가입대상: 제한 없음 ② 일정의 약정기간을 정하여 그 기간 내에는 지급청구를 하지 않고 기간 만료 시에 지급하는 조건으로 일정금액을 일시에 예입하는 거치식 예금의 기본 상품
챔피언 정기예금	① 가입대상: 우체국 창구를 통해 가입하는 경우 가입대상에 제한이 없고, 인터넷뱅킹·스마트뱅킹을 통해 가입 경우에는 실명의 개인 ② 가입기간(연, 월, 일 단위 가입) 및 이자지급방식(만기일시지급식, 월이자지급식)을 자유롭게 선택할 수 있는 고객 맞춤형 정기예금
이웃사랑 정기예금	① 국민기초생활수급자, 장애인, 한부모가족, 소년소녀가정, 조손가정, 다문화가정 등 사회 소외계층과 장기기증희망등록자, 골수기증희망등록자, 헌혈자, 입양자 등 사랑나눔 실천자 및 농어촌 지역(읍·면 단위 지역 거주자) 주민의 경제생활 지원을 위한 공익형 정기예금 ② 이 예금의 상품 우대이율은 신규 가입일에 특정 우대조건을 확인하여 충족하는 경우 예치금액에 따른 차등이율을 적용하며 최고 연 0.5%p를 제공
우체국 퇴직연금 정기예금	①「근로자퇴직급여보장법」에서 정한 자산관리업무를 수행하는 퇴직연금사업자를 위한 전용 정기예금 ② 이 예금은 우정사업본부와 퇴직연금사업자의 사전 협약에 의해 가입이 가능하며, 우정사업본부가 정한 우체국에 한해 취급이 가능한 상품
e-Postbank 정기예금	① 가입대상: 실명의 개인이며 인터넷뱅킹, 스마트뱅킹으로 가입이 가능한 온라인 전용상품 ② 온라인 예·적금 가입, 자동이체 약정, 체크카드 이용실적에 따라 우대 금리를 제공하는 정기예금 ③ 이 예금의 상품 우대이율은 특정 조건을 충족하는 경우 최고 연 0.3%p를 제공
2040[+α] 정기예금	① 가입대상: 우체국 창구를 통해 가입하는 경우 실명의 개인, 개인사업자, 단체, 법인(금융기관 제외)이고, 인터넷뱅킹·스마트뱅킹을 통해 가입 경우에는 실명의 개인 ② 20~40대 직장인과 법인 등의 안정적 자금운용을 위해 급여이체 실적, 체크카드 이용실적, 우체국예금, 보험, 우편 우수고객 등 일정 조건에 해당하는 경우 우대금리를 제공하는 정기예금 ③ 이 예금의 상품 우대이율은 특정 조건을 충족하는 경우 최대 연 0.3%p를 제공
우체국 ISA (개인종합자산관리계좌)정기예금	「조세특례제한법」에서 정한 개인종합자산관리계좌(ISA; Individual Savings Account) 판매자격을 갖춘 신탁업자 및 금융투자업자 등 ISA 취급 금융기관을 대상으로 ISA 편입자산을 운용하기 위한 전용 정기예금

우체국 소상공인 정기예금	① 가입대상: 실명의 개인 또는 개인사업자인 소상공인·소기업 대표자 ② 노란우산가입, 우체국 수시입출식 예금 실적에 따라 우대금리를 제공하는 서민자산 형성 지원을 위한 공익형 정기예금 ③ 이 예금의 상품 우대이율은 특정 조건을 충족하는 경우 최고 연 0.5%p를 제공
우체국 파트너든든 정기예금	① 가입대상: 개인, 개인사업자, 법인(금융기관 제외) ② 회전주기(1개월, 3개월, 6개월) 적용을 통해 고객의 탄력적인 목돈운용이 가능함 ③ 우편 계약 고객(우체국 소포, EMS, 우체국쇼핑 공급업체) 및 예금 거래 고객을 우대하는 정기예금 ④ 이 예금의 상품 우대이율은 특정 조건을 충족하는 경우 최고 연 0.4%p를 제공
우체국 편리한 e정기예금	① 가입대상: 실명의 개인 ② 보너스입금, 비상금 출금, 자동 재예치, 만기 자동해지서비스로 편리한 목돈 활용이 가능한 디지털전용 정기예금 ③ 이 예금의 상품 우대이율은 특정 조건을 충족하는 경우 최고 연 0.4%p를 제공
시니어 싱글벙글 정기예금	① 가입대상: 실명의 개인 ② 여유자금 추가입금과 긴급자금 분할해지가 가능한 정기예금으로 50세 이상 중년층 고객을 위한 우대금리 및 세무, 보험 등 부가서비스를 제공 ③ 이 예금의 상품 우대이율은 특정 조건을 충족하는 경우 최고 연 0.4%p를 제공
초록별 사랑 정기예금	① 가입대상: 실명의 개인 ② 종이통장 미발행, 친환경 활동 및 기부참여 시 우대혜택을 제공하는 ESG 연계 정기예금 ③ 이 예금의 상품 우대이율은 특정 조건을 충족하는 경우 최고 연 0.4%p를 제공

④ 적립식 예금(목돈마련 예금)

정기적금	① 가입대상: 제한없음 ② 일정기간 후에 약정금액을 지급할 것을 조건으로 하여 예금자가 일정금액을 일정일에 예입하는 적립식 예금
2040$^{+\alpha}$ 자유적금	① 가입대상: 개인, 개인사업자, 단체, 법인(금융기관 제외) ② 20~40대 직장인과 카드가맹점, 법인 등의 자유로운 목돈 마련을 위해 급여이체 실적, 카드 가맹점 결제계좌이용, 적금 자동이체 실적 등의 조건에 해당하는 경우 우대금리를 제공하는 적립식 예금 ③ 이 예금의 상품 우대이율은 특정 조건을 충족하는 경우 최고 연 0.3%p를 제공

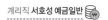

우체국 새출발 자유적금	① 가입대상 : 새출발자유적금 패키지 구분별로 아래 표에서 정하는 대상자로 구분 	패키지 구분	새출발 희망	새출발 행복
---	---	---
가입대상자	기초생활수급자, 근로장려금수급자, 장애인연금·장애수당·장애아동수당수급자, 한부모가족지원보호대상자, 소년소녀가장, 북한이탈주민, 결혼이민자	헌혈자, 입양자, 장기·골수기증자, 다자녀가정, 부모봉양자, 농어촌 읍면단위 거주자, 개인신용평점 상위 92% 초과 개인, 협동조합종사자, 소상공인	 ② 사회 소외계층 및 농어촌 고객의 생활 안정과 사랑 나눔실천(헌혈자, 장기기증자 등) 국민행복 실현을 위해 우대금리 등의 금융혜택을 적극 지원하는 공익형 적립식 예금 ③ 이 예금의 상품 우대이율은 특정 조건을 충족하는 경우 새출발 희망패키지는 최고 연 2.2%p, 새출발 행복 패키지는 최고 연 0.5%p를 제공
우체국 다드림적금	① 가입대상 : 실명의 개인 ② 주거래 고객 확보 및 혜택 제공을 목적으로 각종 이체 실적보유 고객, 장기거래 등 주거래 이용 실적이 많을수록 우대 혜택이 커지는 적립식 예금 ③ 이 예금의 상품 우대이율은 특정 조건을 충족하는 경우 최고 연 1.0%p를 제공
우체국 아이LOVE 적금	① 가입대상 : 19세 미만의 실명의 개인 ② 어린이·청소년의 목돈 마련을 위해 사회소외계층, 단체가입, 가족 거래 실적 등에 따라 우대금리를 제공하는 적립식 예금 ③ 가입 고객을 대상으로 우체국 주니어보험 무료가입, 캐릭터통장 및 통장명 자유선정, 자동 재예치 서비스 등의 부가서비스 제공 ④ 우체국 수시입출식 예금의 자투리 금액(1만원 미만 잔액)을 매월 이 적금으로 자동 저축하는 서비스인 자투리 저축 서비스 제공 ⑤ 이 예금의 상품 우대이율은 특정 조건을 충족하는 경우 최고 연 1.0%p를 제공
우체국 마미든든 적금	① 가입대상 : 실명의 개인 ② 일하는 기혼 여성 및 다자녀 가정 등 워킹맘을 우대하고, 다문화·한부모 가정 등 목돈마련 지원과 금융거래 실적 해당 시 우대혜택이 커지는 적립식 예금 ③ 우체국 수시입출식 예금에서 이 적금으로 월 30만원 이상 자동이체약정 시 부가서비스로 우체국 쇼핑 할인쿠폰을 제공 ④ 이 예금의 상품 우대이율은 특정 조건을 충족하는 경우 최고 연 1.4%p를 제공
우체국 가치모아 적금	① 가입대상 : 실명의 개인으로 여행자금, 모임회비 등 목돈 마련을 위해 여럿이 함께 저축할수록 우대혜택이 커지고 다양한 우대 서비스를 제공하는 적립식 예금 ② 예금주에게 매월 자동이체 저축현황을 알려주는 자동이체 알림 서비스, 모임추천번호에 등록한 인원 현황을 알려주는 모임적금 알림 서비스, 고객이 통장명칭을 자유로이 선정할 수 있는 통장별칭 서비스 등 다양한 우대서비스 제공 ③ 이 예금의 상품 우대이율은 특정 조건을 충족하는 경우 최고 연 0.8%p를 제공

우체국 장병 내일준비적금	① 국군병사의 군복무 중 목돈 마련을 지원하고, 금융실적에 따라 우대금리, 부가서비스를 제공하는 적립식 예금 ② 가입대상 : 현역병, 상근예비역, 의무경찰, 해양의무경찰, 의무소방대원, 사회복무요원, 대체복무요원 등 병역의무 수행자로 만기일은 전역(또는 소집해제) 예정일로 한정 ③ 이 예금의 저축한도는 매월 30만원 범위 내에서 적립 가능하며, 「장병내일준비적금」 상품을 판매하는 모든 취급기관을 합산하여 고객의 최대 저축 한도는 월 55만원까지 가능 ④ 취급기관 : 14개(우체국, 국민, 기업, 신한, 우리, 하나, 농협, 수협, 대구, 부산, 광주, 전북, 경남, 제주은행) ⑤ 이 예금의 상품 우대이율은 특정 조건을 충족하는 경우 최고 연 0.8%p를 제공. 다만, 적금 가입기간이 6개월 미만인 경우 상품 우대이율은 최고 연 0.6%p를 제공
우체국 매일모아 e적금	① 가입대상 : 실명의 개인으로 매일 저축(자동이체) 및 매주 알림저축 서비스를 통해 소액으로 쉽고 편리하게 목돈 모으기가 가능한 디지털전용 적립식 예금 ② 이 예금의 상품 우대이율은 특정 조건을 충족하는 경우 최고 연 1.1%p를 제공
달달하이(high) 적금	① 가입대상 : 실명의 개인 ② 1개월 또는 2개월의 초단기로 가입하며 단기간의 소액이지만 높은 금리를 제공하는 스마트뱅킹 전용 적립식 예금 ③ 이 예금의 상품 우대이율은 특정 조건을 충족하는 경우 최고 연 3.2%p를 제공
우체국 럭키 BC바로적금	① 가입대상 : 19세 이상 실명의 개인 ② 우체국 예금 거래실적에 따라 상품 우대이율을 제공하고 BC바로카드 제휴이벤트 이용 조건에 따라 BC바로카드 '특별리워드' 혜택을 제공하는 적립식 예금 ③ 이 예금의 상품 우대이율은 특정 조건을 충족하는 경우 최고 연 0.3%p를 제공

❺ 국고예금과 공익형 예금상품

국고예금	정부의 관서운영경비를 지급하는 관서운영경비 출납공무원이 교부받은 자금을 예치·사용하기 위해 개설하는 일종의 보통예금
공익형 예금상품	① 공익형 상품 : 우체국예금 상품 중 국영금융기관으로서의 공적인 역할 제고를 위한 예금으로서 정부정책 지원 및 금융소외계층, 사회적 약자를 지원하기 위한 예금 ② 공익형 예금상품의 종류 표 참조

구분	수시입출식 예금(6종)	적립식 예금(2종)	거치식 예금(2종)
10종	행복지킴이통장, 국민연금안심통장, 공무원연금평생안심통장, 호국보훈지킴이통장, 청년미래든든통장, 건설하나로통장	새출발자유적금, 장병내일준비적금	이웃사랑정기예금, 소상공인정기예금

확인문제 예금상품

01 〈보기〉에서 「우체국 예금거래 기본약관」에 대한 설명으로 옳은 것의 총 개수는? 24. 계리직

─── 〈보기〉 ───

ㄱ. 이 약관은 국민의 저축 의욕을 북돋우고 국민 경제생활의 안정과 공공복리의 증진에 이바지
   함을 목적으로 한다.
ㄴ. 예금이율을 변경할 때에는 예금이율 변경시행일 1개월 전에 그 내용을 우체국과 인터넷 홈페
   이지에 게시하여야 한다.
ㄷ. 법령의 개정이나 제도의 개선 등으로 긴급히 약관을 변경할 때에는 즉시 이를 게시 또는 공
   고하여야 한다.
ㄹ. 예금이율을 변경한 때에 거치식 · 적립식예금은 계약당시의 이율을 적용하되, 변동금리가 적
   용되는 예금은 금리를 변경한 다음 날로부터 변경이율을 적용한다.

① 1개   ② 2개   ③ 3개   ④ 4개

03

02 우체국 적립식 예금에 대한 설명으로 옳지 않은 것은? 24. 계리직

① 달달하이(high) 적금은 1개월 또는 2개월의 초단기로 가입하는 스마트뱅킹전용 적립식 예금
   으로 가입대상은 실명의 개인이다.
② 우체국 마미든든 적금은 우체국 수시입출식 예금에서 월 30만 원 이상 이 적금으로 자동이
   체약정을 할 경우, 부가서비스로 우체국 쇼핑 할인쿠폰을 제공한다.
③ 우체국 아이LOVE적금은 가입 고객을 대상으로 우체국 주니어보험 무료가입, 통장명 자유
   선정, 자동 재예치 등의 부가서비스를 제공한다.
④ 2040+α 자유적금은 여행 자금, 모임회비 등 목돈 마련을 위해 여럿이 함께 자유롭게 저축할
   수록 다양한 우대 서비스를 제공하는 적립식 예금이다.

03 〈보기〉에서 우체국 예금상품에 대한 설명으로 옳은 것을 모두 고른 것은? 24. 계리직

─────〈보기〉─────
ㄱ. 저축예금은 개인과 법인 고객을 대상으로 하는 입출금이 자유로운 예금이다.
ㄴ. 듬뿍우대저축예금은 개인고객을 대상으로 예치 금액별로 차등 금리를 적용하는 개인 MMDA 상품이다.
ㄷ. 우체국 청년미래든든통장은 가입대상이 18세부터 30세까지 실명의 개인이며 대학생·사회 초년생 등에게 다양한 혜택을 제공한다.
ㄹ. 우체국 생활든든통장은 가입대상이 50세 이상 실명의 개인이며 시니어 특화예금이다.

① ㄱ, ㄴ   ② ㄱ, ㄷ   ③ ㄴ, ㄹ   ④ ㄷ, ㄹ

04 우체국 공익형 예금상품에 대한 설명으로 옳지 않은 것은? 24. 계리직

① 우체국 새출발 자유적금의 새출발 행복 패키지는 기초 생활수급자, 근로장려금수급자, 장애 수당수급자에게 우대금리를 제공하는 공익형 적립식 예금이다.
② 우체국 국민연금안심통장은 가입대상이 실명의 개인이며 국민연금 수급권자의 연금수급 권리를 보호하기 위한 압류 방지 전용 통장이다.
③ 우체국 건설하나로통장의 가입대상은 자격 확인 증빙 서류를 통해 건설업 종사자임을 알 수 있는 실명의 개인 또는 개인사업자이다.
④ 우체국 장병내일준비적금은 국군 병사의 군 복무 중 목돈 마련을 지원하고 금융 실적에 따라 우대금리를 제공하는 적립식 예금이다.

05 〈보기〉에서 설명하는 우체국 거치식예금을 바르게 짝지은 것은? 24. 계리직

─────〈보기〉─────
(가) 가입기간(연, 월, 일 단위) 및 이자 지급방식(만기일시 지급식, 월이자지급식)을 자유롭게 선택할 수 있는 고객맞춤형 정기예금이다.
(나) 가입대상은 실명의 개인으로 인터넷뱅킹, 스마트뱅킹을 통해 가입이 가능한 온라인 전용 상품이며 온라인 예·적금 가입, 자동이체 약정, 체크카드 이용 실적에 따라 우대금리를 제공하는 정기 예금이다.

	(가)	(나)
①	이웃사랑정기예금	e-Postbank 정기예금
②	이웃사랑정기예금	우체국 편리한 e정기예금
③	챔피언정기예금	e-Postbank 정기예금
④	챔피언정기예금	우체국 편리한 e정기예금

06 우체국예금 상품에 대한 설명으로 옳은 것은? **23. 계리직**

① 우체국 생활든든통장은 산업재해 보험급여 수급권자의 보험급여에 한해 입금이 가능한 수시입출식 예금이다.

② 우체국 가치모아적금은 예금주에게 매주 알림저축 서비스를 통해 편리하게 목돈 모으기가 가능한 적립식 예금이다.

③ 이웃사랑정기예금은 종이통장 미발행, 친환경 활동 및 기부참여 시 우대혜택을 제공하는 ESG 연계 정기예금이다.

④ 우체국 편리한 e정기예금은 보너스 입금, 비상금 출금, 자동재예치, 만기 자동해지 서비스로 편리한 목돈 활용이 가능한 디지털전용 정기예금이다.

03

정답찾기

01 ㄱ. 약관개별계약을 하기에 번거로운 것을 일반화시켜 정한 것이다. 지문의 내용과는 관련이 없다.
ㄴ. 예금이율을 변경할 때에는 예금이율 변경시행일 1개월 동안 그 내용을 우체국과 인터넷 홈페이지에 게시하여야 한다.
ㄹ. 예금이율을 변경한 때에 거치식·적립식예금은 계약 당시의 이율을 적용하되, 변동금리가 적용되는 예금은 금리를 변경한 날로부터 변경이율을 적용한다.

02 ④ 해당 적금은 우체국 가치모아 적금이다. 2040+α 자유적금은 20~40대 직장인과 카드가맹점, 법인 등의 자유로운 목돈 마련을 위해 급여이체 실적, 카드 가맹점 결제계좌이용, 적금 자동이체 실적 등의 조건에 해당하는 경우 우대금리를 제공하는 적립식 예금이다.

03 ㄱ. 저축예금은 개인고객을 대상으로 하는 입출금이 자유로운 예금이다. 법인은 가입할 수 없다.
ㄷ. 우체국 청년미래든든통장은 가입대상이 18세부터 35세 이하 실명의 개인이며 대학생·사회초년생 등에게 다양한 혜택을 제공한다.

04 ① 우체국 새출발 희망 적금의 새출발 행복 패키지는 기초 생활수급자, 근로장려금수급자, 장애수당수급자에게 우대금리를 제공하는 공익형 적립식 예금이다.

패키지 구분	새출발 희망	새출발 행복
가입 대상자	기초생활수급자, 근로장려금수급자, 장애인연금·장애수당·장애아동수당수급자, 한부모가족지원보호대상자, 소년소녀가장, 북한이탈주민, 결혼이민자	헌혈자, 입양자, 장기·골수기증자, 다자녀가정, 부모봉양자, 농어촌 읍면단위 거주자, 개인신용평점 상위 92% 초과 개인, 협동조합종사자, 소상공인

05 • 이웃사랑 정기예금 : 국민기초생활수급자, 장애인, 한부모가족, 소년소녀가정, 조손가정, 다문화가정 등 사회 소외계층과 장기기증희망등록자, 골수기증희망등록자, 헌혈자, 입양자 등 사랑나눔 실천자 및 농어촌 지역(읍·면 단위 지역 거주자) 주민의 경제생활 지원을 위한 공익형 정기예금
• e-Postbank 정기예금 : 보너스입금, 비상금 출금, 자동 재예치, 만기 자동해지서비스로 편리한 목돈 활용이 가능한 디지털전용 정기예금

06 ① 우체국 희망지킴이통장에 대한 설명이다. 우체국 생활든든통장은 만 50세 이상 고객의 기초연금, 급여, 용돈 수령 및 체크카드 이용 시 금융수수료 면제, 우체국 보험료 자동이체 또는 공과금 자동이체 시 캐시백, 창구 소포 할인쿠폰 등 다양한 서비스를 제공하는 시니어 특화 입출금이 자유로운 예금이다.
② 우체국 매일모아 e적금이다. 우체국 가치모아적금은 여행자금, 모임회비 등 목돈 마련을 위해 여럿이 함께 저축할수록 우대혜택이 커지고 다양한 우대 서비스를 제공하는 적립식 예금이다.
③ 초록별 사랑 정기예금이다. 이웃사랑정기예금은 국민기초생활수급자, 장애인, 한부모가족, 소년소녀가정, 조손가정, 다문화가정 등 사회 소외계층과 장기기증희망등록자, 골수기증희망등록자, 헌혈자, 입양자 등 사랑나눔실천자 및 농어촌 지역(읍·면 단위 지역 거주자) 주민의 경제생활 지원을 위한 공익형 정기예금이다.

TOPIC 21 카드상품(체크카드)

1 발급대상, 카드기능, 사용한도

발급대상	구분	내용
	개인	12세 이상(일반 체크), 18세 이상(하이브리드) 단, 하이브리드카드의 경우 18세는 후불교통만 사용가능(소액신용 불가)
	법인	법인, 개인사업자, 고유번호 또는 납세번호가 있는 단체(임의단체)

카드기능	구분	내용
	체크카드	결제계좌 잔액범위 내에서 지불결제
	현금카드	CD/ATM 등 자동화기기를 통해 현금 입·출금
	선불교통	㈜티머니(T−money) 제휴 선불교통 기능
	하이브리드	후불교통 및 소액신용(최대 30만원 한도) 결제
	해외결제	글로벌 브랜드사와 제휴한 해외가맹점에서 결제
	가족카드	본인회원이 발급한 개인형카드에 가족이 추가 발급하는 카드로 이용에 관한 모든 책임을 본인회원이 부담 ※ 발급대상: 본인회원의 배우자, 자녀, 자녀의 배우자, 부모, 조부모, 형제자매, 손자녀, 본인회원 배우자의 부모, 배우자의 형제자매
	점자카드	시각장애인을 위해 카드 앞면에 카드번호, 상품명, 유효기간 등을 점자로 각인
	학생증카드	대학교(원) 학생증에 체크카드 기능이 통합
	복지카드	복지포인트가 부여된 임직원이 발급받는 카드로 복지포인트 가맹점에서 결제 시, 복지포인트로 결제 또는 차감이 가능한 카드

사용한도							
① 우체국 체크카드 결제계좌는 현재 우체국 요구불 예금으로 지정하도록 되어 있고 (국민행복 전용카드와 같이 계좌없이 바우처 사용만을 위한 특수상품 제외), 연회비는 없음 ② 우체국 체크카드 사용한도							

	구분	기본 한도		최대한도	
		일한도	월한도	일한도	월한도
개인	12세 이상	3만원	30만원	3만원	30만원
	14세 이상	6백만원	2천만원	5천만원	5천만원
법인		6백만원	2천만원	1억원	3억원

※ 미성년자(12세~13세)는 14세 이상이 되는 시점에 자동으로 한도가 상향되지 않으며, 우체국 창구, 인터넷뱅킹, 스마트뱅킹을 통하여 한도 상향 신청 필요

❷ 개인형 체크카드 상품

우체국 행복한 체크카드	① 의료 특화 카드로 병의원·약국·학원·대형마트·문화 10%, 우체국 최대 12% 캐시백 및 그린서비스 제공 ② 국내 전용/국내외 겸용(Mastercard) 선택이 가능하며 12세 이상은 체크카드, 18세 이상인 경우 하이브리드카드 발급 가능
우체국 다드림 체크카드	① 포인트 적립 카드로 전 가맹점 0.3%, 우체국 5%, 알뜰폰 통신료 10% 우체국 포인트 ② 적립 및 Oh! Point 가맹점 이용 시 Oh! Point 적립(가맹점에 따라 적립율 상이) ③ 국내 전용/국내외 겸용(Mastercard) 선택이 가능하며 12세 이상은 체크카드, 18세 이상인 경우 하이브리드카드 발급 가능
우체국 국민행복 체크카드	① 정부에서 지원하는 다양한 국가바우처를 한 장의 카드로 이용 가능한 상품 ② 부가서비스는 A,B,C Type 선택이 가능하며, 선택 Type에 따라 혜택(캐시백 및 에코머니 포인트) 제공 ③ 국내 전용 카드로 12세 이상 발급 가능
우체국 우리동네^{plus} 체크카드	① 지역별 특성을 고려하여 특화 서비스를 제공하는 상품 ② 부가서비스는 Ⅰ,Ⅱ, Ⅲ Type 선택이 가능하며, 선택한 Type에 따라 캐시백 제공 ③ 국내 전용 카드로 12세 이상 발급 가능
우체국 후불 하이패스 카드	① 충전이 필요 없는 후불 하이패스 전용 상품으로 일반 가맹점 결제 및 현금카드 기능 불가 ② 국내 전용 카드로 우체국 하이브리드카드 발급고객에 한하여 발급이 가능하며, 최초 발급 시 발급수수료 5천원 징구(단, 우수고객은 발급수수료 면제) ③ 한도는 하이브리드카드 신용한도에 합산*되고, 이용대금은 하이브리드카드 신용결제 대금 청구 시 함께 청구 　　* 우체국 하이브리드카드＋후불 하이패스카드 합산, 1인당 월 30만원 한도
우체국 어디서나 체크카드	① 실생활 주요 소비업종에서 캐시백 및 우체국 포인트를 제공하는 상품 ② 쇼핑 최대 10%, 통신료 3천원, 문화 5% 캐시백을 제공하며, 식음료 5%, 우체국 10%, 주유 L당 최대 100포인트 적립 ③ 국내 전용/국내외 겸용(VISA) 선택이 가능하며 12세 이상은 체크카드, 18세 이상인 경우 하이브리드카드 발급 가능
우체국 e-나라도움 체크카드(개인)	① 국고보조금을 교부받는 개인에게 발급하는 상품 ② 국내 전용 카드로 별도 캐시백 및 포인트 등의 부가서비스는 제공되지 않음
우체국 드림플러스아시 아나 체크카드	① 실생활 업종 캐시백 혜택과 항공 마일리지를 추가로 적립해주는 상품 ② 쇼핑·편의점·커피·면세점·우체국·영화관 5%, 주유 L당 40원, 해외 전 가맹점 1% 캐시백 제공 및 이용금액에 따른 아시아나 항공 마일리지 추가 적립 ③ 국내외 겸용(Mastercard)으로 12세 이상은 체크카드, 18세 이상인 경우 하이브리드 카드 발급 가능

03

우체국 라이프⁺ 플러스 체크카드	① 액티브 시니어 대상 행복한 라이프를 위한 카드 ② 온라인쇼핑·홈쇼핑·대형마트·편의점·반려동물 업종·레져/스포츠 10% 캐시백, 우체국 5% 캐시백, 해외 전 가맹점 1% 캐시백 제공 ③ 국내외 겸용(VISA)으로 12세 이상 발급 가능
우체국 건설 올패스카드	① 건설근로자가 건설현장에서 설치된 단말기에 태그하여 출퇴근 기록을 남길 수 있는 기능과 체크카드 기능이 합쳐진 통합 카드 ② 의료비·통신비 5%, 음식점·편의점·숙박업 3%, 우체국 10% 캐시백을 제공하며 해외 CD/ATM 현금인출 수수료(건당 3$) 면제 ③ 국내 전용/국내외 겸용(VISA)선택이 가능하며 12세 이상 발급 가능 　* 구. 하나로전자카드를 리뉴얼하여 출시
우체국 go캐시백글로벌 체크카드	① 해외 및 온라인 소비에 특화된 카드 ② 대형마트·간편결제·배달앱·커피·우체국·면세점 5%, 공항라운지 연 1회, 해외 전 가맹점 7% 캐시백 제공 ③ 국내외 겸용(Mastercard)으로 12세 이상은 체크카드, 18세 이상인 경우 하이브리드 카드 발급 가능
우체국 영리한PLUS 체크카드	① 폐플라스틱을 재활용한 친환경카드로 MZ고객 니즈를 반영한 상품 ② 디지털 콘텐츠 서비스 20%, 온라인쇼핑·배달앱 15%, 커피·생활 잡화 스토어·우체국 5% 캐시백 제공 ③ 국내외 겸용(Mastercard)으로 12세 이상 발급 가능
우체국 개이득 체크카드	① 혜택이 펼쳐지는(開:펼쳐질 개) 디자인이 예쁜 세로형 카드 ② 국내 전 가맹점 0.3%, OTT·패션·멤버십 30% 캐시백 제공 ③ 국내외 겸용(VISA)으로 12세 이상 발급 가능
우체국 브라보 체크카드	① 중장년 세대의 Bravo Life를 위한 카드 ② 음식점·대형마트·전기차 충전 5%, 주유 L당 40원, 약국·기능식품·골프 10%, 영화·도서·숙박 15% 캐시백 제공 ③ 해외원화결제(DCC)차단 서비스 기본 설정 및 시각장애인을 위한 터치기능(카드 측면에 홈을 넣어 체크카드 인식) 제공 ④ 해외 CD/ATM 현금인출 수수료(건당 $3) 면제 ⑤ 국내외 겸용(Mastercard)으로 12세 이상은 체크카드, 18세 이상인 경우 하이브리드 카드 발급 가능
우체국 동행 카드	① 중증장애인 근로자 대상 출퇴근 비용을 지원하는 상품 ② 디지털 콘텐츠 서비스 20%, 온라인쇼핑·배달앱 15%, 커피·생활 잡화 스토어·우체국 5% 캐시백 제공 ③ 시각장애인을 위한 터치기능(카드 측면에 홈을 넣어 체크카드 인식) 제공 ④ 국내외 겸용(Mastercard)으로 18세 이상 발급이 가능하며, 한국장애인고용공단의 중증장애인 근로자 교통비 지원 대상자 외 일반 고객 발급 시, 별도 교통비 지원 없음

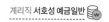

우체국 BizFit 체크카드(개인)	① 개인사업자 및 소상공인 대상 사업에 적합한(Fit) 서비스를 제공하는 상품으로 개인도 발급 가능 ② 우체국·세금·보안·방역·렌탈·통신료 5%, 음식점·대형마트·전통시장 3%, 해외 전 가맹점 1% 캐시백을 제공 ③ 캐시백형, 캐시백 미제공형 중 선택 가능 ④ 해외원화결제(DCC)차단 서비스 기본 설정 및 시각장애인을 위해 터치기능(카드 측면에 홈을 넣어 체크카드 인식) 제공 ⑤ 국내외 겸용(Mastercard)으로 12세 이상 발급 가능
우체국 공무원연금복지 체크카드	① 공무원연금법을 적용받는 공무원, 공무원연금수급권자, 공단이 운영하는 맞춤형 복지포탈의 정회원 대상 발급 가능 ② 병의원·약국·대형마트·문화·학원 10% , 우체국 최대 12% 캐시백 및 그린서비스 제공 ③ 국내외 겸용(Mastercard)으로 해외원화결제(DCC)차단 서비스 기본으로 설정
우체국 지역사랑 상품권	① 지역상권 활성화를 위해 지자체가 발행하고 지자체 행정구역 내에서 사용하는 카드형 상품권으로 제천화폐모아를 시작으로 총 37종 운영 ② 온라인쇼핑·홈쇼핑·대형마트·편의점·반려동물 업종·레져/스포츠 10% 캐시백, 우체국 5% 캐시백 제공 ③ 지역사랑상품권 충전 시, 지자체에서 할인혜택 등을 제공(지자체별 할인율 상이) ④ 지역사랑상품권 가맹점에서 사용 시 충전금액을 우선 차감하며, 충전금액 소진 또는 지역사랑상품권 가맹점이 아닌 곳에서 결제 시 체크카드 결제계좌에서 출금 ⑤ 국내 전용 카드로 14세 이상 발급 가능

03

③ 법인형 체크카드 상품

우체국 성공파트너 체크카드	① 법인 전용 상품 ② 주유 L당 60원, 일반한식 5%, 인터넷몰 5%, 전 가맹점 0.3% 우체국 포인트 적립 또는 캐시백 제공 ③ 캐시백형, 포인트 적립형, 포인트 미적립형 중 선택 가능 ④ 국내 전용/국내외 겸용(VISA)선택이 가능하며, 사업자등록증 등 관련서류 지참 후 우체국 창구에서 발급
우체국 e-나라도움 체크카드(법인)	① 국고보조금을 교부받은 사업자 및 보조사업자 대상으로 발급 ② 국내 전용 카드로 별도 캐시백 및 포인트 등의 부가서비스는 제공되지 않음
우체국 정부구매 체크카드	① 국가재정의 투명성과 효율성 제고를 위해 정부에서 사용하는 경비를 결제하는 카드로 정부부처가 발급 대상 ② 국내전용/국내외 겸용(Mastercard) 선택 가능하며, 기획재정부에서 운영하는 디지털 예산회계시스템(D-Brain)에서 신청 가능

우체국 Biz플러스 체크카드	① 개인사업자 및 소상공인 대상 맞춤형 상품 ② 대형마트·전통시장 7%, 주유 L당 최대 50원, 신차구매 0.5%, 우체국 0.3%, 해외 전 가맹점 1% 캐시백 제공 ③ 캐시백형, 캐시백 미제공형 중 선택 가능 ④ 국내외 겸용(VISA)으로 사업자등록증 등 관련서류 지참 후 우체국 창구에서 발급
우체국 BizFit 체크카드 (개인사업자)	① 개인사업자 및 소상공인 대상 사업에 적합한(Fit) 서비스를 제공 ② 우체국·세금·보안·방역·렌탈·통신료 5%, 음식점·대형마트·전통시장 3%, 해외 전 가맹점 1% 캐시백을 제공하며, 개인사업자 발급 시 제휴서비스(세무지원 서비스, 멤버십 할인 등)도 제공 ③ 캐시백형, 캐시백 미제공형 중 선택 가능 ④ 해외원화결제(DCC)차단 서비스 기본 설정 및 시각장애인을 위해 터치기능(카드 측면에 홈을 넣어 체크카드 인식) 제공 ⑤ 국내외 겸용(Mastercard)으로 개인사업자 발급 시, 사업자등록증 등 관련서류 지참 후 우체국 창구에서 발급

❹ 효력의 발생과 상실

발생	① 우체국 체크카드는 회원이 가입신청서를 작성하여 카드 발급을 요청하면 우체국에서 이를 심사하여 금융단말기에 등록하고, 카드를 교부함으로써 효력이 발생함 ② 단, 위탁업체를 통하여 후 발급 받은 경우에는 카드 수령 후 회원 본인이 우체국 창구 방문, 인터넷뱅킹, 스마트뱅킹, ARS을 통하여 사용 등록하여야 효력이 발생함
상실	① 우체국 체크카드는 카드 유효기간이 만료되거나, 회원 본인의 사망 또는 피성년후견인/피한정후견인으로 우체국에 신고 등록한 경우 효력이 상실됨 ② 법인 회원의 경우 폐업, 청산에 따라 우체국에 신고 등록한 경우에도 효력이 상실됨

❺ 포인트 및 캐시백 운영

우체국 포인트	우체국 포인트는 회원기준으로 통합되며, 1포인트는 1원으로 관리됨
개인고객 포인트 사용방법	① 적립 1포인트 이상 시, 1포인트 단위로 포인트 사용처에서 사용 가능(단, SSG PAY 가맹점에서 사용 시, SSG MONEY로 전환 후 사용 가능하며, 전환기준 및 한도는 SSG PAY 정책에 따름) ② 우체국페이 앱 가입 후, 우체국 체크카드 포인트를 우체국 통합 멤버십 '잇다머니'로 전환하여 잇다머니 가맹점에서 사용 가능 ③ 적립 1포인트 이상 시 1포인트 단위로 우체국 창구, 우체국예금 고객센터, 인터넷뱅킹, 스마트뱅킹을 통하여 캐시백 전환 가능
법인고객 포인트 사용방법	적립 포인트가 30,000포인트 이상시 1,000포인트 단위로 우체국, 우체국예금 고객센터 및 인터넷뱅킹을 통하여 캐시백 전환 가능

캐시백운영	① 상품별로 조건 충족 시, 결제금액의 일정비율 금액을 회원의 결제계좌에 현금으로 돌려주는 제도 ② 우체국 체크카드 대부분의 상품에서 캐시백을 제공하고 있음

❻ 카드 서비스

하이브리드 기능	① 우체국 체크카드에 소액신용 기능이 결합된 카드로 체크카드 연결 계좌의 잔액이 부족할 경우 일정 한도(월 30만원) 내에서 신용카드처럼 사용할 수 있음 ② 하이브리드카드는 18세 이상 발급이 가능하나 18세는 후불교통 기능만 사용할 수 있고, 19세부터 신용 결제가 가능
해외결제 서비스	① 글로벌 브랜드사와 제휴하여 해외에서도 자유롭게 카드를 이용할 수 있는 서비스 ② 현재 우체국 체크카드 중 해외결제가 가능한 상품은 총 17종(판매상품 기준)이며, 브랜드는 VISA, Mastercard임
해외원화결제 (DCC) 차단 서비스	① 해외에서 원화결제로 인한 추가수수료 발생 부담을 방지하고자, 자국통화인 원화(KRW)로 결제되지 않도록 사전에 차단하는 서비스 ② 우체국 체크카드 발급 당시 최초상태는 해제(해외에서 원화결제 가능) 상태이나 우체국 브라보 체크카드, 우체국 BizFit 체크카드, 우체국 공무원연금복지 체크카드는 해외원화결제(DCC) 차단 서비스가 기본으로 설정되어 있음 ③ 설정은 언제든지 변경이 가능하며, 우체국 창구·우체국예금 고객센터·인터넷뱅킹·스마트뱅킹을 통하여 각 카드별로 해외원화결제(DCC) 차단서비스 설정 및 해제가 가능함
빠른등록 서비스	① 실물 체크카드를 등기우편으로 수령 전에 간편결제 플랫폼에 등록하여 이용할 수 있는 서비스 ② 이용 대상: 개인 체크카드(후불하이패스 제외) 신규발급·재발급·갱신 발급 고객 ③ 이용방법: 체크카드 발급 시, 수신한 알림톡을 통해 페이북 등 간편결제 서비스에 접속하여 카드 등록 후 사용 가능함
아파트관리비 자동납부 서비스	① 아파트관리비를 우체국 체크카드로 자동납부할 수 있는 서비스 ② 대상: 우체국 체크카드 개인형 상품에 한하여 신청 가능하고 법인카드, 후불 하이패스, e-나라도움, 국민행복바우처 전용카드는 신청이 불가능 ③ 신청채널: 우체국 창구, 스마트뱅킹, 페이북(BC카드)에서 가능

❼ 카드의 해지와 이용정지

해지	① 우체국 체크카드의 해지는 카드 유효기간 내 회원의 요청에 의해 해지되는 일반해지, 체크카드 결제계좌 해지에 따른 당연해지, 본인 회원 카드 해지 시 가족카드가 해지되는 자동해지가 있음 ② 체크카드 해지 시에는 현금카드 기능도 함께 해지됨

이용정지	① 미성년자의 경우 법정대리인이 거래 중단을 요청하는 경우 ② 결제계좌가 지급정지 사유에 해당하는 경우 ③ 카드의 부정사용·비정상적인 거래로 판단되거나, 해킹으로 인하여 회원에게 피해가 갈 것이 우려되는 경우

추가자료

◎ **우체국 체크카드 상품별 기능**

구분	카드명	현금카드 기능	복지카드 기능	교통 선불	교통 후불	가족 카드	점자 카드	해외 겸용
개인	행복한(일반/하이브리드) ◆	○	×	△1)	△2)	△1)	○	○
	다드림(일반/하이브리드)	○	×	△1)	△2)	△1)	○	○
	국민행복 ◆	○	×	○	×	×	○	×
	우리동네plus ◆	○	×	○	×	×	○	×
	후불하이패스	×	×	×	○	×	×	×
	어디서나(일반/하이브리드)	○	○	△1)	△2)	×	○	○
	e-나라도움(개인)	○	×	×	×	×	○	×
	드림플러스아시아나(일반/하이브리드)	○	○	×	△2)	×	○	○
	라이프⁺플러스	○	○	×	×	×	○	○
	건설올패스	○	×	○	×	×	○	○
	go캐시백글로벌(일반/하이브리드)	○	×	○	△2)	×	○	○
	영리한PLUS	○	○	○	×	×	○	○
	개이득	○	×	○	×	×	○	○
	브라보(일반/하이브리드)	○	○	×	△2)	△1)	○	○
	동행	○	×	○	×	×	○	○
	BizFit(개인)	○	×	×	×	×	○	○
	공무원연금복지 ◆	○	×	×	×	×	×	○
	지역사랑상품권	○	×	△4)	×	×	×	×
법인	성공파트너	△3)	×	×	×	×	×	○
	e-나라도움(법인)	△3)	×	×	×	×	×	○
	정부구매	×	×	×	×	×	×	○
	Biz플러스	△3)	×	×	×	×	○	○
	BizFit(개인사업자)	△3)	×	×	×	×	○	○

* 자료: 각 체크카드 상품 및 특징은 2025년 1월 우체국 판매상품 기준(판매중지 상품 제외)
1) 일반 체크카드의 경우만 적용
2) 하이브리드 카드의 경우만 적용
3) 법인용 체크카드의 현금 입출금 기능은 개인사업자에 한하여 선택 가능
4) 일부 상품 가능
◆ 그린 플랫폼 서비스 제공 상품: 에코머니 포인트 적립, 공공시설 무료입장·할인 등의 혜택이 제공

TOPIC 21 확인문제 카드상품(체크카드)

01 우체국 체크카드에 대한 설명으로 옳은 것은? ²⁴. 계리직

① 법인용 체크카드의 기본 사용한도는 일 1천만 원, 월 2천만 원이며, 최대 사용한도는 일 5천만 원, 월 3억 원이다.

② 법인용 체크카드의 발급대상은 일반법인, 개인사업자, 고유번호 또는 납세번호가 있는 단체(임의단체)이다.

③ 개이득 체크카드는 음식점·대형마트 5%, 약국·골프 10%, 영화·숙박 15% 할인 등 생활형 실속 혜택을 제공한다.

④ 행복한 체크카드는 환경부 인증 친환경 카드로 디지털 콘텐츠 서비스 이용 시 최대 20% 캐시백 제공 등 다양한 혜택이 있다.

03

02 우체국 체크카드에 대한 설명으로 옳은 것은? ²³. 계리직

① 법인용 체크카드의 현금 입출금 기능은 법인, 임의단체에 한하여 선택 가능하다.

② 개인 체크카드 발급대상은 우체국 거치식예금 통장을 보유한 만 12세 이상의 개인이다.

③ 위탁업체를 통하여 발급받은 경우, 고객이 카드 수령 후 우체국을 직접 방문하여 사용 등록하여야만 효력이 발생한다.

④ 우체국 체크카드는 일반적인 직불 전자지급 수단에 의한 지불결제, 현금카드 기능 외에도 상품별 특성에 따라 다양한 기능 추가 및 발급 형태의 선택이 가능하다.

03 〈보기〉에서 체크카드에 대한 설명으로 옳은 것을 모두 고른것은? ²². 계리직

─── 〈 보기 〉 ───

ㄱ. 우체국 법인용 체크카드에는 지역화폐카드, Biz플러스 등이 있다.

ㄴ. 우체국 체크카드의 발급대상은 개인카드의 경우 우체국 수시입출식통장을 보유한 만 12세 이상의 개인이다.

ㄷ. 고객의 신용등급에 따라 소액의 신용공여가 부여된 하이브리드형 카드를 발급받아 이용할 수 있다.

ㄹ. 증권사나 종합금융회사의 MMF를 결제계좌로 하는 체크카드도 발급이 가능하다.

① ㄱ, ㄴ   ② ㄱ, ㄹ   ③ ㄴ, ㄷ   ④ ㄷ, ㄹ

04 다음은 우체국 카드에 대한 설명이다. 옳은 것을 모두 고르시오.

〈 보기 〉

ㄱ. 우체국 체크카드는 회원이 가입신청서를 작성하여 카드 발급을 요청하면 우체국에서 이를 심사하여 금융단말기에 등록하고, 카드를 교부함으로써 효력이 발생한다.

ㄴ. 위탁업체를 통하여 후 발급 받은 경우에는 카드 수령 후 회원 본인이 우체국 창구 방문, 인터넷뱅킹, 스마트뱅킹, ARS을 통하여 사용 등록하여야 효력이 발생한다.

ㄷ. 회원 본인의 사망하는 경우가 아닌 피한정후견인으로 우체국에 신고 등록되더라도 효력이 유지된다.

ㄹ. 하이브리드카드는 18세 이상 발급이 가능하고 발급시부터 신용 결제가 가능하다.

① ㄱ, ㄴ   ② ㄱ, ㄷ   ③ ㄴ, ㄹ   ④ ㄷ, ㄹ

정답찾기

01 ① 법인용 체크카드의 기본 사용한도는 일 6백만 원, 월 2천만 원이며, 최대 사용한도는 일 1억원, 월 3억 원이다.
③ 우체국 브라보 체크카드에 대한 설명이다. 우체국 개이득 체크카드는 국내 전 가맹점 0.3%, OTT·패션·멤버십 30% 캐시백 제공한다.
④ 행복한 체크카드는 의료 특화 카드로 병의원·약국·학원·대형마트·문화 10%, 우체국 최대 12% 캐시백 및 그린서비스를 제공하는 카드이다.

02 ① 법인용 체크카드의 현금 입출금 기능은 개인사업자에 한하여 선택 가능하다.
② 우체국 개인 체크카드의 발급대상은 우체국 수시입출식 통장을 보유한 만 12세 이상의 개인이다.
③ 우체국 체크카드는 회원이 가입신청서를 작성하여 카드 발급을 요청하면 우체국에서 이를 심사하여 금융단말기에 등록하고, 카드를 교부함으로써 효력이 발생한다. 단, 위탁업체를 통하여 후 발급받은 경우에는 카드 수령 후 회원 본인이 ARS, 우체국 스마트뱅킹(인터넷뱅킹,

스마트폰뱅킹) 또는 우체국을 방문하여 사용 등록하여야 효력이 발생한다.

03 ㄱ. 우체국 법인용 체크카드에는 성공파트너, e-나라도움(법인형), 정부구매, Biz 플러스 등이 있다. 지역화폐카드는 지역상권 활성화를 위해 지역화폐를 우체국 체크카드로 사용할 수 있도록 한 카드로 개인용 체크카드에 해당한다.
ㄹ. 체크카드는 은행 또는 카드사가 제휴한 은행에 입출금 자유로운 통장을 소지한 개인 및 기업회원을 대상으로 발급 가능하며, 최근에는 증권사나 종금사의 CMA를 결제계좌로 하는 체크카드의 발급도 활발하다.

04 ㄷ. 회원 본인의 사망 또는 피성년후견인 또는 피한정후견인으로 우체국에 신고 등록한 경우 효력이 상실된다.
ㄹ. 하이브리드카드는 18세 이상 발급이 가능하나 18세는 후불교통 기능만 사용할 수 있고, 19세부터 신용 결제가 가능하다.

정답 **01** ② **02** ④ **03** ③ **04** ①

Chapter 09 우체국 금융서비스

TOPIC 22 펀드상품과 전자금융

① 펀드상품의 종류 및 특징

특징	① 우체국에서 판매하는 펀드상품은 대부분 안정형 위주로 구성되어 있음 ② 공모펀드 중 원금손실 위험도가 낮은 MMF 13종, 채권형펀드 23종, 주식 비중이 30% 이하인 채권혼합형펀드 20종 등 총 56종의 펀드상품을 우체국 창구 및 온라인을 통해 판매하고 있음 ③ 펀드는 원금과 이자, 보험금 등 전액을 보장하는 우체국예금·보험 상품과는 달리 운용실적에 따라 손익이 결정되는 실적배당 상품이기 때문에 원금 손실이 발생할 수도 있음
종류	① 단기금융펀드(MMF) : IBK그랑프리국공채MMF개인투자신탁제1호(국공채), KB스타개인용-MMFP-101호(국공채), NH-Amundi개인MMF1호(국공채) 등 ② 증권펀드(채권형) : 키움단기국공채증권자투자신탁제1호(채권), 한화단기국공채증권자투자신탁(채권), 유진챔피언단기채증권자투자신탁(채권) 등 ③ 증권펀드(채권혼합형) : 흥국멀티플레이30공모주증권자투자신탁(채권혼합), 우리중소형고배당30증권투자신탁1호(채권혼합), NH-Amundi4차산업혁명30증권투자신탁(채권혼합) 등

② 펀드상품의 유형별 특징

MMF (Money Market Fund)	① 정의 : MMF는 투자대상이 단기채권, CP(기업어음), CD(양도성예금증서) 등 단기 금융상품에 투자하는 펀드를 말함. '단기'는 투자대상 자산의 만기가 단기라는 의미가 아니라 잔존만기가 단기라는 의미 ② 특징 : MMF는 수시입출금이 가능하며, 환매수수료가 없고, 입출금이나 투자금의 제한이 없음. MMF의 위험을 체계적으로 관리하기 위해 투자대상자산의 신용등급과 잔존만기, 유동성, 평가방법 등을 엄격히 제한함. MMF는 예금자보호 대상 상품이 아니며, 보유채권 부도시 원금손실 가능성이 있음 ③ MMF 구분

구분	분류	
투자대상	국공채형	일반형
가입주체	개인형	법인형

채권형 펀드	① 정의 : 집합투자재산의 50% 이상을 채권 및 채권관련 파생상품에 투자하는 펀드로 투자하는 채권의 종류에 따라 국공채형/일반형/회사채형 등으로 구분 ② 특징 : 채권형 펀드는 시가로 평가하여 금리변동에 따른 채권가격의 변동위험, 채권 발행 회사의 신용위험 등의 주의가 필요함. 채권형 펀드의 수익은 이자수익과 자본수익으로 구성되며, 금리, 듀레이션, 신용등급의 영향에 따라 수익률이 변동함. 금리 하락기에는 편입채권의 가격이 상승하여 수익이 커지고, 금리상승기에는 편입채권의 가격이 하락하여 수익이 작아짐 ③ 채권형 펀드 구분 : 투자하는 채권의 종류에 따라 국공채형/일반형/회사채형 등으로 구분됨
채권혼합형 펀드	① 정의 : 집합투자재산의 50% 미만을 주식에 투자하는 펀드로, 우체국 펀드의 경우 주식편입비 30% 이내 펀드를 판매하고 있음. 채권과 주식이 혼합되어 운용되나, 채권에의 투자비중이 더 많아 채권의 안정성과 주식의 수익성을 기대하는 펀드 ② 특징 : 서로 다른 위험과 기대수익을 가진 자산(주식과 채권)을 혼합하여 운용하기 때문에 자산배분효과가 큼. 상대적으로 채권운용전략보다 주식운용전략이 펀드의 성과에 미치는 영향이 더욱 큼 ③ 채권혼합형 펀드 구분 : 펀드의 전략에 따라 공모주/가치주, 성장주/배당주/대형주, 중소형주/저변동성/테마투자펀드/뉴딜테마/인덱스 펀드/롱숏펀드 등으로 구분됨

❸ 인터넷 뱅킹

의미	인터넷뱅킹은 고객이 우체국 창구에 직접 방문하지 않고 인터넷이 연결된 PC를 이용하여 우체국예금보험 홈페이지(www.epostbank.go.kr)에 접속하여 신청에 따라 금융상품 정보 획득, 각종 조회 및 이체, 예금·보험 상품의 가입 등 우체국예금 및 우체국보험에대한 다양한 금융서비스를 이용할 수 있는 전자금융서비스
우체국 인터넷 뱅킹 서비스	① 우체국 인터넷뱅킹 금융상품 관련 서비스

① 우체국 인터넷뱅킹 금융상품 관련 서비스

구분	주요 서비스
예금	• (조회) 계좌조회, 거래내역조회, 수표조회 • (이체) 자금이체, 자동이체, 이체결과조회, 이체관리 • (공과금) 국고/통합지방세 조회·납부, 지로, 범칙/벌과금, 보험료/연금, 생활/기타요금
체크카드	이용내역 조회, 포인트 조회 및 관리, 카드관리(정보변경, 재발급, 배송조회 등)
외환	환율조회, 인터넷환전, 해외송금
펀드	펀드매매, 펀드계좌관리, 펀드자동이체, 펀드소액투자서비스
오픈뱅킹	오픈뱅킹 등록(계좌/카드/핀테크), 오픈뱅킹 관리/조회/이체, 착오송금반환결과 조회
보험	• (보험관리) 조회, 자동이체, 계약사항변경, 안내장/증명서 • (납입/지급) 보험료선납, 보험료납입, 보험금청구, 지급신청, 예상보험금 조회 • (대출/전자청약) 환급금대출신청, 대출상환신청, 대출내역조회, 전자청약서비스

② 우체국 인터넷뱅킹 비대면 창구서비스

구분	주요 서비스
온라인 증명서 발급	• (예금) 소득공제용 납입증명서, 예금잔액증명서, 연도별 금융소득 종합과세자료, 계좌별 종합과세자료, 이자소득 원천징수 내역(예금) • (카드) 소득공제 내역조회/발급, 부가가치세 내역조회/발급 • (펀드) 원천징수내역, 잔액증명
비대면 서류 제출	퇴직급여 계좌대월 재약정·해지, 해외거주자 보안매체 재발급, 개명에 따른 제변경, 해외거주자 사고계좌 해제, 창구방문시 누락 또는 보완서류*, 친환경실천가입신청서 * 우체국과 사전 협의된 서류만 가능

	③ 우체국 인터넷뱅킹 기타서비스	

	구분	주요 서비스
우체국 인터넷 뱅킹 서비스	카드분실/ 사고신고	본인계좌지급정지, 통장/인감, 현금/체크카드/제휴 신용카드, 자기앞수표, 환증서, 보안카드/OTP, 통합OTP 사고해제, 무통장/무카드 실행번호
	인증/보안	• (인증센터) 금융인증서, 공동인증서, 전자세금용 공동인증서, 공동인증서 기타서비스 • (보안센터) 보안프로그램 안내, 금융사기예방안내, 금융보안서비스*, 개인정보 처리방침 　＊ 전자금융사기 예방서비스, 해외IP차단서비스, 피싱방지 안심거래 아이콘 등
	경조금배달	경조금배달, 경조금 배달조회, 온라인환송금, 경조금정보관리
	뱅킹관리	입출금통지서비스, 신입금계좌지정서비스, 예금만기/계좌정보/가입상품/뱅킹 이용관리
	소비자리서치	고객 아이디어, 설문조사

❹ 폰뱅킹

의미	① 폰뱅킹: 고객의 신청에 따라 우체국예금·보험 고객센터를 통해 가정이나 사무실 등에서 다양한 우체국예금·보험 서비스를 전화통화로 간편하게 처리할 수 있는 서비스 ② 지정전화번호 등록 시 고객이 지정한 전화번호로만 자금이체 또는 보험금 지급등 주요 거래가 가능 ③ 고객이 직접 단축코드를 등록하여 편리하게 이용할 수 있는 고객 맞춤서비스도 제공 중임	

	구분	주요 서비스
우체국 폰뱅킹 서비스	예금	• (조회) 잔액조회, 거래내역조회 • (이체) 우체국간 이체, 다른 은행으로 이체 • (체크카드) 체크카드 사용등록, 이용내역조회, 포인트환급 신청/취소 • (경조금 및 기타) 경조금배달, 온라인환 송금/조회, 환율조회, 고객정보관리 등
	보험	• (조회) 환급금대출/해지환급금/만기보험금/연금/배당금/휴면보험금 조회 • (환급금) 환급금대출 신청, 원리금 상환, 대출이율 조회 • (보험료) 보험료 납입, 보험료 자동이체 신청/변경/해지, 대출이자 자동이체 신청/변경/해지 • (신청) 만기보험금/배당금/휴면보험금/해지환급금 신청
	펀드	펀드 잔액조회, 펀드 거래내역조회
	기타	• (신고) 보이스피싱 피해신고, 카드분실신고, 통장/인감 분실신고, 보안카드/OTP 분실신고 등 • (쉬운말 서비스) 잔액조회, 거래내역조회, 우체국 간 이체, 우체국과 은행 간 이체

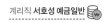

⑤ 모바일뱅킹

의미	① 모바일뱅킹: 고객이 우체국을 방문하지 않고 스마트폰을 이용하여 우체국예금·보험 및 각종 모바일 금융서비스를 제공받을 수 있는 전자금융서비스 ② 우체국예금은 어플리케이션 기반의 스마트폰뱅킹인 "우체국뱅킹"과 "우체국페이" 두 가지 모바일뱅킹 서비스를 제공하고 있음
우체국뱅킹	① 우체국뱅킹 앱(App): 우체국 전자금융서비스 신청 고객이 우체국 방문 없이 스마트폰에서 우체국 금융 서비스(가입, 조회, 이체 등)를 이용할 수 있는 우체국예금 스마트폰뱅킹전용 어플리케이션 ② 우체국뱅킹 앱 가입 시에는 본인명의 휴대폰과 신분증, 타 금융기관 계좌가 필요(없을 경우 화상통화로 대체)하며, 이용 가능한 신분증은 주민등록증, 운전면허증, 모바일신분증(운전면허증, 국가보훈등록증)임 ③ 우체국뱅킹 앱에서는 우체국창구 및 인터넷뱅킹 수준의 다양한 서비스와 QR코드를 활용한 쉽고 편리한 지로/공과금 납부서비스를 제공 ④ SMS 및 PUSH메시지를 활용한 입출금통지, 모바일 경조금 등 고객 편의를 위한 우체국만의 부가서비스 이용이 가능 ⑤ 우체국뱅킹은 공동인증서, 금융인증서, 간편인증(개인인증번호, 패턴인증, 지문/얼굴 등 생체인증), PASS 인증 등을 통해서 로그인이 가능 ⑥ 우체국 인터넷뱅킹을 해지하면 우체국뱅킹은 자동 해지되나 우체국뱅킹을 해지하더라도 인터넷뱅킹 이용 자격은 계속 유지됨
우체국페이	① 우체국페이: 우체국예금 모바일뱅킹에 핀테크를 접목시켜 간편결제 및 간편송금 등 핀테크 서비스를 제공하는 앱 ② 우체국페이 앱(App)을 통해 현금 또는 카드 없이 스마트폰만으로 지불 결제를 진행하고, 휴대전화번호만 알면 경조카드와 함께 경조금을 보낼 수 있음 ③ 우체국 통합멤버십 가입 및 이용이 가능하여 우체국 쇼핑·체크카드 등에서 발생한 우체국 포인트를 통합적으로 관리할 수 있음
기타 우체국금융 모바일 어플리케이션	우체국 방문 없이 보험가입, 보험금청구 등 우체국보험과 관련된 다양한 서비스를 모바일로 간편하게 이용할 수 있는 우체국보험 모바일 앱(App)
전자금융을 이용한 자금이체 한도	① 전자금융이용 고객은 1회 및 1일 이체한도를 우체국이 정한 보안등급별 자금이체 한도와 보안매체별 거래이용수단에 따라 계좌이체 한도를 지정할 수 있으며, 우체국과 별도 약정을 통해 우체국이 정한 한도를 초과하여 지정할 수 있음 ② 전자금융 보안매체별 거래이용 수단

03

보안등급	서비스	거래이용수단
안전등급	인터넷뱅킹/모바일뱅킹	우체국이 정한 인증서[1]+OTP(디지털 OTP 포함)
	폰뱅킹	HSM[2] 방식 공동인증서+보안카드
일반등급	인터넷뱅킹/모바일뱅킹	우체국이 정한 인증서[1]+보안카드
	폰뱅킹	보안카드+이체비밀번호
기본등급	인터넷뱅킹/모바일뱅킹	우체국이 정한 인증서[1]

1) 우체국이 정한 인증서: 우체국 간편인증서(PIN), 공동인증서, 금융인증서 등
2) HSM(Hardware Security Module): 공동인증서 복사방지를 위해 사용하는 보안성이 강화된 스마트카드 USB 저장장치

③ 전자금융 보안등급별 자금이체 한도

구분			보안등급		
			안전등급	일반등급	기본등급
인터넷뱅킹 모바일뱅킹	개인	1회	1억원	1천만원	3백만원(인터넷뱅킹) 1천만원(모바일뱅킹)
		1일	5억원	5천만원	3백만원(인터넷뱅킹) 1천만원(모바일뱅킹)
	법인	1회	10억원	–	–
		1일	50억원	–	–
	법인 (별도계약[1])	1회	10억원	–	–
		1일	무제한	–	–
폰뱅킹	개인	1회	5천만원	3백만원	–
		1일	2억5천만원	5백만원	–
	법인	1회	1억원	–	–
		1일	5억원	–	–

1) 법인 별도계약을 통해 한도 초과 약정을 하고자 할 경우 안전등급의 거래이용수단을 이용하고 관할 지방우정청장의 승인을 받아야 함

※ 인터넷·모바일의 1일 자금이체한도는 합산하여 처리됨

※ 인터넷뱅킹의 기본등급은 본인거래(본인 우체국계좌 거래, 공과금 납부 등)에 한하여 적용

※ 전화번호이체, 주소송금(경조금배달), 기부금송금의 이체한도는 1회 200만원/1일 300만원 적용(해당 이체 한도는 합산하여 적용되며, 우체국페이 이체한도와 별도 적용됨)

전자금융을 이용한 자금이체 한도

전자금융 서비스 이용 제한

① 계좌 비밀번호, 보안카드 비밀번호, 폰뱅킹 이체비밀번호, 모바일 인증서에 등록한 PIN, 패턴, 생체인증 정보, OTP(디지털OTP 포함) 인증번호 등을 연속 5회 이상 잘못 입력한 경우

② OTP는 전 금융기관을 통합하여 연속 10회 이상 잘못 입력한 경우

③ 기타 예금거래 기본약관 등에서 정한 거래 제한 사유가 발생한 경우

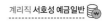

6 자동화기기

의미	① 우체국금융 자동화기기(CD 또는 ATM)을 이용하여 현금입출금, 잔액조회, 계좌이체 등을 통장 및 카드거래(현금 또는 체크) 또는 무통장/무카드 거래로 손쉽게 제공 받을 수 있는 서비스 ② 최근 보급이 확대되고 있는 지능형 자동화기기인 "우체국 스마트 ATM"에서는 화상인증(신분증 복사기능＋얼굴사진 촬영) 및 지문·얼굴 등 생체인증을 통해 이용고객의 신원확인이 가능하여, 서비스 제공범위가 기존 자동화기기 서비스는 물론 우체국 창구에서만 처리 가능하던 일부 업무(상품가입, 체크카드 발급, 비밀번호 변경 등)까지 확대됨

우체국 자동화기기 서비스

구분		주요 서비스
CD/ATM		• (예금) 입금/출금/조회, 계좌이체/해외송금, 통장/보험정리, 무통장/무카드거래 • (기타) 휴대폰거래, 신용카드, 지로/공과금/대학등록금 납부, 전자통장/T－money 거래, 보험서비스 등
스마트 ATM	창구업무	계좌[1]개설, 체크카드 발급, 보안매체[2] 발급, 인터넷뱅킹 신규가입, 통장(재)발급, 분실신고/해제
	ATM업무	예금 출금/입금·조회, 계좌이체/해외송금, 바이오/무통장거래, 통장정리, 공과금/등록금 납부 등

1) 개설가능 상품종류 : 수시입출식예금, 저축성예금
2) 발급가능 보안매체 : 보안카드, 카드형 OTP

03

TOPIC 22 확인문제 **펀드상품과 전자금융**

01 〈보기〉에서 CD/ATM 서비스에 대한 설명으로 옳은 것을 모두 고른 것은? 23. 계리직

─〈 보기 〉─

ㄱ. "우체국 스마트 ATM"은 기존 ATM 서비스뿐만 아니라 계좌개설, 체크카드 및 보안매체 발급, 비밀번호 변경 등이 가능하다.

ㄴ. CD/ATM 계좌이체는 최근 1년간 영업점 창구를 통한 현금입·출금 실적이 없는 고객에 한하여 1일 및 1회 이체한도를 각각 70만 원으로 축소하고 있다.

ㄷ. CD/ATM 서비스를 이용하기 위해서는 현금카드나 신용·체크카드 등이 있어야 하지만 최근 기술 발달로 휴대폰, 바코드, 생체인식으로도 이용할 수 있으며 이용매체가 없어도 CD/ATM 서비스 이용이 가능하다.

ㄹ. 보이스피싱 피해 방지를 위해 수취계좌 기준 1회 100만 원 이상 이체금액에 대해 CD/ATM에서 인출 시 입금된 시점부터 10분 후 인출 및 이체가 가능하도록 하는 지연인출제도가 시행되고 있다.

① ㄱ, ㄷ   ② ㄴ, ㄹ   ③ ㄱ, ㄴ, ㄷ   ④ ㄱ, ㄷ, ㄹ

02 우체국 펀드에 대한 설명으로 옳지 않은 것은?

① 우체국에서 판매하는 펀드상품은 대부분 안정형 위주로 구성되어 있다.

② 펀드는 원금과 이자, 보험금 등 전액을 보장하는 우체국예금·보험 상품과는 달리 운용실적에 따라 손익이 결정되는 실적배당 상품이기 때문에 원금 손실이 발생할 수도 있다.

③ MMF는 수시입출금이 가능하며, 환매수수료가 없고, 입출금이나 투자금의 제한이 없다.

④ 우체국의 채권혼합형 펀드는 집합투자재산의 50% 이상을 주식에 투자하는 펀드로, 우체국 펀드의 경우 채권편입비 30% 이내 펀드를 판매하고 있다.

03 다음은 우체국 모바일뱅킹에 대한 설명이다. 옳은 것을 모두 고르시오.

─────〈 보기 〉─────

ㄱ. 우체국예금은 어플리케이션 기반의 스마트폰뱅킹인 "우체국뱅킹"과 "우체국페이" 두 가지 모바일뱅킹 서비스를 제공하고 있다.

ㄴ. 우체국뱅킹 앱 가입 시에는 본인명의 휴대폰과 신분증, 타 금융기관 계좌가 필요(없을 경우 화상통화로 대체)하며, 이용 가능한 신분증은 주민등록증, 운전면허증, 모바일신분증(운전면 허증, 국가보훈등록증)이다.

ㄷ. 우체국뱅킹 앱(App)을 통해 현금 또는 카드 없이 스마트폰만으로 지불 결제를 진행하고, 휴 대전화번호만 알면 경조카드와 함께 경조금을 보낼 수 있다.

ㄹ. 인테넷 뱅킹과 달리 모바일 뱅킹은 모두 보안등급이 안전등급일 경우 개인은 1회 1억원, 1일 5억원까지 송금이 가능하다.

① ㄱ, ㄴ   ② ㄱ, ㄷ   ③ ㄴ, ㄹ   ④ ㄷ, ㄹ

03

04 우체국 뱅킹에 대한 설명으로 옳지 않은 것은?

① 인터넷뱅킹은 고객이 우체국 창구에 직접 방문하지 않고 인터넷이 연결된 PC를 이용하여 우체국예금보험 홈페이지(www.epostbank.go.kr)에 접속하여 다양한 금융서비스를 이용할 수 있는 전자금융서비스이다.

② 폰뱅킹에서 지정전화번호 등록 시 고객이 지정한 전화번호로만 자금이체 또는 보험금 지급 등 주요 거래가 가능하다.

③ 우체국뱅킹을 해지하면 인터넷뱅킹 이용 자격은 자동 소멸된다.

④ 계좌 비밀번호, 보안카드 비밀번호, OTP(디지털OTP 포함) 인증번호 등을 연속 5회 이상 잘못 입력한 경우 전자금융이용서비스는 제한된다.

정답 찾기

01 ㄴ. 최근 1년간 CD/ATM을 통한 계좌이체 실적이 없는 고객에 한하여 1일 및 1회 이체한도를 각각 70만원으로 축소하고 있다.
ㄹ. 보이스피싱 피해 방지를 위해 수취계좌 기준 1회 100만원 이상 이체금액에 대해 CD/ATM에서 인출 시 입 금된 시점부터 30분 후 인출 및 이체가 가능하도록 하는 지연인출제도가 시행되고 있다.

02 ④ 집합투자재산의 50% 미만을 주식에 투자하는 펀드 로, 우체국 펀드의 경우 주식편입비 30% 이내 펀드를 판 매하고 있다.

03 ㄷ. 우체국페이 앱(App)을 통해 현금 또는 카드 없이 스 마트폰만으로 지불 결제를 진행하고, 휴대전화번호만 알 면 경조카드와 함께 경조금을 보낼 수 있다.
ㄹ. 인터넷 뱅킹과 모바일 뱅킹 모두 보안등급이 안전등 급일 경우 개인은 1회 1억원, 1일 5억원까지 송금이 가능 하다.

04 ③ 우체국 인터넷뱅킹을 해지하면 우체국뱅킹은 자동 해지되나 우체국뱅킹을 해지하더라도 인터넷뱅킹 이용 자격은 계속 유지된다.

정답   **01** ①   **02** ④   **03** ①   **04** ③

TOPIC 23 통합멤버십, 우편환·대체, 외국환, 제휴서비스

❶ 통합멤버십

의미	① 우체국 통합멤버십: 우정사업 서비스(체크카드, 쇼핑) 이용 및 이벤트 참여 등으로 모은포인트를 통합하여 사용하는 서비스 ② 통합멤버십 포인트의 명칭은 "잇다머니"이며 우체국페이앱(App)에서 회원가입을 통하여 이용할 수 있음 ③ 통합멤버십 포인트는 우정사업 서비스 및 이벤트에서 모은 포인트 외에 우체국예금 계좌로 선불 충전이 가능함 ④ 보유하고 있는 통합멤버십 포인트로 우체국 우편서비스와 제휴 가맹점에서 결제가 가능하며, 통합멤버십 관리·결제 등 전체 기능은 우체국페이앱에서만 제공함
회원관리	① 회원가입은 우체국페이앱에서만 제공하며 우체국페이 신규 가입절차에 통합멤버십 회원 가입절차가 포함되어 있음 ② 통합멤버십 회원의 단독탈회는 불가능하며 우체국페이 서비스 해지 시만 탈회가 가능함 ③ 우체국페이 및 통합멤버십 회원 가입 절차: 이용약관 동의(필수) → 마케팅 활용 동의(선택) → 휴대폰 인증(가입여부 확인) → 계좌개설 또는 전자금융약정(선택) → 간편인증등록(pin, 지문, 패턴) → 가입완료

❷ 포인트 관리

적립포인트	우체국 체크카드 서비스 이용과 우체국쇼핑에서 상품 구입, 이벤트 참여로 적립되는 포인트
충전포인트	① 우체국 계좌 연결 후 계좌이체를 통해 선불 충전한 포인트 ② 충전 한도: 건당 30만원, 1일 50만원이며 총 보유한도는 200만원임
선물포인트	① 통합멤버십 회원 간 보유 포인트를 선물하거나 선물 받은 포인트 ② 선물 한도: 건당 10만원, 1일 30만원, 월 50만원이며, 받은 선물 포인트는 재선물이 불가함
전환포인트	① 통합멤버십 가입 전 고객이 보유한 우체국 체크카드 및 우체국 쇼핑 포인트가 통합멤버십 가입으로 통합멤버십 포인트로 전환된 포인트 ② 통합멤버십 가입 전 보유한 포인트는 멤버십 가입 후 익일에 일괄하여 통합멤버십 포인트로 전환됨

❸ 우편환 · 대체

우편환	① 우편환 : 우편환법에 따라 우편 또는 전자적 수단으로 전달되는 환증서(전자적 매체를 통해 표시되는 지급지시서 및 계좌입금 등을 포함)를 통한 송금수단으로 금융기관의 온라인망이 설치되어 있지 않은 지역에 대한 송금을 위해 이용됨 ② 우체국의 우편환 서비스는 크게 통상환, 온라인환 및 경조금배달서비스가 있음
우편대체	① 우편대체 : 우체국에 개설한 우편대체계좌를 통하여 자금 결제를 할 수 있는 제도 ② 이를 통하여 세금 · 공과금 · 할부금 등 수납, 각종 연금 · 급여 지급, 공과금 자동 이체 및 수표 발행 등의 서비스가 제공됨

❹ 해외송금

서비스	① 서비스 이용시간 : 우체국 금융창구는 09:00~16:30, 인터넷 · CD/ATM · 스마트뱅킹은 연중 24시간(서비스 점검시간 23:50~00:10 제외)임 ② 국민인 거주자는 송금금액 건당 5천불 초과 시, 외국인 · 국민인 비거주자는 송금금액과 상관없이 거래외국환은행을 반드시 지정해야 함(유로지로 제외)
SWIFT 해외송금	① SWIFT(SWIFT : Society for Worldwide Interbank Financial Telecommunication) : 1973년 유럽 및 북미은행 중심으로 설립된 국제은행간의 금융통신망 ② 은행 간 자금결제 및 메시지교환을 표준화된 양식에 의거 송수신함으로써 신속, 저렴, 안전한 송금서비스를 제공 ③ 우체국은 신한은행과 제휴하여 신한은행 SWIFT 망을 통해 전 세계금융기관을 대상으로 해외송금 서비스를 운영 ④ 해외송금 서비스는 수취인의 해외은행계좌로 송금하는 당발송금과 해외은행으로부터 수취인의 한국 우체국계좌로 송금을 받는 타발송금 업무가 있음 ⑤ 매월 약정한 날짜에 송금인 명의의 우체국계좌에서 자금을 인출하여 해외의 수취인에게 자동으로 송금해주는 SWIFT 자동송금서비스도 제공하고 있음
Eurogiro 해외송금	① 유럽지역 우체국 금융기관이 주체가 되어 설립한 Eurogiro社의 네트워크를 사용하는 EDI(전자문서 교환)방식의 국제금융 송금서비스로 우정사업자와 민간 금융기관이 회원으로 가입 후 회원 간 쌍무협정(Bilateral Agreement)을 통해 해외송금 업무를 수행 ② 계좌와 주소지 송금이 가능
MoneyGram 특급송금	① 미국 텍사스에 본사를 둔 머니그램社와 제휴한 Agent 간 네트워크 상 정보에 의해 자금을 송금 · 수취하는 무계좌 거래로 송금 후 약 10분 뒤에 송금번호(REF.NO)만으로 수취가 가능한 특급해외송금 서비스 ② 우체국은 신한은행 및 머니그램社와 제휴하여 계좌번호 없이 8자리 송금번호 및 수취인 영문명으로 송금하면 약 10분 뒤 수취인 지역 내 머니그램 Agent를 방문하여 수취 가능한 특급송금 서비스를 제공하고 있음

03

간편 해외송금	① 소액해외송금업체인 ㈜와이어바알리社와 제휴를 통해 제공하는 핀테크 해외송금으로, 수수료가 저렴하며 타 송금서비스 대비 고객에게 유리한 환율로 우체국 방문 없이 간편하게 송금하는 서비스 ② 스마트뱅킹을 통한 당발송금만 가능(21. 4월 시행)하며 타발송금의 창구지급 및 배달서비스는 향후 도입예정임

❺ 환전업무

외화환전 예약서비스	① 우체국 창구 방문 신청 또는 인터넷뱅킹·스마트뱅킹을 이용하여 환전(원화를 외화로 바꾸는 업무) 거래와 대금 지급을 완료하고, 원하는 수령일자(환전예약 신청 당일 수령은 불가) 및 장소를 선택하여 지정한 날짜에 외화실물을 직접 수령하는 서비스 ② 수령 장소는 고객이 지정한 일부 환전업무 취급 우체국 및 우정사업본부와 환전업무 관련 제휴된 하나은행 지점(환전소)에서 수령할 수 있음 ③ 환전 가능 금액은 건당 1백만원 이내이고 환전가능 통화는 미국달러(USD), 유럽유로(EUR), 일본엔(JPY), 중국위안(CNY), 캐나다달러(CAD), 호주달러(AUD), 홍콩달러(HKD), 태국바트(THB), 싱가폴달러(SGD), 영국파운드(GBP) 등 총 10종임
외화배달 서비스	① 우체국 인터넷뱅킹 또는 스마트뱅킹 등 비대면 채널을 통하여(우체국 창구 접수는 불가) 환전거래와 대금 지급을 완료하고, 고객이 직접 날짜와 장소를 지정하면 우편서비스(맞춤형계약등기)를 이용하여 접수된 외화 실물을 직접 배달해 주는 서비스 ② 외화 수령일은 신청일로부터 3 영업일에서 10 영업일 이내로 지정할 수 있으며, 외화배달서비스 신청이 가능한 통화는 미국달러(USD), 유럽유로(EUR), 일본엔(JPY), 중국위안(CNY) 총 4개 통화임

6 창구망 공동이용

의미	우체국과 민간은행이 업무제휴를 맺고 전용선 또는 금융결제원 공동망으로 양 기관 간 전산 시스템을 연결하여 제휴은행 고객이 전국의 우체국 창구에서 기존의 타행환 거래 방식이 아닌 자행거래 방식으로 입·출금 거래를 할 수 있도록 하고 있음

		구분	주요내용
제휴기관 및 제휴가능 업무		제휴기관	IBK기업은행, KDB산업은행, 한국씨티은행, 전북은행, KB국민은행, 신한은행, 하나은행, 우리은행, 경남은행, iM뱅크^{舊 대구은행}(총 10개 은행)
	이용 가능 업무	창구*	• (입금) 제휴은행 고객이 우체국 창구에서 제휴은행 고객계좌로 입금(유통, 무통) • (지급) 제휴은행 고객이 우체국 창구에서 제휴은행 통장을 이용하여 출금 • (통장정리) 제휴은행 고객이 우체국 창구에서 통장정리 • (조회) 무통거래내역, 계좌잔액, 처리결과, 수수료 조회 * 우체국 창구에서 제휴은행 통장 신규발행(재발행) 및 해지 불가
		자동화 기기*	• (입금) 제휴은행 고객이 우체국 자동화기기에서 제휴은행 고객계좌로 입금 • (지급) 제휴은행 고객이 우체국 자동화기기에서 제휴은행 카드로 출금 • (이체) 제휴은행 고객이 우체국 자동화기기에서 자행으로 이체 • (조회) 제휴은행 고객이 우체국 자동화기기에서 계좌잔액 조회 * 자동화기기에서는 카드 거래만 가능, 통장정리 불가

03

❼ 노란우산 판매대행

의미	① 노란우산 : 소기업·소상공인이 폐업·노령·사망 등의 위험으로부터 생활안정을 기하고 사업재기 기회를 제공받을 수 있도록 「중소기업협동조합법」 제115조 규정에 따라 '07. 9월부터 비영리기관인 중소기업중앙회에서 운영하는 공적 공제제도 ② '13. 11월부터 국가의 기본 인프라망인 전국 우체국 금융 창구를 통해 가입, 지급신청 등을 할 수 있도록 업무를 대행함으로써 소기업·소상공인의 서비스 이용 편익을 제고함

우체국 노란우산 판매대행 업무	구분	주요내용
	가입자격	소기업·소상공인 대표자, 무등록 소상공인* * 사업자등록이 없는 일종의 프리랜서이나 사업소득원천징수영수증 발급이 가능한 자
	가입혜택	압류·담보·양도 금지 및 무료상해보험가입(가입시점부터 2년간), 가입부금에 대해 연간 최대 500만원 한도 내 소득공제 및 연 복리이율 적용 ※ '25.1.1.부터 연간 최대 600만원 한도 내로 소득공제 확대
	업무대행 내용	• 청약 전 고객 상담 　기 가입자 또는 강제 해지 후 1년 미경과 시에는 신규 및 (재)청약이 불가하므로 청약 전 기가입 여부 등 조회를 필수적으로 실시 • 청약서(철회서) 및 제반 서류 접수 • 부금 수납, 공제금/해약지급신청서 및 제반 서류 접수

❽ 우체국 CMS 업무

의미	① 우체국은 카드·캐피탈社 등과의 개별 이용약정을 통해 전국 우체국에서 CMS 입금 업무를 대행 ② CMS(Cash Management Service ; 자금관리서비스) : 고객이 우체국에 개설된 제휴회사의 계좌로 무통장 입금하고 그 입금 내역을 우정사업정보센터(우체국금융 IT운영 담당)에서 입금회사로 실시간 전송하는 시스템 ③ 입금된 자금은 우정사업정보센터에서 회사가 지정한 정산계좌로 일괄 입금 처리함

우체국 CMS 업무분담 내역	구분	업무분담 내역
	제휴회사*	• 대금청구서 등 수납자료를 우체국 CMS 계좌번호와 함께 고객에게 통지 • 입금거래 내역과 정산자금 대사 확인 * 카드사(신한, 롯데, 삼성, 현대), 현대백화점, AXA다이렉트보험, 공무원연금공단 등 7개
	고객	우체국 창구에서 무통장 입금을 의뢰하거나 인터넷뱅킹, 폰뱅킹, 자동화기기를 통한 CMS 이체를 함
	우체국	고객이 우체국 창구에 입금을 의뢰하면 해당 계좌에 CMS 번호와 함께 무통입금 처리
	우정사업 정보센터	• 입금거래 내역을 해당 회사로 실시간 전송하고 입금된 자금을 해당 회사가 지정한 정산 계좌로 일괄 이체 • 익월 10일까지 해당 회사에 수수료 내역을 통보하고 매달 20일, 해당 회사 계좌에서 수수료를 출금하여 정산함

❾ 카드업무대행서비스

의미	① 우체국은 신용카드사와의 업무제휴를 통해 우체국예금의 현금카드와 체크카드 기능이 결합된 제휴 체크카드를 발급 ② 우체국예금의 현금카드와 신용카드 기능이 포함된 제휴 신용카드 상품을 출시함으로써 국민들의 카드이용 편의를 도모하고 있음

	구분	제휴 체크카드	제휴 신용카드
우체국 제휴 체크카드 및 신용카드 비교	발급대상	• 개인 : 12세 이상 • 법인, 임의단체 : 카드사별 심사	• 개인 : 19세 이상 소득이 있는 자 • 법인, 임의단체 : 카드사별 심사
	심사기준	자격기준 없음(신용불량자도 가능)	별도 자격기준 부여
	이용범위	제휴카드사 가맹점에서 일시불만 이용(할부 불가)	국내·외 가맹점 일시불/할부/현금서비스 이용
	사용한도	우체국예금 결제계좌 잔액	개인별 신용한도액
	연회비	연회비 없음	회원등급별 연회비 징수
	제휴기관	신한카드	하나카드
	※ 제휴 카드(체크, 신용) 발급 시, 결제 계좌는 우체국 요구불(수시입출식) 계좌만 가능		

❿ 증권계좌 개설 대행

의미	우체국은 증권·선물회사와 업무제휴 계약을 체결하고 전국 우체국 창구에서 고객의 증권·선물 계좌개설, 관련 제휴카드 발급, 이체서비스 등을 대행하고 있음

	구분	주요내용
제휴기관 및 이용가능 업무	제휴기관	• (증권) 한국투자, NH투자, 대신, 교보, KB, 하이투자, 삼성, 한화투자, SK, 미래에셋, 키움, 하나금융투자, 신한금융투자, 유안타, 한국포스, DB금융투자* 등 16개 　* DB금융투자는 신규 계좌 개설 불가, 기존 고객에 한해 주식 거래 가능 • (선물) 삼성선물 1개
	이용가능 업무	• 우체국 고객(성년 본인 限)의 증권/선물 계좌 개설 대행 　-위탁(주식) : 제휴증권사 전체(한국포스증권, 삼성선물 제외) 　-선물/옵션 : 한국투자, 하나금융투자, 삼성, 하이투자, 키움, SK, 미래에셋, 신한금융투자, 유안타, 삼성선물 　-수익증권 : 한국투자, 하이투자, 키움, SK, 한국포스증권 　-CMA : 삼성증권, 하이투자증권 • 우체국과 증권/선물회사 간의 자금이체 • 우체국 및 증권/선물 회사 고객의 제휴카드 발급 • 증권/선물 계좌 비밀번호 변경

TOPIC 23 [확인문제] 통합멤버십, 우편환·대체, 외국환, 제휴서비스

01 〈보기〉에서 우체국 외국환 업무에 대한 설명으로 옳은 것을 모두 고른 것은? 23. 계리직

〈보기〉
ㄱ. 외화배달 서비스 이용 시 외화 수령일은 신청일로부터 3 영업일에서 10 영업일 이내로 지정할 수 있다.
ㄴ. 머니그램(MoneyGram)은 송금 후 약 10분 뒤에 송금번호(REF.NO)만으로 수취가 가능한 특급해외송금 서비스이다.
ㄷ. 외화환전 예약서비스는 인터넷뱅킹·스마트뱅킹에서 신청 후 모든 우체국 또는 제휴은행 일부 지점에서 현물을 수령할 수 있다.
ㄹ. 우체국은 하나은행과 업무 제휴하여 하나은행 SWIFT 망을 통해 전 세계 금융기관을 대상으로 해외송금 서비스를 운영하고 있다.

① ㄱ, ㄴ   ② ㄱ, ㄹ   ③ ㄴ, ㄷ   ④ ㄷ, ㄹ

02 우체국 금융의 제휴 서비스에 대한 설명으로 옳지 않은 것은? 24. 계리직

① 우체국은 신용카드사와 업무제휴를 통해 제휴 체크카드를 발급하고 있으며 심사기준으로 별도의 자격기준을 부여하고 있다.
② 우체국은 증권·선물회사와 업무제휴 계약을 체결하여 전국 우체국 창구에서 고객의 증권·선물 계좌개설을 대행하고 있다.
③ 우체국과 민간은행은 업무제휴를 맺어 제휴 은행 고객이 전국 우체국 창구에서 타행환 거래방식이 아닌 자행 거래방식으로 입·출금 거래를 할 수 있다.
④ 우체국은 카드·캐피탈 회사 등과 개별 이용약정을 통해 전국 우체국에서 CMS 입금 업무를 대행한다.

03 다음은 우체국 해외송금과 환전업무에 대한 설명이다. 옳은 것을 모두 고르시오.

─〈 보기 〉─

ㄱ. 우체국은 신한은행과 제휴하여 하나은행 SWIFT 망을 통해 전 세계금융기관을 대상으로 해외송금 서비스를 운영한다.

ㄴ. 우체국은 신한은행 및 머니그램社와 제휴하여 계좌번호 없이 8자리 송금번호 및 수취인 영문명으로 송금하면 약 10분 뒤 수취인 지역 내 머니그램 Agent를 방문하여 수취 가능한 특급송금 서비스를 제공하고 있다.

ㄷ. 외화환전 예약서비스의 수령 장소는 고객이 지정한 일부 환전업무 취급 우체국 및 우정사업본부와 환전업무 관련 제휴된 신한은행 지점(환전소)에서 수령할 수 있다.

ㄹ. 외화배달 서비스의 외화 수령일은 신청일로부터 3 영업일에서 10 영업일 이내로 지정할 수 있다.

① ㄱ, ㄴ   ② ㄱ, ㄷ   ③ ㄴ, ㄹ   ④ ㄷ, ㄹ

03

04 우체국제휴서비스 대한 설명으로 옳지 않은 것은?

① 우체국과 민간은행이 업무제휴를 맺고 전국의 우체국 창구에서 기존의 자행거래 거래방식이 아닌 타행환 방식으로 입·출금 거래를 할 수 있도록 하고 있다.

② 우체국 금융 창구를 통해 노란우산 가입, 지급신청 등을 할 수 있도록 업무를 대행함으로써 소기업·소상공인의 서비스 이용 편익을 제고하였다.

③ 우체국예금의 현금카드와 신용카드 기능이 포함된 제휴 신용카드 상품을 출시함으로써 국민들의 카드이용 편의를 도모하고 있다.

④ 우체국은 증권·선물회사와 업무제휴 계약을 체결하고 전국 우체국 창구에서 고객의 증권·선물 계좌개설, 관련 제휴카드 발급, 이체서비스 등을 대행하고 있다.

정답찾기

01 ㄷ. 외화환전 예약서비스는 우체국 창구 방문 신청 또는 인터넷뱅킹·스마트뱅킹을 이용하여 환전(원화를 외화로 바꾸는 업무) 거래와 대금 지급을 완료하고, 원하는 수령일자(환전예약 신청 당일 수령은 불가) 및 장소를 선택하여 지정한 날짜에 외화 실물을 직접 수령하는 서비스이다. 수령 장소는 고객이 지정한 일부 환전업무 취급 우체국 및 <u>우정사업본부와 환전업무 관련 제휴된 하나은행 지점(환전소)</u>에서 수령할 수 있다.
ㄹ. <u>우체국은 신한은행과 제휴하여 신한은행 SWIFT망을 통해 전 세계금융기관을 대상으로 해외송금 서비스를 운영하고 있다.</u>

02 제휴 체크카드는 자격기준이 없어 신용불량자도 받을 수 있지만 제휴 신용카드는 별도 자격기준이 부여되어 있다.

03 ㄱ. 우체국은 신한은행과 제휴하여 신한은행 SWIFT 망을 통해 전 세계금융기관을 대상으로 해외송금 서비스를 운영한다.
ㄷ. 외화환전 예약서비스의 수령 장소는 고객이 지정한 일부 환전업무 취급 우체국 및 우정사업본부와 환전업무 관련 제휴된 하나은행 지점(환전소)에서 수령할 수 있다.

04 ① 우체국과 민간은행이 업무제휴를 맺고 전국의 우체국 창구에서 기존의 타행환 거래방식이 아닌 자행거래 방식으로 입·출금 거래를 할 수 있도록 하고 있다.

정답   **01** ①   **02** ①   **03** ③   **04** ①

Chapter 10 전자금융

① 전자금융의 의의

전자적 장치 : 전달 채널	① 전자금융거래에서 이용되고 있는 전자적 장치는 전화, 현금자동 입·출금기 (CD/ATM : Cash Dispenser / Automated Teller Machine) 등 전통적인 전자매체에서부터 PC, 태블릿 PC, 스마트폰 등 새로운 전자매체에 이르기까지 매우 다양함 ② 그러나 전자적 장치를 단순하게 금융기관 또는 전자금융업자의 업무에 활용되는 것은 전달 채널에 해당하지 않음 ③ 이용자가 비대면으로 전자적 장치를 통하여 금융상품 및 서비스에 직접 접근해야 전달채널에 해당함
접근 매체 : 거래의 진정성 확보 수단	① 접근 매체 : 전자금융거래에 있어서도 거래지시를 하거나 이용자 및 거래내용의 진실성과 정확성을 확보하기 위하여 사용되는 수단 또는 정보 ② 접근 매체로는 전자식 카드 및 이에 준하는 전자적 정보, '전자서명법'상의 인증서, 금융회사 또는 전자금융업자에 등록된 이용자 번호, 이용자의 생체정보, 이상의 수단이나 정보를 사용하는 데 필요한 비밀번호 등 전자금융거래법(제2조 제 10호)에서 정하고 있는 것을 의미함
디지털 금융	① 금융과 ICT기술의 융합이 가속화되면서 출현한 금융서비스는 기존 금융기관이 아닌 ICT업체들의 전자금융산업 참여를 가능하게 하였음 ② 최근 금융(Finance)과 기술(Technology)의 융합인 핀테크(Fintech)가 등장하는 등 관련 산업환경이 변화하면서 인터넷전문은행 설립 등 비금융기업들의 금융시장 참여가 더욱 활발하게 진행되고 있음

② 전자금융의 특징

금융서비스 이용편의 증대	① 비대면·비장표로 거래가 가능하여 24시간 언제 어디서든 금융 거래가 가능해짐 ② 영업점 창구 대신에 집이나 사무실에서 또는 밖에서 이동하는 중에도 단순 입·출금, 공과금 납부는 물론 예금이나 펀드상품 가입, 대출업무까지 거의 모든 금융거래가 가능 ③ 창구거래보다 이용 수수료도 저렴함

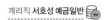

금융기관 수익성 제고	① 금융기관 입장에서는 비장표로 거래되는 특성상 금융거래에 필요한 종이 사용량이 크게 감소하여 관리비용과 거래건당 처리비용을 크게 낮출 수 있음 ② 다양한 전자금융 전용 상품 및 서비스의 개발이 가능하여 높은 부가가치 창출이 가능해짐 ③ 전자금융은 고객이 이용할 수 있는 전자금융서비스 채널의 다양화를 통해 고객의 영업점 방문횟수를 감소시킴으로써 금융기관에게는 효율적인 창구운영의 기회를 제공하게 됨 ④ 영업점 창구의 모습을 금융상품 판매와 전문화된 금융서비스 제공에 집중할 수 있는 분위기로 전환시킴으로써 예전의 복잡하고 비생산적인 영업점에서 수익성과 생산성을 높일 수 있는 영업점으로 변화시키고 있음
전자금융의 이면	① 전산화된 금융서비스들은 IT시스템 문제로 운영이 중단될 수 있으며 전산 장애 또는 운영자의 실수로 IT시스템이 정상적으로 작동하지 않을 경우 고객들에게 금융서비스를 제공할 수 없음 ② 비대면, 공개 네트워크로 이루어져서 해킹 등 악의적인 접근으로 인한 금융정보 유출 혹은 비정상 고객으로 인한 부정거래 발생 빈도도 높아지고 있음 ③ IT시스템 장애로 금융서비스가 중단됨으로써 발생할 수 있는 운영리스크와 이로 인한 금융기관의 평판리스크 등이 과거에 비하여 중요해짐 ④ 모바일을 중심으로 발전 중인 전자금융 서비스는 전자기기가 익숙하지 않은 고령층 등 오프라인에서 금융거래를 하는 고객에게 금융소외 발생 유인이 되며, 디지털 접근성 강화를 통한 금융포용 구현이 전자금융의 주요 과제로 부상하고 있음

❸ 전자금융의 발전과정

제1단계 : PC기반 금융업무 자동화	① 1970년대부터 은행에서 자체 본·지점 간에 온라인망을 구축하여 그동안 수작업으로 처리하던 송금업무나 자금정산업무 등을 전산으로 처리할 수 있게 됨으로써 금융기관의 업무전산화가 본격적으로 시작됨 ② 이 단계에서는 CD/ATM 및 지로 등을 도입하여 장표처리를 자동화하여 창구업무의 효율화를 도모함 ③ 1980년대 국가정보화사업의 하나였던 은행 공동의 전산망 구축으로 확대되면서 고객에게 다양한 전자금융서비스를 제공할 수 있는 기반을 마련하였음
제2단계 : 네트워크 기반 금융전산 공동망화	① 1980년대 후반 금융권역별로 개발한 금융기관들은 구축한 자동화된 업무시스템을 상호연결하여 금융네트워크(금융공동망)를 형성하고 공동망 서비스를 제공하게 됨 ② 고객들은 개별 금융기관에서만 처리하였던 금융거래를 공동망에서 편리하고 신속하게 이용할 수 있게 되었음. 은행 공동망 구축은 은행의 각 전산시스템을 연결하여 24시간 연중무휴로 금융서비스를 제공하고 전국의 1일 결제권화와 전자자금이체를 확산시킬 목적으로 추진되었음. 따라서 거래은행에 관계없이 CD/ATM, 전화기를 이용한 전자금융거래가 가능해져 창구거래 위주의 금융거래가 전자금융으로 확대되기 시작함

제2단계 : 네트워크 기반 금융전산 공동망화	③ 자금의 수수도 현금이나 어음·수표 등 장표기반의 지급수단을 직접 주고받는 대신에 자동이체, 신용카드와 같은 전자지급수단을 이용한 전산데이터의 송·수신방식으로도 가능해지면서 전자금융거래가 대중화되는 계기가 됨
제3단계 : 인터넷 기반 금융서비스 다양화	① 1990년대 중반 이후 인터넷과 컴퓨터 보급의 확산으로 고객들의 PC 이용률이 증가하였고 금융기관은 그동안 CD/ATM이나 전화기에 의존하던 전자금융서비스 전달 채널을 컴퓨터로 확대시킬 수 있게 됨 ② 금융기관과 고객이 기존 영업점 창구에서 대면하지 않고 인터넷 공간에서 실시간으로 입출금거래, 주식매매, 청약, 대출 등의 금융거래를 수행함으로써 편의성과 효율성이 크게 제고됨 ③ 인터넷을 기반으로 한 전자상거래의 발달로 고객, 인터넷쇼핑몰, 금융기관을 연결하여 결제서비스를 제공하는 PG(Payment Gateway) 서비스, 결제대금예치서비스 및 인터넷을 통해 각종 대금을 조회하고 납부할 수 있는 EBPP(Electronic Bill Presentation and Payment) 서비스와 같은 새로운 전자금융서비스가 등장하면서 전자금융거래의 이용이 활성화되는 기폭제가 됨 ④ 이때부터 전자어음, 전자외상매출채권과 같은 기업 고객을 위한 전자지급수단이 개발되기 시작하였고, 서비스 전달 채널이 더욱 다양화되어 휴대폰, PDA, TV를 통해서도 전자금융거래를 이용할 수 있게 됨 ⑤ 그러나 한편으로는 비대면 채널에서의 각종보안사고가 발생하고 전문화된 해킹 기술을 통해 전자금융사기 피해가 증가하면서 전자금융에 대한 신뢰성과 안전성에 대한 경각심이 크게 부각됨
제4단계 : 모바일 기반 디지털금융 혁신화	① 2000년대 후반 스마트폰이 전 세계적으로 확산되면서 국내 전자금융도 새로운 환경에 직면하게 됨에 따라 은행, 증권, 카드업계에서 스마트 기기를 적극 활용한 디지털 금융서비스 시대가 시작됨 ② 스마트폰과 무선인터넷을 통해 금융서비스가 이루어지는 모바일금융서비스는 일상생활 속에 디지털 혁신은 물론 금융소비자의 이용행태에도 큰 변화를 가져왔음. 모바일뱅킹, 모바일증권, 모바일카드 등 모바일 기반의 디지털 금융 서비스를 통해 언제 어디서나 편리하게 금융 거래가 가능하게 되었으며 이용 규모도 급속히 증가하게 됨 ③ 사회 전반에 확산된 개방형 네트워크와 스마트폰 등 모바일 기기를 활용한 전자상거래 활성화에 따른 해외 전자금융서비스 이용 규모도 증가하게 됨
제5단계 : 신기술 기반 금융IT 융합화	① 인터넷과 모바일 금융서비스의 발전은 전자금융 부문에서 금융·비금융 업종 간 장벽을 허물고 국경 없는 진화된 서비스 경쟁을 촉발하게 되었으며 스타트업, 대형 ICT기업 등을 중심으로 비금융기업들의 금융시장 진출이라는 큰 변화를 가져옴 ② 글로벌 ICT기업들은 많은 고객층과 간편결제를 바탕으로 국내 전자상거래 시장 진출을 시도하고 있으며 국내 ICT기업들도 모바일과 인터넷 사용자들을 대상으로 새로운 금융서비스와 전자지급 모델을 개발하고 있어 향후에도 소액결제 시장에서 금융기관과 협력 및 경쟁이 심화될 전망임 ③ 정부와 금융당국은 전자금융의 관리 감독을 법제화한 전자금융거래법에 금융 소비자 편의성과 효율성 제고 필요에 따른 공동인증서(舊공인인증서) 의무사용 폐지, Active X 제거, 국제 웹 표준 적용 등의 규제를 완화하고 핀테크 산업 육성을 위해 노력하고 있음

4 인터넷뱅킹의 의미와 특징

의미	① 고객이 은행으로부터 금융서비스를 제공받는 채널로는 영업점, CD/ATM, PC 및 스마트 기기 등이 있으며, 이 중 PC는 전용선 또는 인터넷을 통하여 은행의 호스트 컴퓨터 등과 연결되는데, 인터넷을 활용하여 금융서비스가 이루어지는 것을 인터넷뱅킹이라고 함 ② 국내의 높은 인터넷 이용률과 관련 산업의 눈부신 발달은 인터넷뱅킹의 확산을 가속화시켰고 은행은 인터넷뱅킹을 도입함으로써 비용을 절감하고 고객 관계 강화를 위한 노력에 집중할 수 있게 됨
PC뱅킹과 인터넷뱅킹	① PC뱅킹: 인터넷뱅킹 도입 이전에 많이 이용되던 거래방법으로, 고객이 VAN사업자나 은행이 제공하는 전용소프트웨어를 이용하여 자신의 PC를 은행의 호스트컴퓨터와 연결하여 금융서비스를 제공받는 방식임. 이용자를 기준으로 기업이 이용하면 펌뱅킹이라고 하고, 개인이 이용하면 홈뱅킹이라고 하는데, 개인의 인터넷의 이용이 급증하면서 기존 홈뱅킹 이용자가 거의 인터넷뱅킹 이용자로 전환됨 ② 인터넷뱅킹: 인터넷을 통하여 고객의 컴퓨터와 금융기관의 호스트컴퓨터를 연결하여 금융서비스를 제공하는 시스템을 지칭하는데, 스마트기기를 이용하는 모바일뱅킹의 경우에도 전용 앱이나 웹브라우저를 통해 금융서비스가 전달되는 측면에서 볼 때 넓은 의미에서는 인터넷뱅킹의 범주에 포함된다고 할 수 있음
특징	① 인터넷은 저비용, 실시간성, 멀티미디어화, 쌍방향성, 글로벌화라는 기본특성을 가지고 있는데 이러한 특성이 금융거래에 반영된 인터넷뱅킹으로 인하여 지역적·시간적 제약을 뛰어넘은 금융거래가 가능해져 금융서비스의 범세계화가 촉진될 뿐만 아니라, 금융거래를 하는 데 있어 비용을 절감할 수 있음 ② 인터넷을 통하여 금융상품 및 서비스에 대해 금융기관 간 비교가 가능해짐에 따라 다양한 금융서비스와 상품에 대한 수요가 높아지고, 시장이 금융기관 중심에서 고객 중심으로 재편됨 ③ 인터넷에서 한 번의 클릭으로 고객이 다른 금융기관으로 이동할 수 있으므로 고객 흡인력과 경쟁력 있는 상품을 갖춘 금융기관으로 고객이 집중되는 현상이 심화될 가능성이 있음 ④ 점포 등 공간 확보에 따른 비용과 인건비가 감소되어 서비스 제공비용을 대폭 절감할수 있음 ⑤ 인터넷을 통하여 금융상품 및 서비스에 대한 금융기관 간 및 시장 간 비교가 가능해짐 ⑥ 그 외에도 저렴한 수수료, 인터넷예금과 대출 시 우대금리 제공, 환율우대, 각종 공과금의 인터넷납부, 사고신고 및 고객정보 변경, 계좌관리 등 고객 중심의 보다 신속하고 편리한 서비스를 제공함 ⑦ 인터넷은 해킹 등으로 인해 안전성에 문제가 생길 가능성이 높으므로 철저한 보안대책이 필요함. 이 때문에 고객 단말기와 가상은행서버 간 보안을 위해 상당히 높은 수준의 암호문을 활용하고 있으며, 웹서버에 대한 외부사용자의 접근을 제어하기 위해 방화벽을 사용하고 있음. 또한 공동인증서(舊공인인증서) 등 다양한 인증수단을 통하여 보안성과 안전성을 높이고 있음

03

⑤ 인터넷뱅킹의 이용

이용신청 및 등록	① 인터넷뱅킹은 개인고객과 기업고객(법인, 개인사업자)으로 서비스가 구분됨 ② 인터넷뱅킹을 이용하려는 개인고객은 금융실명거래 확인을 위한 신분증을 지참하고 거래금융기관을 방문하여 신청하거나 비대면으로 신청할 수 있음 ③ 기업고객은 사업자등록증, 대표자 신분증 등 관련 서류를 지참하여 거래금융기관에 방문하여 신청해야 함 ④ 금융기관 지점에서는 인터넷뱅킹 신청 고객에게 보안매체(보안카드, OTP 등)를 지급해줌 ⑤ 비대면으로 신청한 고객은 인터넷뱅킹의 보안센터에서 타금융기관 OTP를 등록하거나, 신청 금융기관 앱에서 디지털OTP를 발급 받을 수 있음 ⑥ 고객은 인터넷뱅킹의 인증센터에 접속하여 공동인증서(舊공인인증서)를 발급받고 최초 거래 시 이체비밀번호를 등록해야 함 ⑦ 조회서비스만 이용할 고객은 공동인증서 발급 없이도 조회서비스를 이용할 수 있음
인터넷뱅킹 제공서비스	① 인터넷뱅킹을 제공하는 은행은 서비스 내용이 조금씩 다르지만 대부분 예금조회, 이체, 대출 등의 기본적인 금융서비스 외에도 계좌통합서비스, 기업 간 전자상거래(B2B: Business-to-Business) 결제서비스 등의 금융서비스도 제공하고 있음 ② 각종 상담 및 이벤트 정보 등의 다양한 서비스도 제공하고 있음
이용시간 및 수수료	① 인터넷뱅킹 서비스는 대부분 24시간 연중무휴 이용이 가능 ② 일부 서비스의 경우 00:00부터 07:00까지는 금융기관별로 일정시간 이용시간에 제한이 있음 ③ 인터넷뱅킹을 이용할 경우 자행이체의 수수료는 대부분 면제되고 타행 이체의 경우 제공기관에 따라 수수료 면제 또는 500원 내외의 수수료를 적용하고 있어 창구를 이용하는 것보다 저렴함 ④ 외화 환전이나 해외 송금의 경우에도 수수료 우대 혜택이 제공되며 예금 및 대출 상품가입 시 우대 금리가 적용됨
디지털 신원인증	① 디지털 신원인증: 디지털 공간에서 본인을 증명하는 행위로 인터넷 서비스, 특히 금융서비스를 디지털 공간에서 이용하기 위해서는 필수적으로 거쳐야 하는 과정임 ② 2020년 전자서명법 개정안이 시행되어 공인인증서의 법적 지위가 상실되었고 기존 인증 업체들은 '공동인증서'로 명칭을 변경하여 계속 서비스를 제공하고 있음 ③ 전자서명법 개정에 따라 공동인증서(舊공인인증서) 이외에도 여러 민간기관에서 발행하는 다양한 전자서명 서비스를 선택하여 사용할 수 있으며, 공동인증서의 발급은 거래 금융기관의 인터넷 홈페이지에서 가능함
보안매체	① 보안매체: 계좌이체 및 상품 가입 등 전자금융거래 시 기존의 비밀번호 이외에 보안용 비밀번호를 추가 입력하는 보안수단으로 금융거래 시 사고를 예방함 ② 보안매체는 크게 보안카드와 OTP로 구분됨 ③ 보안카드: 보안용 비밀번호를 추가로 사용하기 위한 카드로서, 카드에 30개 또는 50개의 코드번호와 해당 비밀번호가 수록되어 있어 거래 시마다 무작위로 임의의 코드번호에 해당하는 비밀번호를 입력함 ④ OTP(One Time Password)란 전자금융거래의 인증을 위하여 이용고객에게 제공되는 일회용 비밀번호 생성 보안매체임

보안매체	⑤ OTP는 실물형과 전자형으로 구분됨 ⑥ 실물형 OTP는 비밀번호 생성이 6자리 숫자를 1분 단위로 자동 변경되어 보여주며 고객은 전자금융 이용 시 해당 숫자를 보안카드 비밀번호 대신 입력함. 한번 사용한 비밀번호는 다시 반복하지 않으므로 보안 카드보다 더 안전한 보안수단임 ⑦ 고객이 보유하고 있는 OTP 1개로 전 금융기관에서 전자금융서비스 이용이 가능하며 다른 금융기관에서 사용하기 위해서는 고객이 신분증을 지참하고 해당 금융기관을 방문하여 OTP 사용 신청을 하면 됨 ⑧ 전자형 OTP는 금융기관 앱(App)에서 발급이 가능하며, 고객이 전자금융거래 시 금융기관 앱에 접속하여 사용자가 지정한 비밀번호를 통해 생성된 OTP번호를 자동으로 인증함 ⑨ PC와 휴대폰을 연동한 2채널 인증이며 실물형 OTP와 다르게 발급 받은 금융기관에서만 사용이 가능함
업무처리 절차	① 인터넷뱅킹을 이용하여 계좌이체를 하기 위해서 고객은 인터넷상에서 인터넷뱅킹 신청시 발급받은 공동인증서(舊공인인증서)로 인증 후 로그인함 ② 메뉴 중에 이체 메뉴를 선택한 후 인터넷뱅킹 신청 시 등록한 계좌 비밀번호와 공동인증서 인증, 은행에서 받은 보안카드 또는 OTP번호를 입력하거나, 금융기관 앱(App)에서 발급받은 전자형 OTP 인증절차를 완료함 ③ 출금계좌와 입금계좌를 입력한 후 이체내역을 확인함으로써 거래가 완료됨
인터넷 공과금 납부	① 인터넷 공과금 납부 : 각종 공과금 납부를 위하여 고객이 별도 영업점 창구를 방문할 필요 없이 인터넷뱅킹을 통하여 공과금의 과금내역을 조회하고 납부할 수 있도록 한 서비스 ② 납부 가능한 공과금의 종류 ㄱ 금융결제원에서 승인한 지로요금 ㄴ 서울시를 포함한 지방세(100여개 지방자치단체) ㄷ 국세, 관세, 각종기금을 포함한 국고금(재정 EBPP) ㄹ 전화요금, 아파트관리비, 상하수도 요금 등 생활요금 ㅁ 국민연금, 고용보험료, 산재보험료 등 ㅂ 경찰청 교통범칙금, 검찰청 벌과금 ㅅ 대학등록금

❻ 모바일뱅킹 서비스

개요	① 모바일뱅킹 서비스 : 고객이 휴대전화나 스마트기기 등을 수단으로 무선인터넷을 통하여 금융기관의 사이트에 접속하여 금융서비스를 이용할 수 있는 전자금융서비스 ② 모바일뱅킹은 이동성을 보장받고자 하는 고객에 대한 서비스 제고와 이동통신사들의 새로운 수익원 창출 노력이 결합되면서 제공되기 시작함 ③ 서비스의 내용 측면에서 인터넷뱅킹 서비스에 포함되는 것으로 보이지만 공간적 제약과 이동성 면에서 큰 차이가 있음

의의	① 은행은 모바일뱅킹 서비스를 통해 기존고객의 유지 및 신규고객 확보 등 경쟁력을 강화하고 은행업무의 자동화를 통해 은행 비용 절감이라는 경제적 효과를 누릴 수 있음 ② 은행에서 제공하는 모바일뱅킹 서비스는 기본적으로 통신회사의 무선통신회선을 기반으로 고객정보와 금융서비스 거래과정 전반을 은행이 관리하는 것을 기본 구조로 하고 있음 ③ 모바일뱅킹의 등장은 금융과 통신의 대표적인 서비스융합 사례로 주목받았으며, CD/ATM서비스나 인터넷뱅킹과 달리 매체의 특성상 장소의 제약을 받지 않고 자유롭게 이용할 수 있다는 점에서 U-Banking(Ubiquitous Banking)시대의 시작을 알리는 전자금융서비스로 인식됨 ④ 국내 모든 시중은행들이 자체 앱(App)을 통해 스마트폰 뱅킹서비스를 제공하고 있음. 스마트폰뱅킹이란 태블릿 PC나 스마트폰으로 무선인터넷(LTE, 5G, WIFI 등)을 이용하여 시간과 장소에 상관없이 편리하게 뱅킹서비스, 상품가입, 자산관리 등을 이용할 수 있는 금융서비스임 ⑤ 스마트폰뱅킹은 휴대성, 이동성 및 개인화라는 매체적 특성을 활용한 조회, 이체, 상품가입 등 기본 업무에 한정되던 것에서 최근 부동산담보대출 등의 고관여 업무까지 범위를 확장하며 비대면의 한계를 극복하고 있음
이용	① 모바일뱅킹 제공서비스 모바일뱅킹을 통해 제공되고 있는 서비스로는 예금조회, 거래명세조회, 계좌이체, 현금서비스, 대출신청, 예금 및 펀드 가입, 환율조회, 사고신고 등이 있음 ② 이용시간 및 수수료 모바일뱅킹의 이용가능 시간은 인터넷뱅킹과 동일하며 조회 및 자행이체 서비스에 대하여는 무료로 제공하고 있으며, 타행이체의 경우 무료로 제공하거나 건당 수수료를 부과하고 있음 ③ 이용방법 및 유의사항 모바일뱅킹 서비스는 거래 금융기관에 방문하여 전자금융서비스 신청을 통해 인터넷뱅킹과 모바일뱅킹을 가입하고 모바일뱅킹 앱(App)을 다운로드하여 서비스를 이용하거나, 모바일뱅킹 앱에서 비대면 전자금융서비스 신청을 통해 이용함

❼ 텔레뱅킹 서비스의 개요와 의의

개요	텔레뱅킹 서비스 : 고객이 은행창구에 나가지 않고 가정이나 사무실 등에서 전자식 전화기를 통하여 자동응답 서비스를 이용하거나 은행직원과 통화함으로써 자금이체, 조회, 분실신고 및 팩스통지 등을 할 수 있는 금융서비스
의의	① 각종 조회·분실신고 등은 거래은행에 별도의 신청절차 없이 비밀번호 입력만으로 이용이 가능 ② 자금이체·FAX 통지서비스 등은 이용신청서를 제출하고 이용 시 비밀번호를 입력하게 하는 등 거래의 안전을 기하고 있으며, 은행 창구를 통한 거래보다 저렴하게 은행서비스를 이용할 수 있음 ③ 단순한 텔레뱅킹 제공에서 더 나아가 전화를 매체로 한 고객에 대한 1:1 마케팅 영업이 새로이 주목받는 소매금융 영업 전략이 되고 있음 ④ 전화를 이용한 마케팅을 위해서는 CTI(Computer Telephony Integration) 기술을 도입한 콜센터의 구축이 필수적인데 우리나라에서도 이미 대부분의 은행이 이러한 콜센터를 구축하고 운영 중임

❽ 텔레뱅킹의 이용

이용 신청 및 등록	① 실명확인증표가 있는 개인(외국인, 재외교포 포함) 및 기업이면 누구나 이용 가능 ② 단본인의 수시입출식 예금계좌(보통, 저축, 기업자유, 가계당좌, 당좌예금)가 있어 출금계좌로 지정할 수 있어야 하며, 금융기관 영업점에 신청해야 함. 그러나 잔액조회, 입출금내역 조회는 별도의 신청 없이도 가능 ③ 개인의 경우 본인을 확인할 수 있는 실명확인증표를, 법인의 대표자인 경우 사업자등록증, 법인등기사항전부증명서, 법인인감증명서, 법인인감, 대표자 실명확인증표 등을 지참하여 영업점에서 신청함 ④ 영업점에서 이용자번호 등록과 보안카드를 수령한 후 각 은행별 텔레뱅킹 접속번호에 접속한 후 서비스를 이용함 ⑤ 비밀번호를 연속 5회 잘못 입력하면 서비스가 제한되며 은행(우체국) 창구에서 확인절차를 거쳐야 다시 이용할 수 있음
이용시간 및 수수료	① 각종 조회·분실신고 등은 거래은행에 별도의 신청절차 없이 비밀번호 입력만으로 이용이 가능 ② 자금이체·FAX 통지서비스 등은 이용신청서를 제출하고 이용 시 비밀번호를 입력하게 하는 등 거래의 안전을 기하고 있으며, 은행 창구를 통한 거래보다 저렴하게 은행서비스를 이용할 수 있음 ③ 단순한 텔레뱅킹 제공에서 더 나아가 전화를 매체로 한 고객에 대한 1:1 마케팅 영업이 새로이 주목받는 소매금융 영업 전략이 되고 있음 ④ 전화를 이용한 마케팅을 위해서는 CTI(Computer Telephony Integration) 기술을 도입한 콜센터의 구축이 필수적인데 우리나라에서도 이미 대부분의 은행이 이러한 콜센터를 구축하고 운영 중임
업무처리 절차	① 텔레뱅킹 서비스는 자동응답시스템(ARS)과 상담원을 통해 이용이 가능함. 자동응답시스템의 경우 전화기를 이용하여 은행의 주전산기에 접속하게 됨. 반면 상담원을 이용할 경우에는 상담원과의 통화내용이 녹취되는 장치가 필요함 ② 단순 뱅킹업무 외에도 고객 상담 및 불만처리 등의 업무를 위해 고객정보호출시스템 등을 설치하여 전화하는 고객에 대한 정보를 상담원이 볼 수 있도록 하고 있음. 텔레뱅킹을 통한 업무는 금융결제원의 전자금융공동망을 이용해 처리됨
안전거래를 위한 보안조치	① 텔레뱅킹은 일반전화 회선을 통해 금융거래 내역이 송·수신되기 때문에 각 금융기관에서는 도청 등 보안상 취약점을 방지하기 위해 텔레뱅킹 도·감청 보안솔루션을 도입하고 있음 ② 아울러 지정된 전화번호에서만 텔레뱅킹을 이용하거나 공중전화, 국제전화, 선불폰 등 발신자 추적이 불가능한 전화로는 텔레뱅킹서비스 이용을 제한하는 금융기관도 있음 ③ 계좌이체 시에는 이용자 비밀번호 이외에 보안카드 비밀번호와 출금계좌의 비밀번호를 입력하도록 하고, 최종 거래일로부터 12개월 이상(금융기관별 상이) 이용실적이 없는 경우에는 이용을 제한하고 있음 ④ 다만 이와 같은 경우에는 본인이 거래금융기관에 직접 방문하여 계좌이체 제한을 해제하면 바로 이용이 가능함

03

TOPIC 24 확인문제 전자금융의 발전과정, 인터넷, 모바일, 텔레뱅킹

01 전자금융에 대한 설명으로 옳지 않은 것은?

① 비대면·비장표로 거래가 가능하여 24시간 언제 어디서든 금융 거래가 가능해진다.

② 창구거래보다 이용 수수료도 저렴하다.

③ 다양한 전자금융 전용 상품 및 서비스의 개발이 가능하여 높은 부가가치 창출이 가능해진다.

④ 전자금융은 고객이 이용할 수 있는 전자금융서비스 채널의 다양화를 통해 고객의 영업점 방문횟수를 증가시킴으로써 금융기관에게는 효율적인 창구운영의 기회를 제공하게 된다.

02 다음은 인터넷 뱅킹에 대한 설명이다. 옳은 것을 모두 고르시오.

〈 보기 〉
ㄱ. 인터넷뱅킹은 개인고객과 기업고객(법인, 개인사업자)으로 서비스가 구분된다.

ㄴ. 계좌이체 및 조회서비스를 이용할 고객은 인증서를 발급받아야 서비스를 이용할 수 있다.

ㄷ. 외화 환전이나 해외 송금의 경우에도 수수료 우대 혜택이 제공되며 예금 및 대출 상품가입 시 우대 금리가 적용된다.

ㄹ. 2020년 전자서명법 개정안이 시행되어 공동인증서의 법적 지위가 상실되었고 기존 인증 업체들은 '공인인증서'로 명칭을 변경하여 계속 서비스를 제공하고 있다.

① ㄱ, ㄴ   ② ㄱ, ㄷ   ③ ㄴ, ㄹ   ④ ㄷ, ㄹ

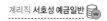

03 모바일뱅킹에 대한 설명으로 옳지 않은 것은?

① 국내 모든 시중은행들이 자체 앱(App)을 통해 스마트폰 뱅킹서비스를 제공하고 있다.
② 은행에서 제공하는 모바일뱅킹 서비스는 기본적으로 통신회사의 무선통신회선을 기반으로 고객정보와 금융서비스 거래과정 전반을 은행이 관리하는 것을 기본 구조로 하고 있다.
③ 서비스의 내용 측면에서 인터넷뱅킹 서비스에 포함되는 것으로 보이지만 공간적 제약과 이동성 면에서 큰 차이가 있다.
④ 스마트폰뱅킹은 해킹의 위험성 때문에 조회, 이체, 상품가입 등 기본 업무에 한정되는 것이 일반적이다.

03

04 다음은 텔레뱅킹에 대한 설명이다. 옳은 것을 모두 고르시오.

――――〈 보기 〉――――
ㄱ. 실명확인증표가 있는 개인(외국인, 재외교포 포함) 및 기업이면 누구나 이용 가능하다.
ㄴ. 단본인의 수시입출식 예금계좌(보통, 저축, 기업자유, 가계당좌, 당좌예금)가 있어 출금계좌로 지정할 수 있어야 하며, 금융기관 영업점에 신청해야 한다.
ㄷ. 각종 조회·분실신고 등은 거래은행에 별도의 신청을 통해 이용이 가능하다.
ㄹ. 텔레뱅킹은 사생활 침해를 방지하기 위해서 도·감청 보안솔루션을 제공하지 않는다.

① ㄱ, ㄴ　　　　② ㄱ, ㄷ　　　　③ ㄴ, ㄹ　　　　④ ㄷ, ㄹ

정답찾기

01 ④ 전자금융은 고객이 이용할 수 있는 전자금융서비스 채널의 다양화를 통해 고객의 영업점 방문횟수를 감소시킴으로써 금융기관에게는 효율적인 창구운영의 기회를 제공하게 된다.

02 ㄴ. 조회서비스만 이용할 고객은 공동인증서 발급 없이도 조회서비스를 이용할 수 있다.
ㄹ. 2020년 전자서명법 개정안이 시행되어 공인인증서의 법적 지위가 상실되었고 기존 인증 업체들은 '공동인증서'로 명칭을 변경하여 계속 서비스를 제공하고 있다.

03 ④ 스마트폰뱅킹은 휴대성, 이동성 및 개인화라는 매체적 특성을 활용한 조회, 이체, 상품가입 등 기본 업무에 한정되던 것에서 최근 부동산담보대출 등의 고관여 업무까지 범위를 확장하며 비대면의 한계를 극복하고 있다.

04 ㄷ. 각종 조회·분실신고 등은 거래은행에 별도의 신청절차 없이 비밀번호 입력만으로 이용이 가능하다.
ㄹ. 텔레뱅킹은 일반전화 회선을 이용해 금융거래 내역이 송·수신되기 때문에 각 금융기관에서는 도청 등 보안상 취약점을 방지하기 위해 텔레뱅킹 도·감청 보안솔루션을 도입하고 있다.

정답　**01** ④　**02** ②　**03** ④　**04** ①

TOPIC 25 CD/ATM, 카드서비스

1 CD/ATM 이용매체

CD/ATM의 의미	CD/ATM 서비스는 고객이 금융기관 창구에 방문하지 않고도 24시간 365일 은행의 현금 자동 입·출금기(CD/ATM : Cash Dispenser/Automated Teller Machine)를 이용하여 현금인출, 계좌이체, 잔액조회 등을 이용할 수 있는 서비스
칩 내장 휴대폰 이용	① 모바일뱅킹용 금융IC칩이 내장된 휴대폰으로도 거래금융기관뿐만 아니라 다른 금융기관의 CD/ATM에서도 금융거래를 이용할 수 있음 ② 휴대폰과 CD/ATM 간의 정보교환은 교통카드 결제를 통해 이용자들에게 널리 알려진 무선주파수방식으로 이루어지는데 RF 수신기가 부착되어 있는 금융기관의 CD/ATM에서 현금인출, 계좌이체, 조회 등의 금융 업무를 처리할 수 있음 ③ 이용절차는 고객이 은행에 서비스를 신청하면, 고객의 휴대폰으로 Callback URL (Uniform Resource Locator)이 있는 SMS가 수신되고, 고객은 해당 URL에 접속하여 자신의 카드번호를 대체한 바코드를 전송받음 ④ 그런 다음, 바코드가 인식되는 ATM에 휴대폰의 바코드를 접촉하여 현금인출, 계좌이체 등 각종 금융서비스를 이용할 수 있음
생체인식으로 본인인증	① 고객이 자신의 지문, 홍채, 정맥 등 생체정보를 미리 금융기관에 등록해 놓으면 고객이 CD/ATM을 이용할 때 등록한 생체정보와 비교하여 일치하면 이용권한을 부여하는 것임 ② 최근에는 손바닥·손가락 정맥 등 생체인식 수단 종류가 다양화되고 있으며, 2개 이상의 복합 생체정보를 적용한 선진형 CD/ATM인 스마트 키오스크 및 스마트 ATM이 보급되는 추세임 ③ 생체인식 수단은 각각 특징이 있으나 크게 접촉식과 비접촉식으로 구분할 수 있음. 접촉식의 주요 생체인식 수단은 지문, 손가락 정맥이며, 비접촉식은 홍채, 손바닥 정맥이 있음
무매체 거래	① 무매체 거래는 고객이 사전에 금융기관에 신청하여 무매체 거래용 고유승인번호를 부여 받은 뒤 CD/ATM에서 주민등록번호, 계좌번호, 계좌비밀번호, 고유승인번호를 입력하여 각종 금융서비스를 이용할 수 있는 거래 ② 동 서비스는 개인정보 등이 유출될 경우 타인에 의한 예금 부정인출 가능성이 있고, 다른 은행의 CD/ATM에서는 이용할 수 없다는 단점이 있음

② CD/ATM 제공 서비스

현금 입출금	① 현금 입출금 업무는 고객이 다른 은행 CD/ATM을 이용하여 예금잔액 범위 내에서 현금을 인출하거나 자신의 계좌에 입금하는 서비스 ② 현재 1회 인출한도(100만원 이내) 및 1일 인출한도(600만원 이내)는 금융위원회의 전자금융감독규정이 정한 한도금액 내에서 예금계좌 개설은행이 정하여 운영함 ③ 다만 CD/ATM의 계좌이체 기능을 이용한 전화금융사기(일명 '보이스피싱') 사건의 증가로 인한 피해를 최소화하기 위하여 최근 1년간 CD/ATM을 통한 계좌이체 실적이 없는 고객에 한하여 1일 및 1회 이체한도를 각각 70만원으로 축소하였음
현금서비스 **(단기카드대출)**	① 현금서비스 업무는 고객이 CD/ATM을 통하여 신용카드 현금서비스를 받을 수 있는 금융서비스로 고객은 거래은행과 상관없이 CD/ATM을 통하여 현금서비스 이용한도 내에서 현금을 인출 할 수 있음 ② 현금서비스 한도는 각 신용카드 발급사가 개별고객의 신용도에 따라 정하고 있음
계좌이체	① 계좌이체는 고객이 CD/ATM을 이용하여 거래은행 내 계좌이체를 하거나 거래은행의 본인계좌로부터 다른 은행의 본인 또는 타인계좌로 자금을 이체할 수 있는 서비스 ② 1회 이체가능금액(600만원 이내) 및 1일 이체가능금액(3,000만원 이내)은 금융위원회의 전자금융감독규정이 정한 한도금액 내에서 각 은행이 정하여 운영하고 있음 ③ 다만 보이스피싱 피해 방지를 위해 수취계좌 기준 1회 100만원 이상 이체금액에 대해 CD/ATM에서 인출 시 입금된 시점부터 30분 후 인출 및 이체가 가능하도록 하는 지연 인출제도가 시행되고 있음

③ 기타 CD/ATM 서비스

제2금융권 **연계서비스**	① 은행은 CD/ATM을 통해 제2금융권과 연계하여 카드, 증권, 보험관련서비스를 제공하고 있음 ② 현금서비스 제공을 위한 전업계 카드사의 은행 CD/ATM 연계를 시작으로 이후에 은행의 CD/ATM을 이용한 증권사 자산관리계좌의 관리가 일반화되고, 보험사의 대출원금 및 이자상환이나, 분할보험금·배당금·중도보험금 등의 입·출금서비스도 가능하게 되었음 ③ 또한 공과금납부, 티켓발행, 화상상담, 기업광고 등 다양한 서비스로 확대되어 은행으로서는 CD/ATM서비스를 통해 수익 창출의 기회도 얻게 되었음 ④ 이밖에도 CD/ATM이 설치된 장소의 특성을 고려하여 특화된 부가서비스가 제공되기도 함 **예** 기차나 버스 터미널에 설치된 CD/ATM에서는 차표 발권·발매서비스를 제공한다든지, 공공기관에 설치된 CD/ATM을 통해 민원서류 발급, 행정정보 검색 등의 서비스를 제공하는 것이 대표적임

CD/ATM 기능의 진화	① 단순 현금 입·출금 기능이 전부였던 초기의 CD/ATM은 1990년대 초반부터 금융자동화기기 제조업체의 기술진보에 힘입어 수표 입·출금 기능에서부터 키오스크의 기능과 CD/ATM 기능이 접목되어 CD/ATM에서도 정보검색은 물론 각종 티켓이나 서류발급 및 출력까지 할 수 있는 다기능 기기로 발전함 ② 외국인을 위한 외국어지원 기능, 노인이나 저시력자를 위한 화면확대 기능도 추가되어 이용편의를 도모하고 있으며, 휠체어 이용고객용 CD/ATM, 입력버튼에 점자가 추가된 CD/ATM, 인터폰으로 안내방송을 들으면서 이용할 수 있는 CD/ATM 등이 등장하여 이용 효율성을 높여가고 있음

❹ 신용카드

개요	① 신용카드(Credit Card): 가맹점 확보 등 일정한 자격을 구비한 신용카드업자가 카드신청인의 신용상태나 미래소득을 근거로 상품이나 용역을 신용구매하거나 현금서비스, 카드론 등의 융자를 받을 수 있도록 발급하는 지급수단 ② 신용카드는 현금, 어음·수표에 이어 제3의 화폐라고도 불림
특징	① 신용카드는 기본적으로 현금 및 수표를 대체하는 지급수단 기능을 수행 ② 신용카드는 일정자격 이상의 신청자에게만 발급되고 개인의 경제 현황에 따라 발급되는 카드등급이 다르므로 사회적 지위를 나타내는 기능도 있음 ③ 회원에게는 대금 결제일까지 이용대금 납부를 유예하므로 신용제공의 기능도 있음 ④ 신용카드는 소지하기에 편리하고 물품을 구매하거나 서비스를 이용할 때 당장 현금이 없어도 신용을 담보로 일점 시점 후에 결제가 가능하기 때문에 이용이 증가하고 있음 ⑤ 과당경쟁에 따른 무분별한 신용카드 발급과 현금서비스 위주의 무분별한 확장영업으로 신용불량자 양산과 같은 사회경제적 문제를 초래(2003년 카드사태)하기도 하였음 ⑥ 신용카드 사용 시 카드 이용고객 및 가맹점 모두에서 유리함. 고객은 물품 및 서비스의 신용구매에 따른 실질적인 할인구매의 효과를 누릴 수 있고 또한 현금서비스 기능을 이용하여 긴급신용을 확보할 수 있음 ⑦ 가맹점은 고정고객을 확보하거나 판매대금을 안정적이고 편리하게 회수할 수 있는 장점이 있음
신용카드 서비스 제공기관	① 신용카드는 카드발급기관의 성격에 따라 전업카드사와 겸업카드사, 각 카드사는 은행계와 기업계 카드사 등으로 구분할 수 있음 ② 전업카드사: 신용카드업을 영위하는 자 중에서 금융위원회의 신용카드업 허가를 득한 자로서 신용카드업을 주로 영위하는 자 ③ 겸영카드사: 신용카드업자는 아니지만 영위하는 사업의성격상 신용카드업을 겸영하는 것이 바람직하다고 인정되는 자에게 대통령령으로 신용카드업을 영위할 수 있는 자

신용카드 서비스 제공기관	④ 신용카드 사업자		
	전업카드사(8)	은행계(4)	신한카드, 우리카드, 하나카드, KB국민카드
		기업계(4)	롯데카드, 비씨카드, 삼성카드, 현대카드
	겸영은행(11)		경남, 광주, 부산, 수협, 씨티, 전북, 제주, DGB대구, IBK기업, NH농협, SC제일
	유통계 겸영		현대백화점, 갤러리아백화점

출처 : 여신금융협회(www.crefia.or.kr)

신용카드 제공서비스	① 초기의 신용구매에서 1986년 BC카드가 최초로 현금카드 기능을 추가 ② 금융위원회가 정한 최고한도 범위내에서 현금서비스, 카드론 등의 대출서비스도 제공되고 있음 ③ 최근에는 물품구매 및 현금서비스 외에 통신판매, 항공권 예약, 보험가입 등 유통서비스 부문을 중심으로 부수업무를 확대함과 아울러 기업체와 연계한 제휴카드를 발급하는 등 서비스가 다양해지고 있음
신용카드 회원	① 신용카드 회원 : 카드회사(신용카드업자)와의 계약에 따라 그로부터 신용카드를 발급받은 자(여전법 제2조 제4호) ② 카드회사의 약관에서는 "회원은 회원약관을 승인하고 카드회사에 신용카드의 발급을 신청하여 카드회사로부터 신용카드를 발급받은 자"라고 규정하고 있음 ③ 신용카드 회원은 개인회원과 기업회원으로 구분됨 ④ 개인회원은 본인회원과 가족회원으로 구분되는데, 본인회원이란 별도로 정한 심사 기준에 의해 신용카드 회원으로 입회가 허락된 실명의 개인으로서 개인회원으로 신청한 자를 말함 ⑤ 가족회원은 카드이용대금에 대한 모든 책임을 본인회원이 부담할 것을 승낙하고 신용카드 회원에 가입한 자로 그 대상은 부모나 배우자, 배우자의 부모, 「민법」상 성년인 자녀 및 형제자매 등임. 가족회원은 본인회원의 이용한도 범위 내에서 카드를 사용할 수 있으며 가족카드별로 한도를 별도로 지정할 수도 있음 ⑥ 기업회원이란 기업카드 신용평가 기준에 따라 신용카드 회원으로 가입한 기업체를 말함 ⑦ 기업공용카드(무기명식 기업카드)는 기업회원이 특정 이용자를 지정하지 않은 카드로 카드발급 기업 또는 법인 임직원 누구든지 사용 가능함 ⑧ 카드 실물에 사용명의가 표시되어 있지 않으며 기업체 명칭이 영문으로 표기되어 있음. 공용카드 신청서의 카드 서명 란에는 카드를 실제로 사용하게 될 임직원의 서명을 기재하는 것이 아니라 법인명 또는 기업명을 기재하며, 카드를 사용할 경우 매출전표에는 사용자의 서명을 기재해야 함 ⑨ 기업개별카드(사용자 지정카드)는 기업회원이 특정 이용자를 지정한 카드로 발급받은 기업 또는 법인의 지정된 임직원에 한하여 사용할 수 있는 권리가 부여된 카드를 말함. 카드의 앞면에 사용자의 영문명이 기재되어 있고 카드에 성명이 기재된 임직원만 그 카드를 사용할 권한이 있음

03

	⑩ 기업카드의 분류	

분류	내용
일반 기업카드	후불식 일반 신용카드로서 국내외에서 일시불 이용만 가능하며, 해외에서는 기업개별 카드에 한해 제휴은행 창구 및 ATM에서 단기카드대출(현금서비스) 사용이 가능함
직불형 기업카드	결제계좌 잔액 범위 내에서 이용 가능한 기업카드로 국내외에서 이용 가능하며 신용공여기능은 없음
정부구매카드	정부부처 및 소속기관의 관서경비를 지출할 목적으로 정부기관을 대상으로 발급하는 기업카드로 국가재정정보시스템과 신용카드사 전산망을 연결, 신용카드 발급 및 사후 관리를 파일 송수신으로 처리함
구매전용카드	구매기업과 판매기업 간 물품 등 거래와 관련하여 발생되는 대금을 신용카드업자가 구매기업을 대신하여 판매기업에게 대금을 선지급하고 일정기간 경과 후 구매기업으로부터 물품대금을 상환받는 카드로 실물없이 발급되기도 함
기타	사용처가 주유소로 제한되는 주유전용카드, 지방세납부 전용카드, 고용/산재보험결제 전용카드, 우편요금결제 전용카드 등의 특화 기업카드들은 통상 별도의 한도가 부여되고 특정한 가맹점에서만 사용됨

신용카드 회원

이용수수료
① 신용카드와 관련된 수수료는 가맹점이 부담하는 가맹점 수수료와 이용 고객이 부담하는 서비스 수수료로 나누어짐
② 가맹점 수수료는 가맹점과 신용카드사 간의 개별 협약에 의하여 정해지는데 가맹점의 업종 및 이용카드사, 가맹점 규모에 따라 다름
③ 신용카드로 현금서비스나 카드론을 받을 경우에는 그에 따른 수수료를 지급해야 함

신용카드 이용 방법
① 고객이 신용카드 서비스를 이용하고자 하는 경우 가입신청서, 본인 확인용 신분증, 자격확인서류 등을 구비하여 은행 및 카드사 앞으로 신청하면 소정의 심사절차를 거쳐 신용카드가 발급됨
② 신용카드 이용 대금의 결제 방식으로는 일시불결제, 할부결제, 리볼빙결제 등이 있음
③ 일시불결제는 신용카드 발급 당시에 회원과 신용카드사 간의 결제 약정일에 카드 사용 대금 전액을 결제하는 방식으로 고객 입장에서는 수수료 부담이 없지만 일시 상환에 따른 자금 부담이 있을 수 있음
④ 할부결제 방식은 카드 이용대금을 할부로 2개월 이상 분할하여 1개월 단위로 희망하는 기간 동안 이자를 부담하여 결제하는 방식으로 고객의 입장에서 여유로운 자금 운용이 가능하나 원금 이외 할부수수료의 부담이 있음
⑤ 리볼빙결제 방식은 카드이용대금 중 사전에 정해져 있는 일정금액 이상의 건별 이용금액에 대해서 이용금액의 일정비율을 결제하면 나머지 이용 잔액은 다음 결제 대상으로 연장되며, 카드는 잔여 이용한도 내에서 계속 사용할 수 있는 결제방식으로 이용고객의 경제여건에 따라 결제를 조절할 수 있는 맞춤형 결제방식이지만 높은 리볼빙수수료를 부담해야 함

❺ 직불카드

의미	① 직불카드는 고객이 카드를 이용함과 동시에 고객의 신용한도가 아닌 예금계좌의 잔액 범위 내에서 카드결제대금이 바로 인출되는 카드를 말함 ② 고객 예금계좌에서 즉시 카드결제대금이 인출되고 CD/ATM을 이용하여 자신의 예금계좌에서도 즉시 자금을 인출할 수도 있기 때문에 직불카드를 현금카드라고도 함
신용카드와의 차이점	① 직불카드와 신용카드의 가장 큰 차이는 바로 결제방식의 차이임 ② 신용카드는 신용공여에 기반을 둔 후불결제방식을, 직불카드는 예금계좌를 기반으로 한 즉시결제방식을 이용한다는 점임

❻ 체크카드

개요	① 체크카드는 지불결제 기능을 가진 카드로서 카드거래 대금은 체크카드와 연계된 고객의 예금계좌 범위 내에서 즉시 인출됨 ② 비자카드사의 오프라인 직불카드 이름인 Visa Check Card에서 체크카드라는 명칭이 유래되었다고 하는데, 신용카드와 마찬가지로 서명을 통해 본인확인을 하게 됨
특징	① 체크카드 발급 시 발급가능 연령, 신용상태, 외국인인지 여부 등에 따라 카드사마다 제한사항을 두기도 하지만 기본적으로 하이브리드 체크카드를 제외하고는 신용공여 기능이 없기 때문에 발급과정에서 별도의 결제능력을 심사하지 않음 ② 보통 카드사나 은행의 영업점에서 즉시 발급하는 경우가 많으며 후선에서 발급 처리 후 회원 앞으로 인편이나 우편교부하기도 함 ③ 금융기관 전산점검시간을 제외하고는 이용시간에 제한이 없고 신용카드 가맹점이라면 이용이 가능하다는 장점이 있음 ④ 체크카드가 Visa, Master 등 해외사용브랜드로 발급된 경우에는 해외에서 물품구매 및 현지통화로 예금인출도 가능 ⑤ 외국환거래규정상 외국인 거주자인 경우에는 별도의 등록 거래를 통해 연간 미화 5만 불 한도 내에서 해외 예금인출 및 해외직불가맹점 이용이 가능하고, 카드사에 따라서 해외현금인출이 가능한 체크카드의 발급을 제한하기도 함 ⑥ 체크카드는 일시불 이용만 가능하고 할부 및 단기카드대출(현금서비스) 이용은 불가능함 ⑦ 체크카드를 이용할 수 있는 이용한도는 1회, 1일, 월간으로 정할 수 있으며 하이브리드 체크카드를 제외한 모든 체크카드는 별도의 신용한도가 부여되지 않음 ⑧ 체크카드의 이용 명세는 직불카드와 마찬가지로 거래 건별로 결제계좌 통장에 가맹점명 및 사용 금액을 기록하는 것으로 갈음되지만, 카드사별로 별도의 이용내역서 통지 혹은 이메일로도 통지 가능함 ⑨ 체크카드는 연체 리스크가 없는 직불카드의 장점과 전국의 신용카드 가맹점망을 이용할 수 있는 신용카드 프로세스를 그대로 적용할 수 있는 신용카드의 장점을 가지고 있음 ⑩ 신용카드 대비 높은 세액공제 제공, 소액 신용한도가 부여된 체크카드의 등장, 신용카드 대비 낮은 가맹점 수수료율, 전반적인 체크카드 가맹점 수수료의 지속적 인하 등 체크카드 활성화 정책과 맞물려 체크카드는 계속 활성화될 전망임

03

하이브리드 카드	(1) 하이브리드 체크카드
	① 계좌 잔액범위 내에서는 체크카드로 결제되고 잔액이 소진되면 소액 범위 내에서 신용카드로 결제
	② 계좌 잔액이 부족한 상태에서 잔액을 초과하여 승인 신청이 되면 신청금액 전액이 신용카드로 결제되며, 부여 가능 최대 신용한도는 30만원
	(2) 하이브리드 신용카드
	① 회원이 지정한 일정금액 이하의 거래는 체크카드로 결제되고, 초과 거래는 신용카드로 결제
	② 기존의 신용카드 회원에게 체크결제서비스를 부가하는 형태

❼ 선불카드

개요	선불카드는 고객이 카드사에 미리 대금을 결제하고 카드를 구입한 후 카드에 저장된 금액내에서만 이용할 수 있는 카드로서 최근 인기를 얻고 있는 기프트카드가 대표적인 선불카드라고 할 수 있음. 신용카드와의 차이점은 신용카드의 경우 이용대금을 후불로 입금하지만 선불카드는 선불로 구매한다는 점임
특징	① 선불카드 구매 시 현금, 체크카드 및 신용카드를 사용하며, 유효기간은 대부분 발행일로부터 5년이고 연회비는 없음 ② 단 개인 신용카드로 구매 및 충전할 수 있는 이용한도는 1인당 월 최대 100만원(선불카드 금액과 상품권금액 합산)임 ③ 신용카드사를 통해 연령에 제한 없이 발급받을 수 있는 선불카드는 원칙적으로는 신용카드 가맹점에서 이용 가능하나 일부 백화점 및 대형할인점 등에서는 사용하지 못하는 경우도 있음 ④ 또한 인터넷 쇼핑몰과 같은 온라인상에서도 이용이 가능한데, 이때에는 카드발급사의 인터넷홈페이지를 통해 본인확인용 비밀번호를 등록해야 함 ⑤ 선불카드 잔액 환불은「전자금융거래법」제19조 및「선불카드 표준약관」등에 따라 천재지변으로 사용하기 곤란한 경우, 선불카드의 물리적 결함, 선불카드 발행 권면금액 또는 충전액의 60/100(1만원권 이하의 경우 80/100) 이상 사용한 경우 가능함 ⑥ 환불시 기명식 선불카드의 경우 회원 본인 여부와 실명을, 무기명식 선불카드의 경우 선불카드 소지자의 실명 등을 확인함
종류	① 선불카드는 기명식과 무기명식 선불카드로 구분됨 ② 기명식 선불카드는 카드실물에 회원의 성명이 인쇄되어 있거나 신용카드업자 전산에 회원으로서의 정보가 존재하여 발급 이후에 양도가 불가능함 ③ 기명식 선불카드는 최고 500만원까지 충전할 수 있음 ④ 무기명식 선불카드는 카드실물에 성명이 인쇄되어 있지 않으며 신용카드업자 전산에 기명식 회원으로서의 정보가 존재하지 않아 양도가 가능함 ⑤ 무기명식 선불카드의 경우 양도 가능하므로 뇌물 등의 수단으로 악용되는 것을 방지하기 위해「여신전문금융업법 시행령」및「선불카드 표준약관」에서 충전 금액 한도를 최고 50만원으로 제한하고 있음(단, 재난 및 안전관리 기본법에 따른 재난에 대응하여 국가 또는 지방자치단체가 지원금을 지급하기 위해 발행하는 경우 최고 300만원)

추가자료

◎ 카드 종류별 비교

구분	신용카드 (Credit Card)	선불카드 (Prepaid Card)	직불형카드		
			체크카드 (Check Card)	직불카드 (Debit Card)	현금IC카드
회원자격	신용등급 7등급 이하 및 미성년자는 원칙적으로 발급금지	제한없음	제한없음(단, 소액 신용한도 부여시 자체기준 있음)	제한없음(요구불 예금 보유자)	제한없음(요구불 예금 보유자)
계좌인출	선구매 후인출	선인출 후구매	구매즉시 인출	구매즉시 인출	구매즉시 인출
연회비	있음	없음	없음	없음	없음
이용한도	신용한도 내	충전잔액 범위내[1]	예금잔액 범위내[2]	예금잔액 범위내	예금잔액 범위내
발급기관	카드사(겸영은행)	카드사(겸영은행)	카드사(겸영은행)	국내 은행	국내 은행
이용가능시간	24시간	24시간	24시간	08:00~23:30	24시간
승인절차	서명	서명	서명	PIN 입력	PIN 입력
신용공여	가능	불가능	일정 한도 내	불가능	불가능
사용 가맹점	신용카드 가맹점	신용카드 가맹점	신용카드 가맹점	직불카드 가맹점	현금IC카드 가맹점
가맹점 입금	매출전표 접수 후 2영업일 이내	매출전표 접수 후 2영업일 이내	매출전표 접수 후 2영업일 이내	결제 익일	결제 익일
부가혜택	있음	없음	있음	없음	없음
거래 승인	거래정지 잔여한도 확인	권면 잔액 확인	거래정지 잔여한도 확인	거래정지, 예금잔액, 비밀번호 확인	거래정지, 예금잔액, 비밀번호 확인
기능	물품구매 예금입출금(현금카드 기능)	물품구매	물품구매 예금입출금(현금카드 기능)	물품구매 예금입출금(현금카드 기능)	물품구매 예금입출금(현금카드 기능)
네트워크	신용카드망	신용카드망	신용카드망	직불카드망(금융결제원)	CD공동망(금융결제원)

1) 기명은 500만원, 무기명은 50만원
2) 일정 한도(최대 30만원) 내에서 예금잔액 초과 신용공여 혜택 부여 가능

확인문제 CD/ATM, 카드서비스

01 CD/ATM에 대한 설명으로 옳지 않은 것은?

① 무매체거래 무매체 거래는 고객이 사전에 금융기관에 신청하여 무매체 거래용 고유승인번호를 부여 받은 뒤 CD/ATM에서 주민등록번호, 계좌번호, 계좌비밀번호, 고유승인번호를 입력하여 각종 금융서비스를 이용할 수 있는 거래를 의미한다.

② 보이스피싱 피해 방지를 위해 수취계좌 기준 1회 100만원 이상 이체금액에 대해 CD/ATM에서 인출 시 입금된 시점부터 60분 후 인출 및 이체가 가능하도록 하는 지연 인출제도가 시행되고 있다.

③ 현금서비스 한도는 각 신용카드 발급사가 개별고객의 신용도에 따라 정하고 있다.

④ 보이스 피싱 방지를 위해 근 1년간 CD/ATM을 통한 계좌이체 실적이 없는 고객에 한하여 1일 및 1회 이체한도를 각각 70만 원으로 축소하였다.

02 다음은 신용카드에 대한 설명이다. 옳은 것의 개수는?

───── 〈보기〉 ─────
ㄱ. 신용카드는 카드발급기관의 성격에 따라 전업카드사와 겸업카드사, 각 카드사는 은행계와 기업계 카드사 등으로 구분할 수 있다.
ㄴ. 신용카드 회원은 개인회원과 기업회원으로 구분된다.
ㄷ. 기업개별카드(사용자 지정카드)는 기업회원이 특정 이용자를 지정한 카드로 발급받은 기업 또는 법인의 지정된 임직원에 한하여 사용할 수 있는 권리가 부여된 카드를 말한다. 카드의 앞면에 사용자의 영문명이 기재되어 있고 카드에 성명이 기재된 임직원만 그 카드를 사용할 권한이 있다.
ㄹ. 리볼빙결제 방식은 카드이용대금 중 사전에 정해져 있는 일정금액 이상의 건별 이용금액에 대해서 이용금액의 일정비율을 결제하면 나머지 이용 잔액은 다음 결제대상으로 연장되는 방식이다.

① 1개   ② 2개   ③ 3개   ④ 4개

03 체크카드에 대한 설명으로 옳지 않은 것은?

① 체크카드 발급 시 기본적으로 하이브리드 체크카드 포함하여 발급과정에서 별도의 결제능력을 심사하지 않는다.

② 체크카드는 일시불 이용만 가능하고 할부 및 단기카드대출(현금서비스) 이용은 불가능하다.

③ 체크카드는 지불결제 기능을 가진 카드로서 카드거래 대금은 체크카드와 연계된 고객의 예금계좌 범위 내에서 즉시 인출된다.

④ 체크카드를 이용할 수 있는 이용한도는 1회, 1일, 월간으로 정할 수 있다.

04 다음은 카드에 대한 설명이다. 옳은 것을 모두 고르시오.

――――〈 보기 〉――――

ㄱ. 하이브리드 체크카드는 회원이 지정한 일정금액 이하의 거래는 체크카드로 결제되고, 초과 거래는 신용카드로 결제하는 카드이다.

ㄴ. 기명식 선불카드는 카드실물에 회원의 성명이 인쇄되어 있거나 신용카드업자 전산에 회원으로서의 정보가 존재하여 발급 이후에 양도가 불가능하다.

ㄷ. 기명식 선불카드는 최고 800만원까지 충전할 수 있다.

ㄹ. 신용카드는 신용공여에 기반을 둔 후불결제방식을, 직불카드는 예금계좌기반으로 한 즉시 결제방식을 이용한다는 점이다.

① ㄱ, ㄴ   ② ㄱ, ㄷ   ③ ㄴ, ㄹ   ④ ㄷ, ㄹ

정답찾기

01 ② 보이스피싱 피해 방지를 위해 수취계좌 기준 1회 100만원 이상 이체금액에 대해 CD/ATM에서 인출 시 입금된 시점부터 30분 후 인출 및 이체가 가능하도록 하는 지연 인출제도가 시행되고 있다.

02 모두 옳은 설명이다.

03 ① 체크카드 발급 시 기본적으로 하이브리드 체크카드를 제외하고는 신용공여기능이 없기 때문에 발급과정에서 별도의 결제능력을 심사하지 않는다.

04 ㄱ. 하이브리드 신용카드는 회원이 지정한 일정금액 이하의 거래는 체크카드로 결제되고, 초과 거래는 신용카드로 결제하는 카드이다. 하이브리드체크카드는 소액범위 내에서 신용카드로 결제한다.
　　ㄷ. 기명식 선불카드는 최고 500만원까지 충전할 수 있다.

정답   **01** ②   **02** ④   **03** ①   **04** ③

서호성

주요 약력

· 現) 박문각 계리직 예금, 보험
　　해커스 경영 아카데미 회계사 경제학, 세무사 재정학
　　해커스 감정평가사 경제학
　　해커스 공기업 경제학
　　해커스 금융 테셋, 매경테스트
　　메가공무원 7급 경제학
　　인스TV 보험계리사 경제학, 투자자산운용사
· 前) 윌비스 고시학원 7급 경제학 등 다수
　　직업TV방송 노량진 특강 강사

주요 저서

· 박문각 계리직 서호성 예금일반 기본서
· 박문각 계리직 서호성 보험일반 기본서
· 해커스 경제학 시리즈 <해커스 경영아카데미>
· 해커스 재정학 시리즈 <해커스 경영아카데미>
· 쉽게 끝내는 공기업 경제학 <해커스 공기업>
· 해커스 테셋, 매경테스트 <해커스 금융>
· 메가공무원 ABC 경제학 시리즈
· 인스TV 보험계리사 경제학 기출문제집, 투자자산운용사 등 다수

서호성 계리직 예금일반

초판 인쇄 2025. 3. 5. | **초판 발행** 2025. 3. 10. | **편저자** 서호성

발행인 박 용 | **발행처** (주)박문각출판 | **등록** 2015년 4월 29일 제2019-000137호

주소 06654 서울시 서초구 효령로 283 서경 B/D 4층 | **팩스** (02)584-2927

전화 교재 문의 (02)6466-7202

저자와의
협의하에
인지생략

정가 19,000원
ISBN 979-11-7262-643-3